よみがえる女神

清水友邦 著

ナチュラルスピリット

目次

第3章 女神から男神へ

第4章 かくされた女神

まえがき

縄文は、1万5000年も、環境を破壊せず戦争をしない時代が続いた世界でも類のない文明でした。

争いを好まず和を尊ぶ心
人を同じ仲間として迎え入れる心
衣食住にとらわれない心
富を独り占めにせず誰にでも平等に分け与える心
個性や能力の差を認めながら調和できる心
自然に対する感謝と畏怖の心

日本人の心には縄文の心が延々と引き継がれてきました。

私が住んでいる郷土、岩手の詩人で童話作家の宮澤賢治は、縄文の心を持っていた人でした。賢治の弟である清六さんのお孫さんに当たる宮澤和樹さんに花巻で賢治のお話を伺ったことがあります。

賢治は山の民が大好きだったそうです。山の民とは稲作を業とする弥生の人々によって山の中へ追いやられた縄文の末裔の人々のことです。『祭の晩』や『なめとこ山の熊』に出てくる山の民は素朴でウソをつくことを知らない無垢な存在として登場します。

山の民は、生活のために生き物の命を奪いますが、山の恵みへの深い感謝の念と自然への畏怖の気持ちを持っていました。人間と生き物が相互依存の網の目の中にいることを肌で感じていました。小賢しい知をふりまわし、功利的で富を求める打算的な近代的自我の人間よりも町の旦那に騙されるなめとこ山の小十郎や、笑ってばかりいて知恵が足りないと周囲から馬鹿にされている『虔十公園林《けんじゅうこうえんりん》』の虔十に賢治は心を寄せていました。鳥や木や草、獣や山や川にいたるまで、すべてが永遠の生命をもっていると賢治はみなしていました。そう賢治は縄文の心を持っていたのです。

明治の頃まで日本人に縄文の心が色濃く残っていました。今から１４０年前の１８７７年（明治10年）に東京大学の動物学教授として来日したＥ・Ｓ・モースは、持ち前の好奇心で庶民の生活用品のコレクションを集め、膨大なスケッチと日記を残しています。

E・S・モースは『日本その日その日』（平凡社東洋文庫）で日本についてこう語っています。

日本人は行儀がよく正直で働き者です。誰にでも親切で微笑みを絶やしません。善徳や品性を、日本人は生れながらに持っています。

日本人の家は開放的で鍵をかけません。泥棒や乞食が少ないのです。部屋に日本人の子供や召使いが何度出入りしても物がなくなりません。貧しい家も清潔で品があるし、労働者も正直、節倹、清潔です。

子供たちは大事にされ、うるさく叱られることもなく物優しく大切に育てられていました。日本人の母親ほど、辛抱強く、愛情に富み、子供につくす母親はいません。日本の子供ほど、行儀がよくて親切な子供はいません。世界中で日本の子供ほど両親を敬愛し老年者を尊敬する国はありません。日本は子供達の天国でした。

私は人力車の車夫が如何に注意深く道路にいる猫や犬や鶏を避けるかに気がつきました。また今迄の所、動物に対して癇癪を起したり、虐待したりするのを見たことがありません。

日本人の暮らしぶりは見栄を張ることが全くありません。生活道具は少なく簡素ですが洗練されています。火事の災難にあっても涙を流す人も、いらだった様子の人も見ることは

エドワード・モース「明治の子どもたち」
（ピーボディ・エセックス博物館）

なく、意地の悪い言葉も一切聞くことはありませんでした。そして持ち出した畳や襖をたて、その中で小さな火で魚を焼いたり汁を作ったりして彼らは普段通り幸福そうに見えました。簡素な衣服、整理整頓された家、清潔な環境、簡素で魅力に富む芸術、礼儀正しさ、他人に対する思いやり、自然に対する愛、これ等は恵まれた富裕な階級の人々ばかりでなく、最も貧しい人々も持っている日本人の性質です。

このように日本人の礼儀正しさや正直さを大いに賞賛したE・S・モースでした。しかし同時に、「この国のあらゆるものは、日ならずして消え失せてしまうだろう」とも言っています。モースが滞在していた当時の日本は、西洋に追いつこうとして急速に近代国家へ変貌している時代でした。

1890年（明治23年）に来日し、日本に帰化して小泉八雲となったラフカディオ・ハーンは、「日本の本当の良さは知識階級の中にあるのではなく、美徳を代表している庶民の中に存在していて、日本人の道徳は西洋文明のものよりも優れているので西洋から学ぶ必要はない」と言っています。しかしハーンもまた、経済を至上として近代化に邁進する日本の姿に顔を曇らせていました。

金儲けがなされ、収入が高く、生活水準が絶えず上昇し、必然的に無慈悲な競争がおこなわれている所では、精神的・道徳的な弱者は、他の地域におけるよりもっと恐ろしい極端な行動に駆りたてられる。将来、日本の産業が発展すると共に、必然的に弱者の不幸の増加と、その結果として起こる悪徳と犯罪の増加が危ぶまれている。

「神戸クロニクル論説集」(『ラフカディオ・ハーン著作集第五巻』所収、恒文社)

日本文化の古層に、縄文人の心が息づいていました。しかし、西洋の近代化をいそいだ日本は、いつのまにか経済が優先されるようになり、生まれながらに持っていた礼儀正しさ、自然に対する愛、他人への思いやりを急速に失っていきました。モースやハーンが恐れていた通りになってきたのです。

日露戦争の最中の1904年(明治37年)9月に、ハーンは亡くなりました。絶筆となった『神国日本』(平凡社東洋文庫)でこう書いています。

日本人は目に見える一切の森羅万象の背後に、超自然の神霊を考えて、山川草木湖海風雷から井戸・かまどに至るまで、それらを司る神を想像した。日本人はこの国土をつくった神々の子孫で、この神々こそ我々の祖先である。この祖先である神々に奉仕し、この祖先を崇拝することが、我々の最高のつとめであると考えてきた。神道では他の宗教のように、地獄・極楽を説かない。日本人はその肉体が終えると同時に、超自然の力を得て、時間空間を超越した霊となって、子孫と国家を護るのである。この考えのない者は、日本人ではない。

西欧にならえと近代化する日本に、「それでも、お前は日本人か」と、西欧で生まれたハーンが突きつけているかのようです。

明治維新が起きると、日本神話は天皇中心による中央集権国家の政治思想に利用されてしまいました。そして度重なる戦争に駆り出された庶民の心は荒んでいきました。

明治政府は、天皇中心による強力な中央集権国家を作り上げるのに、神武天皇の建国神話を最大限に利用して、天皇家の祖神以外の、〝産土の神〟〝仏教の仏〟を排斥してしまいました。そして、アマテラス信仰を他の民族にも強制するという間違いを犯しました。天皇家の氏神を他の家にも強制すれば、嫌がられるのは当然です。その家にも氏神がいるからです。日本は隣国から嫌われてしまいました。

そして戦争が終わると、軍国主義の復活を恐れたアメリカによって、日本神話はすべて否定されてしまったのです。結局、国家神道を立てた明治の日本は、土着の神々だけではなくピラミッドの頂点にすえた天皇家の氏神までも殺してしまったのです。

軍国主義に利用された日本神話は嫌われてしまい、学校で神話を習うことはありませんでした。そのために今の人々はおどろくほど日本の神話を知りません。

神話を失った日本がこれからどうなるかは、神話を失った民族を見ると分かります。そこには混乱と荒廃があるのみです。神話を奪われ、歴史が抹殺されて、別の神話と歴史を教えこまれた民族は滅んでいます。私が住んでいる東北の蝦夷も同じ運命をたどりました。

神話は生きるための知恵と先祖の歴史を教えてくれます。神話は人間の深層心理と関係しています。日本神話をいたずらに否定したり無批判に礼賛するのではなく、今の時代にふさわしい、しかるべきところに収まらせる必要があります。

この本では日本神話をご存知ない方のために、あらすじと、主な神様の伝承が理解できるようにまとめています。

そして神社は、大地がもっているエネルギーと人間の意識と深い関係にあります。

私は全国の神社を訪ね歩いているうちに、神社が、日常意識を超えた変性意識状態に導く装置になっていることもわかりました。神社は人々に霊性を取り戻させ、魂を元気に回復させる場所なのです。

今の日本はあたかも経済が神となり、物質世界だけが現実と思っている人が多く見受けられます。日本人とは誰なのか、どこから来て、これからどこに向かえば良いのか、それが明らかになることを願っています。

日本はいま、重大な岐路に立っています。

日本人には戦いを好まない縄文人のＤＮＡが流れています。日本の再生、地球の再生は、日本人の心の古層にある縄文の心――自然を畏怖し、神々や精霊との関係性を大切にして自然と調和してきた心――を、もう一度取り戻すことにあるのではないかと思います。

第1章 縄文の女神

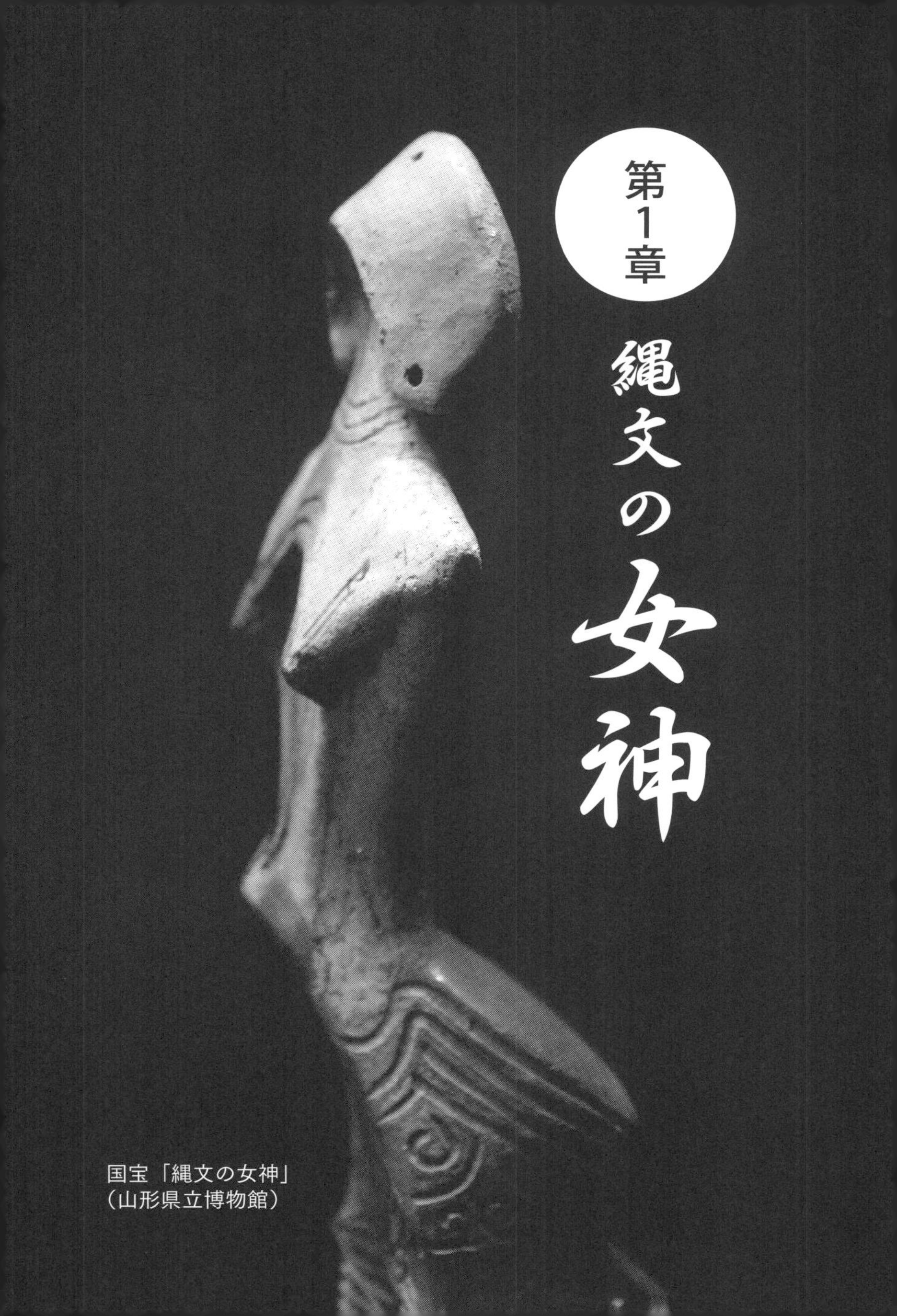

国宝「縄文の女神」
（山形県立博物館）

自然崇拝

すべてのものにアニマ（霊）が宿るという考え方をアニミズムといいます。野生の生活をしている先住民族のほとんどがこのアニミズム、精霊信仰をもっていました。アニマとはラテン語で生命や魂を指す語です。心理学者のユングは無意識の領域に潜む女性性の元型をアニマ、男性性の元型をアニムスと名づけました。精霊も潜在意識もどちらも目に見えない領域です。

人間も地球も、太陽系も銀河も大宇宙の始まりはゼロ・ポイント・フィールドと呼ばれる根源のエネルギーから生まれたと物理学者は考えています。これはアニミズムと大変よく似た考え方になっています。アニミズムでは自然界のすべての生命は、人間も動物・植物、石に至るまで一つの大きな命の一部分であると考えていました。木や草花、動物、水や土、石などあらゆる自然の中に精霊を見るアニミズムを古代の人々は信仰していました。もっとも古い形態の神社は本殿がありませんでした。アニミズムに教団や教典はなく神殿もなく教祖もいませんでした。神は眼に見えません。そこで眼に見える岩や巨木を神が宿る依代《よりしろ》としたのです。

岩石や巨木、川や泉や滝、山々は神の依代であり、自然界そのものが神でした。精霊はすべての森羅万象に宿ることができました。古代の人々は目に見える物質世界の背後から現れてくる根源のエネルギーを神や精霊といったのです。自然は豊かな恵みをもたらしますが、突然、荒れ狂って凶暴になり災いを人間にもたらすこともあります。そこで神祭りをして神々と良い関係を結ぶ必要がありました。人々は神の依代となった山や川や巨木や巨石を、神が顕現する場所として供え物をして感謝の祈りを捧げました。これが神道の祭儀の始まりでした。日本の神道は縄文の自然崇拝から来ています。そして神社にはかならず鎮守の森があり、神の使いである蛇や鹿や動物がいました。

現代の人々は神社に参拝して立派な社殿を前にして鈴を鳴らし、手をうち鳴らして礼拝します。参拝者は神が社殿の中にいると思っています。現代の人々は肖像画や彫像や物が神と思っています。しかし、踏んでいる足元の地面にある草や虫や石も含めてあらゆるものすべてが神なのです。草木も石も人間と話をしていた神話時代は神の像がありませんでした。古代の人々は目に見えない存在に対する感性が開いていました。自然界すべてに神が宿っていることを感じていました。そして特定の巨石や巨木にしめ縄を張り神の依代として崇めるようになったのです。

拝殿のみで本殿がない神社の形式は、神奈備式《かんなびしき》といいます。昔の形式を保っている神社は自然界の山や巨石を本殿としています。奈良の大神《おおみわ》神社は伊勢神宮や出雲大社よりも古く最古の神社の一つ

立石神社（島根県出雲市坂浦町）

ですが、本殿がなく、山そのものをご神体としています。立派な拝殿は、後の時代になってから作られたのです。はるか古代から、日本人は自然を崇拝していました。

古代の巨石信仰の形態を持つ出雲市の立石《たていわ》神社を訪れたことがあります。木と木の間に注連縄《しめなわ》が張ってあるだけで、鳥居も社殿もありません。大正時代までは拝殿があったようですが、再建されずに失われたままのようです。人工的な建物がないことでかえって古代の様子が伝わってきました。

１３００年前の『出雲国風土記』には３９９の神社が記されていますが、そのほとんどが岩に注連縄を飾っただけの簡単なものだったといいます。神様を祀らなければ、いつどこに現れるのかわかりません。神のミアレ（御現れ・御生れ）を待ち、神様を迎える場所に神の依代である神籬《ひもろぎ》を立ててお迎えしました。神聖な場所と俗界を区別するために張った縄がのちの鳥居となったことがわかります。

地球が誕生したのが46億年前です。生命誕生が約40億年前と言われ、約5億年前の古生代に化石の生物が見つかり、約７００万年前に直立二足歩行をする猿人が現れたと言われています。

そして約20万年前に全人類共通の大祖母になる一人の女性ミトコンドリアイブがアフリカに誕生しました。約10万年前に人類はアフリカを出て世界中に散らばり、東アジアに現れました。日本列島は9万年前から人が住んでいました。岩手県の遠野市から9万年前の石器が見つかっています。石器時代の人々こそ原日本人です。青森県の大平山元Ⅰ《おおだいやまもといち》遺跡から1万６５００年前の世界最古の土器の一つが見つかっています。黄河文明・エジプト文明・メソポタミア文明が誕生したのは約５０００年前です。インダス文明は今から４６００年前から栄え、３５００年前には滅んでいます。

世界で最初に起こったといわれている四大文明ですが、実は縄文よりはるか後の文明なのです。氷河時代の日本列島は大陸と陸続きでしたので、最初に日本に住み着いた古モンゴロイドの縄文人は大陸から歩いて日本まで来ることができました。その後、気候が温暖化して海面が上昇して1万４５００年前に日本列島は島になりました。再び1万２７００年前から氷河時代が訪れ１２００年間大陸と地続きになって最終的に島国になったのが1万１５００年前でした。

1万３０００年前頃から日本列島は気候が温暖化して東日本はブナやミズナラ、栗などの落葉広葉樹の森が広がり、その豊かな森は縄文の定住生活を可能にしました。縄文人は殻を割ったドングリ

石皿と磨石（東北歴史博物館）

をすりつぶして粉にして食べていました。遺跡からドングリをすりつぶす道具である大きな石皿や磨石《すりいし》が発掘されています。ドングリの粉は流水にさらしてアク抜きしたりしたり団子にして土器で加熱して食べていました。縄文の住居跡からは炭化している木の実が混じったパンやクッキー状のものが発掘されています。

『美と楽の縄文人』（小山修三、扶桑社）によると、どんぐりの収穫量は一反あたり150キログラムにもなったということです。米の生産量が1反あたり178キログラムといわれているのと、収穫量としてはさほど変わりません。稲作は田植えから水管理、稲刈りまで汗水たらして働かなければなりませんが、ドングリはほっといても勝手に実がなります。1週間ほど山に出て拾えば1年分の主食を蓄えることができました。縄文人はドングリを主食にしていました。

縄文人は世界に先駆けて土器を発明して煮るという

大型竪穴住居（青森県青森市三内丸山遺跡）

調理法も編み出しました。熱を加えることで殺菌され有毒物やアクが分解されます。堅い繊維の植物は柔らかくなるので、いままでに食べられなかった食物の種類が大量に増えることになりました。

縄文中期になると蒸し器も登場して煮るだけでなく蒸す調理法も発達しました。森の恵みは土器で煮炊きをする縄文文化を育てました。世界に先がけて土器を発明した縄文文化。東北は縄文の中心地として栄えていました。どんぐりの「あく抜き」の技術は現代まで受け継がれて、岩手県ではどんぐりが今でも食べられています。

約５５００年前の縄文中期に栄えた青森の三内丸山《さんないまるやま》遺跡の時代はドングリやクルミ、栗、とちの実や球根、森の小動物や魚介類を食する豊かな社会でした。その豊かな森が、青森の三内丸山遺跡で５００人もの村人の定住生活を支えていました。三内丸山遺跡から集会所と思われる３００人以上入れる竪穴式大型住居が発掘さ

巨大六本柱の遺構（青森市三内丸山遺跡）

れています。

岩手県奥州市で発掘された縄文前期の大清水上《おおすずかみ》遺跡の集落は、長さ10メートル以上もある大型竪穴住居62棟が直径約20メートルの中央広場の中心部へ向けて同心円の放射状に並ぶ形で形成されていました。62棟もあったということはこれらの大型住居は集会所ではなく、人々が共同住宅のように同じ屋根の下で一緒に住んでいたと考えられるのです。

山形県米沢市の一ノ坂遺跡からは火を燃やす炉の跡が6カ所ある長さ43・5メートル×幅4メートルの巨大な大型住居が発見されています。こちらは石器を作る作業所と見られています。

三内丸山遺跡から、高さ16メートル直径1メートル近い六本のクリの木を大地から天空に向かってそびえ立たせた巨木の遺構が見つかっています。この六本柱は冬至の日没と夏至の日の出が柱の間に来るにように立っていました。冬至の日没と夏至の日の出は古代人にとって大変重要なものでした。太陽の力が最も弱くなる日が冬至です。冬至の翌日が新しい年の始まりなのです。古代の人々は太陽の恵みに感謝して、世界の安定と繁栄を祈り祭祀をおこなっていました。

古代ヨーロッパのケルトの1年は冬と夏に分かれていて、最も重要な日はケルトの大晦日にあたる10月31日のサウィン祭でした。翌11月1日は夏が終わり冬が始まる1年の始まりの日です。夏の放牧が終わるサウィン祭で家畜は1カ所に集められました。そして、繁殖用を除き、すべて家畜は殺されたのです。部族の全員が聖地に集まり、生と死の儀式を執り行ったわけです。ケルトの祭りのサウィ

なまはげ柴灯まつり（秋田県男鹿市）

ン祭はキリスト教の祭りであるハロウィンに受け継がれています。

もっとも古いアメリカ先住民といわれるホピ族では、カチーナと呼ばれるさまざまな精霊が冬至の季節に来訪します。カチーナは村でダンスをしたり、作物やお菓子を与えたり、子供に罰を与えたりします。マストプとよばれるカチーナは群衆の中から既婚の女性をひっぱりだし性交のまねをしたあとキバと呼ばれる儀礼の場所に下りて行きます。

このホピ族の精霊カチーナの役割は秋田県男鹿半島のナマハゲと構造は一緒です。

いずれも季節の変わり目に訪れる存在であり、人々はこの精霊に贈り物をして異界に帰ってもらうのです。こうして夏が終わり冬になると、死者の霊が生者の世界へ訪れます。生者たちは霊を丁重にお迎えをし、贈り物をします。そうしなければ、来年の穀物や家畜の増産を得られず、病気や災いが起こってしまうという恐れを古代人は持っていました。翌年も再び豊かな収穫を得るために、霊たちに気持ちよく死者の世界へ帰ってもらうのです。これがクリスマスやハロウィンなどの冬の祭りの基本構造でした。

狩猟時代、動物の捕獲は生存に関わる大問題でした。そのため人々は動物の繁殖を祈って儀式をおこないました。毛皮を被って動物に似た格好をしてオスの動きをまねて踊り、メスの動物役の女性と交わるといった豊穣の祭儀が、冬至と夏至におこなわれていました。キリスト教以前の北半球、すなわち北米、シベリア、ヨーロッパでは共通の大地母神を信仰していたので、各地に同様な儀礼が現代まで残されたのです。

縄文の人々は大自然の恵みに感謝して、必要以上の捕獲はしませんでした。動物を狩猟するときも食物の少ない冬に限定し、子供や子を生むメスを獲ることは極力避けていました。子供もメスも根こそぎ獲ってしまっているのが現代社会の狩猟です。そのために大型捕食魚の90パーセントが20世紀後半で姿を消してしまいました。

貝塚はゴミ捨て場と思われていますが、貝がふたたび豊かな身をつけて戻って来られるように祈る神聖な場所でした。自然から一方的に略奪し森を食いつぶすピラミッド型社会の近代文明とは異なり、縄文は1万年以上環境を破壊することをしませんでした。母なる大地に感謝を捧げる自然循環型文明でした。

小牧野遺跡（青森市野沢字小牧野）

大湯ストーンサークル野中堂遺跡（秋田県鹿角市十和田大湯）

クロマンタ山（鹿角市十和田大湯）

約４０００年前の縄文後期の青森市野沢字小牧野の小牧野遺跡からは直径約55メートルのストーンサークルが発掘されています。縄文後期は寒冷化がすすみ、小集団に分かれて暮らしていました。小牧野遺跡は住居跡が2軒しか発掘されていません。離れ離れになっていた集落の人々がここに集まり祭祀をおこなう場所だったと考えられています。ストーンサークルの組石は、夏至の日に太陽が正確に昇るように配置されていました。また冬至の日は八甲田山の方角から日が昇りました。

秋田県鹿角《かづの》市大湯に日本最大の環状列石ストーンサークルがあります。直径52メートルの万座遺跡と、１３０メートル離れた直径44メートルの野中堂遺跡の二つの遺跡の中心部を結んだ線上に、冬至の日の出と夏至の日の入りが起きるようになっていました。

大湯のストーンサークルの北東2キロメートルにはピラミッドと言われているクロマンタ山があります。『クロマンタ』（鈴木陽悦、評論社）によると、１９９１年（平成3年）から4年間にわたって日本環太平洋学会という学術会議がクロマンタ山を調査したことがあります。その結果、クロマンタ山が七段から十段に及ぶテラス状石積遺構によって造られた人口ピラミッドであり、山頂部に七段のリング状に配石された祭祀遺跡があることが判明したのです。そしてクロマンタの山頂部から出土した立石は、大湯ストーンサークルと同じ場所から持ち込まれた組石でした。

さらにクロマンタ山の冬至と夏至の太陽運行の直線上に神社が配置されていました。ただ、すべて5度ほど角度がずれていました。5度のズレは紀元前３０００年頃の北極星だったりゅう座α星の位置と一致しました。現在の北極星はこぐま座α星のポラリスが北極星です。つまりクロマンタ山は約５０００年以上前の古代遺跡だったのです。大湯ストーンサークルとクロマンタ山ピラミッドは巨大な祭祀場だったのです。

大湯のストーンサークルに使われている組石は、石英結晶が多量に含まれている「石英閃緑岩《せきえいせんりょくがん》」です。石英の結晶は約４５３キログラムの圧力がかけられると2万５０００ボルトの電圧を生じる性質を持っています。地震が発生する時の岩石の電磁波パルスを動物や植物は敏感にキャッチします。

サンフランシスコ地震が発生する前にサンフランシスコ北部のタマルペーズ山で冬の間中、重い地鳴りのような音を聞いていた人がいます。そこは蛇紋石が露出しているインディアンの聖地で磁力異常がある地域でした。脳の側頭葉部分は、電磁場に敏感なことが知られています。地震の時に発生する電磁波を感知してそれが耳鳴りとして聞こえる人がいるのです。

生き物の脳細胞には地磁気に同調するマグネタイト（生体磁石）と呼ばれる磁石が組み込まれていて、半導体のようにエネルギーを伝達します。その波動により、それぞれの場には異なる電圧と電流の方向性が生じ、膨大な情報がコード化されます。この波のようにうねるエネルギーの場は生命体をその環境と結びつけています。

脳の松果体はメラトニン、ドーパミン、セロトニンなど脳内ホルモンの調整をしています。そしてこの松果体が司るホルモンのバランスは地球の電磁場の影響を受けています。ですから電磁場が変化すると生体機能も変化します。人間も含めて、地球上の生物はシューマン共鳴とよばれる母なる地球が発生する電磁場と相互関係にあります。

神聖な場所で石を用いて霊的な力を得る信仰は世界中にあります。インディアンは石の一つ一つに命が宿り霊的な意味を持っていると考えました。旧約聖書のヤコブは岩を枕にねむり天国に通じている梯子を夢見て、ベテルという神殿を建てる決意をしました。ペルーのシャーマンは、聖なる石に額を圧しつけてヴィジョンや夢見をおこないます。

特別な場所に石が置かれた聖地は世界中にあります。古代の人々は霊的な力を持った聖地で儀式をして精霊を呼び出して、メッセージやヴィジョンを受け取ったりしました。古代の聖地は地球の経絡とも呼べるエネルギーが流れるレイライン（地脈、竜脈）上にあり、古代遺跡の場所はエネルギーが出入りする経穴にあたります。石英の岩石を輪に配置して組石するとそこに磁場の変化が起きます。エジプトの大ピラミッド、イギリスのストーンヘンジ、フランスのブルターニュ地方のカルナック巨石建造物は、磁気を帯びた石を組み合わせて建造されていました。岩石の結晶構造の組み合わせと太陽と月と惑星の位置によって聖地の場にエネルギーの増減が起きるようになっていました。

聖地でイニシエーションをすると無意識の中から深い感情が湧き上がり、強い高揚感とリラックスが同時に起きてきます。自我の境界が溶けて自然と一体となる変性意識状態が起きやすいのです。聖地は変性意識状態の中で偉大な精霊に偽りの自我を明け渡して本来の魂を復活させる場所でもありました。世界との一体感を内面で体験した人は、自然に敬意を持つようになります。攻撃性が低下し、性別、人種、考えの違いを敵と見なすのではなく、同じ同胞として理解し合うようになります。

聖地はまた地球と人間のつながりを思い出させてくれる場所でもあります。地球の身体が大地であり、地球の血液が河や海です。そして地球の肺が森林です。その聖地を現代人はあまりにも粗末にしています。

縄文土偶

青森県八戸市の是川縄文館に国宝の合掌土偶が展示されています。紀元前１６００年の縄文時代後期後半と推定されています。合掌土偶に赤い顔料が残されているので全身が真っ赤に塗られていた可能性があります。住居のいちばん奥の祭壇があったと思われる所から出土しているので合掌土偶で祭儀がおこなわれていたのでしょう。天然のアスファルトを接着剤として使い修理されていたので、大切に使われたようです。合掌土偶は女性器があるので女性像でした。

有名な遮光器土偶もそうですが縄文土偶のほとんどが乳房を持った女性の姿をしています。青森県の津軽半島の三厩《みんまや》村宇鉄《うてつ》から出土した遮光器土偶の腹部に子供の小土偶が入れられていました。陣痛土偶と呼ばれている土偶は腹部に腹を縦に裂ききったような大きな傷があります。土偶は女性像でしかも妊婦の姿を表現しているのです。土偶の多くがベンガラで着色されていて、全体が赤く塗られていたようです。赤は血の色でもあり生命を象徴していました。そして、ほとんどの土偶は完全な形で

遮光器土偶（青森県立郷土館
風韻堂コレクション）

合掌土偶（青森県八戸市埋蔵
文化財センター是川縄文館）

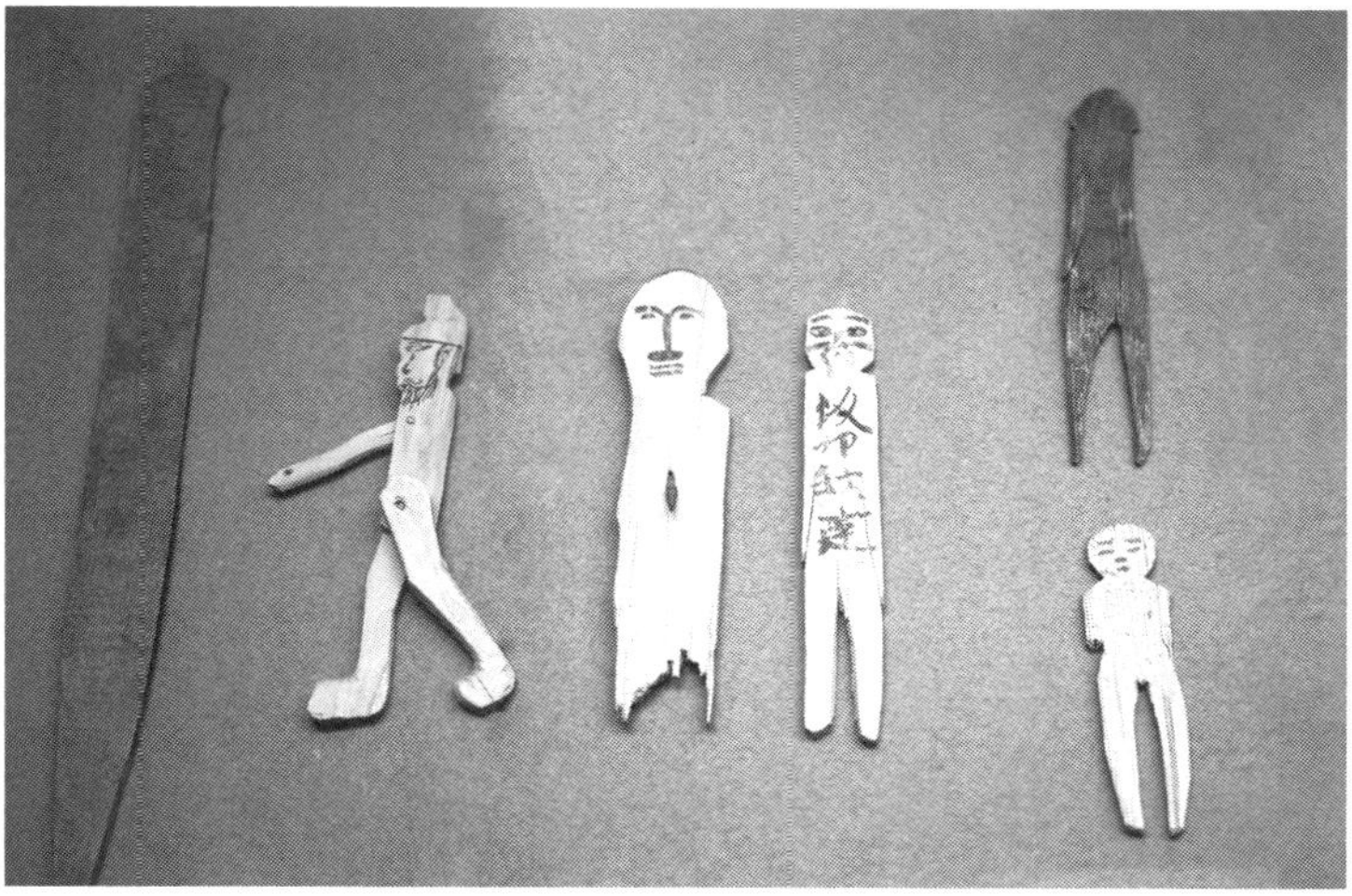

平城京出土人形（東北歴史博物館）

はなく、バラバラに割られて、ていねいに埋葬されています。

人形に体の悪いところを付着させ、その人形を捨てることで病を祓うという儀礼は、世界中にあります。奈良の平城京跡からも、呪いに用いられたと思われる木製のヒトガタがたくさん出土しています。

函館市から車で1時間のところにある縄文文化交流センターに国宝の中空土偶が展示されています。中空土偶の大きさは全国の土偶の中でも最大で、高さが41・5センチメートルとなっています。この約3200年前に作られた土偶の内部は空洞で、その厚さは3ミリメートルしかなく縄文の技術の高さに驚きます。膝の文様は輪の中を線がくぐるメビウスの輪のような立体模様になっています。赤いベンガラが塗られた両足の間には穴が空いていて中の空洞とつながっていました。中空土偶に液体をいれると、土瓶の口のようにその穴から液体がでてく

中空土偶（函館市縄文文化交流センター）

る構造になっていたのです。この中空土偶も病や災いを祓う儀礼のために肩から下の腕がわざと壊されていました。縄文の人々は中空土偶で死と再生の儀礼を執り行っていたのです。

縄文の土偶は病を祓う儀礼のためにわざと壊されたと考えられています。特に腹部を中心に細かく割られている土偶は妊婦と胎児に関係していることがわかります。梅原猛は著書『古代幻視』（文春文庫）の中で、妊婦が死ぬと、いったん葬った後で墓をあばき、妊婦の腹を切って胎児を取り出し、妊婦に抱かせて葬るという話をアイヌの古老から聞いて、土偶の謎がわかったと述べています。

それを裏付けるように、１８８９年（明治22年）には、福島県で亡くなった妊婦に対する死体損傷事件が起きています。妊婦をそのまま葬ることには祟りがあるので、村人がお墓の中から妊婦の腹を切り開いて胎児を取り出し、藁人形と一緒に葬ったのです。縄文時代からの習慣がその頃まで福島県に残されていました。明治になって法律に抵触したので事件として記録に残されたのです。

先祖は子供となってこの世に帰ってきます。その先祖である子供が母親の腹の中に閉じ込められたままでは、この世に戻ってこられません。それでは申し訳ないので、腹を切って、死んだ妊婦の代わりである藁人形に抱かせたのです。縄文時代には眼を閉じている妊婦の姿をした縄文土偶だったのが、明治期には藁人形に変わっていたのでしょう。

アイヌには、幼くして死んだ子供は甕に入れられ、逆さまにして家の入口に埋葬されるという習慣がありました。縄文時代の幼児もまた、死ぬと家の入口に埋められていました。幼いうちに死んでしまった子供は、あの世に送るのではなく、もう一度母親の体の中に戻らせたい。そのために、子宮の象徴である瓶《かめ》に入れられました。そしてそこを通る母親の胎内に再び宿ることを願って、家の入口に埋められていたのです。

縄文人の死の観念は現代人とは異なっていました。人は何事もなく死ぬと神になり、それ以外の死因——殺された者、自殺した者、苦しんで死んだ者、悪行を重ねた者の魂はさまようという信仰がありました。縄文の前期、中期は先祖の墓地を中心に同心円状に集落が形成されていました。縄文は身分が平等な社会を築いていました。副葬品や装身具がともなって葬られた人物でも特別な場所や大きな墳丘墓に埋葬されることはありませんでした。縄文人は死者と一緒に暮らしていたのです。そして、死者が出ると残された家族が一晩遺体と一緒に一つの布団で寝る風習もありました。

縄文と弥生の移行期になると集落の境に墓地が作られるようになります。そして弥生時代になると、墓地は村から離れた山の裾野などに作られるようになりました。現代人は死者の国が遥か遠くの世界にあると考えるようになったので、死者が帰ってくるのはお盆の時期だけになってしまいました。縄文時代は生と死を現代のように分けていませんでした。実際に縄文遺跡に立つと、自然界に対する畏敬の念と感謝、自然との交響をうたった縄文の人々の生活の息吹が伝わって来ます。

母系社会

『母権制』（バハオーフェン、白水社）によると婚姻制度がなかった古代の性生活は完全に自由だったようです。母権社会から父権社会へ移行する間の、現代の一夫一妻になるまでには、多種多様な形態があったのです。

古代アルジェリアのアウエセス人に正式な結婚はなく、同棲せずに家畜同然に交わり、生まれた子供は生後3カ月したらもっとも顔つきの似た男の子供とされました。

古代中央アジアのマッサゲタイ人は異性を共有し、衆人の面前でも平気で交わったといいます。

古代アフリカ北岸のギンダネス人の女性は、男性とSEXするたびに足輪を一つずつはめました。最も多く足輪をはめている女性が最も多くの男に愛されたというので部族では最高の女性とされました。

一般にゴリラは一夫多妻制でチンパンジーは雑婚だといわれています。最初の古代社会の婚姻制度は多数の異性と交わる霊長類の形態に近かったようです。

雑婚の場合、父親が誰かは解らなくとも母は誰であるかは確実にわかります。かくして性交が自由に誰とでもおこなわれることをくりかえしていると、個人の特徴は薄くなり種族としての個性になりました。誰が父かわからなければ、全員、族長を父とします。すべての財産は族長に帰属するようになりました。

古代の神々の最高神は女神で、地母神信仰が盛んでした。1961年にトルコで、女神信仰を裏付けるチャタル・ヒュユクの遺跡が発見され、約1万年前に地母神信仰による母系社会が築かれていたことがわかって来ました。トルコの別名であるアナトリアは女神溢れる土地という意味を持ちます。

古代社会では母親が主な親であり、大地と母は命を生み出すことから同一視されていました。やがてゼウスのような男性の天候神が力をもつようになり、血を血で洗う男性神による都市の侵略がおこり、相手を皆殺しにするような凄惨な戦いが始まりました。

リキュア人の族長は男性でしたがその権力は女性に由来しました。リキュア人は母系なので男性よりも女性に敬意が払われていました。人々は母方の性を名乗り遺産を相続できるのは息子ではなく娘でした。族長の子供は一族全体の中に消える運命にありました。母系社会の影響を受けていた時代の王は自分の子供ではなく姉妹の子供に王位を譲ったのです。古代の部族の間でトラブルが起きると最初は男たちが拳でなぐりあうだけでしたが、しかし、次第にそれがエスカレートしてくると石を投げあい、負傷するようになります。さらに興奮して弓矢や剣などの武器を持ち出すと戦いを始めてしまいます。そんなときは女性たちが戦っている男たちの間に入って戦いをやめさせたといいます。戦いをおさめるのは年長の女性でした。老母は尊敬されており、彼女たちを傷つけてはいけない掟があったのです。古代で女性は神聖にしておかすべからざる存在でした。ケルトやゲルマン人の間でも老賢婦人達は部族間の争いをおさめ、血の復讐の代わりに和平と同盟を結ばさせていました。

地母神像（トルコ　アナトリア文明博物館）

縄文時代と同様の文化をもっていたのではないかと思われるのはベーリング海峡をわたってアメリカ大陸へ移り住んだアメリカ先住民のインディアンです。彼らは1977年にスイスの国連先住民会議に代表団を送り、満場一致で「我々の民族名はインディアンである」と公式に議決表明しています。古代のアメリカ先住民インディアンに最も近いのは、縄文人と

アメリカインディアン シャイアン族の女性
Photograph By Edward S. Curtis
（NATIONAL GEOGRAPHIC）

現在のアイヌ人とポリネシア人という頭蓋骨の解剖学研究の結果も出ています。アメリカ最初の移住者は、約1万5000年前の氷河期に日本から移住してきた縄文人とおなじモンゴロイドだったのです。

『魂の民主主義』（星川淳、築地書館）によると、インディアンのイロコイ族は共通の祖先の血を受け継ぐ親族が統合された氏族にわかれて住んでいます。家長は女性で家の中の一切を取り決める権限を持っています。イロコイ族は母系社会なので家や土地や財産は母から娘に相続されます。そして子供はすべて母親の氏族に属します。彼らには食料や財産を個人で所有する発想はありませんでした。困った家族がいれば食料を惜しみなく分け与えます。何か問題が発生すると多数決ではなく、子供まで含めた老若男女全員が理解するまで話し合って決めました。各氏族は男性のリーダーとして族長（チーフ）を、女性のリーダーとして族母《ぞくぼ》（クランマザー）を選び出し、族長と族母にはそれぞれ補佐役として男女一人ずつの信仰の守り手（フェイス・キーパー）がつきました。フェイス・キーパーは部族にどんな困難が降りかかっても、意識の明晰さを中心にすえ心の安らぎを保っています。部族のメンバーが苦しみや恐れに陥っても揺らぐことなくフェイス・キーパーがそこに在り続けることによって部族が落ち着きを取り戻すことができるのです。族長は族母によって選ばれ、族長にふさわしくない言動があれば、族母は辞めさせることもできました。族母は、氏族メンバーの総意で選ばれます。

『ガーナの女性史』（野津志乃、創価大学大学院紀要25巻）によると、アフリカ、ガーナのアカン族は母系社会でした。アカンの人々は男性に命を与えるのは女性と考えています。女性だけが子供に血液を送ることができるので家系は母方をたどります。ある一族の女性が全員死んでしまうと、いくら多くの男性が残っていようとも、その親族の生活、血統はその男性たちの生きている間にしか続きません。アカン族では女系が途絶えた場合、実際に血統は途絶えるのです。ガーナを支配していたアシャンティ王国は男の王がいましたが母系だったので王位決定権は王母が握っていました。王母は、アベレア（aberewa）と呼ばれる知恵をもっているので尊敬されていました。王母は参戦の可否や土地や財産の配分の権利をもっていました。王が道を外れた場合、王を直接諌めることができるのは王母だけでした。それゆえに、国の運命は王母によって左右されたのです。アフリカの母系性は10世紀からのイスラムの台頭とヨーロッパとの接触がはじまった15世紀に父系制に移行していきました。

インドのデカン高原の部族にも近年まで古代の慣習がありました。結婚前の部族の若者は男女すべて交わり、その中から気のあった者たちが結婚するので、みな別れることなく仲良く暮らしたといいます。インドに侵入してきたアーリア人の神は戦う男性神で、先住民の神が女神でした。インドのヒンドゥー教は、男神が優位で女神が下位ですが、アーリア人が侵入する前の古代の女神信仰が、色濃く残っている先住民のドラヴィタ人が多く住む南インドの村神はほとんどが女神で、男性神は女神の命令を伝えるだけの従神にすぎません。

北インドでは妻の座は一番低い位置に置かれていますが古代の母系社会の伝統を受け継いでいる南インドの妻の座は高い位置にありました。結婚した女性はスマンガリーと呼ばれて縁起が良いとされています。子供の試験、旦那の大事な取引があるときは母親が縁起を担いで先に門をくぐります。逆に縁起が悪いのは一人で歩く男性のバラモンです。男性のバラモンに遭ったときは縁起が悪いので家に戻って出直すのだそうです。男性のバラモンが奥さんを連れて歩いて出会った場合は女性の吉のお陰で男性の凶は帳消しになりました。

『インドの民族宗教』（斎藤昭俊、吉川好文館）によると南インド、ケーララ州のナーヤル・カーストは今世紀初頭まで母系社会だった所として知られています。ここでは初潮の儀式の時だけ儀礼上の花婿と3日間だけ一つの部屋ですごし、それ以降は夫婦関係を解消し、少女は成人女性として認知されアンマ（母の意）とよばれるようになります。この儀式を終えると3～8人くらいの複数の男性と性関係を持つことができました。夫になる男性は親族とともに女性の家にいき布をおくる儀式を済ませたあと夕食後に妻を訪ね、翌日の朝食前には妻から去るのが夫の習わしでした。他の夫とバッティングしないように後から来た夫に先客がいることを知らせるために部屋の前に武器を置きました。

ナーヤル・カーストは族長を頭にした大家族でした。そしてその族長は叔父から甥に受け継げられました。族長の子供は受け継げられずにその大家族の中に消えてしまうのでした。インドがイギリスに支配された19世紀後半に市場経済や西洋近代社会の教育が入り込むと南インドの母系社会は徐々に崩壊し父権社会にとって変わっていきました。

日本にも昔あった「通い婚」や「入り婿」は、母系社会の名残でした。現在でも中国雲南省と四川省にまたがるルーグ湖（瀘沽湖）のほとりに、定住１５００年以上の歴史を持つ人口約5万のモソ族が住んでいます。彼らの社会では今でも通い婚がおこなわれています。

『中国雲南摩梭族の母系社会』（遠藤織枝、勉誠出版）によるとモソ族の家長はかまどがある母屋に住み、女性は成人になると離れの2階にある花楼という部屋が与えられます。男性がその家の娘を好きになり、娘もいいとなったら、必要なときだけ男性が夜這いに訪れます。そうして通ってくることを「走婚」と言います。男性は実家で過ごし、夜だけ女性の元へ通います。女性は男性を生涯待っています。ときには寂しくて、女性が別の男性を好きになるときがあります。元の男性が通ってきて男性同士が鉢合わせしたときには別の男性を好きになったのだと思って元の男性は素直に帰って行きます。相手の気持ちが冷めたらその気持ちを受け入れ、執着しないのがモソ族の習慣です。異性を求めて争ったりしません。女性も男性に別れようと言われたら、諦めます。むりやり追いかけるのはとても恥ずかしいことと考えます。

またモソ族では男性に自分の子供の養育義務がなく、父親という概念自体がありません。子供は女性の家族が引き取り育てます。男性は自分の子供の面倒は見ませんが姉妹の子供たちの教育をします。人としての善悪や、社会生活のきまりなどは子供にとって怖い存在のオジである母の兄弟が教えました。モソ族の社会は祖母が家庭の中心で、女性は他の家に嫁ぐことも婿をとることもありません。男女ともに生涯、母親の家で生活します。「通い婚」なので嫁と姑の争いがありません。異性の奪い合いもありません。血の繋がった母親、兄弟、姉妹と生涯生家で一緒に暮らすので将来の不安がありません。財産はすべて娘が受け継ぎ土地と財産を分けることがないので、家の財産が減ることも富の奪い合いが起きることもありません。煩わしい人間関係の悩みがなく、ストレスがないので些細なことで喧嘩することもなく、犯罪がないので家に鍵をかける必要もありません。モソ族の人々は皆おおらかで満ち足りた生活を送っていました。

モソ族は鷹の卵を猿が呑み込み、その臍から卵が飛び出て割れて動物が誕生し、最後に女神が生まれたという創生神話を持っていました。女神から生まれた先祖は動物と親戚なので動物や植物などへの感謝と畏怖の念を強く持っていました。動物や植物など、自然界には精霊が宿っていて、それらの力によって生かされていると考えていました。争いのない縄文時代もモソ族の母系社会と似ていたと思います。残念ながら近年、中国政府の観光開発により外部との接触が増えてモソ族の母系社会も変化してきています。

アマウッシ

個々人の身体の生体電位に差があり、性交を通して男と女は電気交換をするという研究をしたルドルフ・アーバンというドイツ人がいました。

『愛のヨガ』（ルドルフ・アーバン、新泉社）によると、南太平洋のトロブリアンド諸島は母系社会で母親は赤ん坊の肌を何時間も手でこすってあやします。たいていの母親は赤ん坊を一日中、裸の背中におんぶして働いていました。母親とたえず皮膚接触している赤ん坊は緊張がなく、幸福そうでした。

少女たちは思春期になると家を離れ小屋に移り、自分で選んだ男の子と半年間寝て、次の男の子と交代し、合計4人の男の子と寝ます。そうして2年間のあとで、一番リラックスできた男の子と結婚します。二人の間に浮気はなく、一生幸福に暮らします。

普段の結婚生活は性器にふれることがなく、毎日一緒に抱き合って寝ます。性交するときは30分以上愛撫しあい、抱き合い、キスし合います。その間、絶対に男性は女性のクリトリスにさわりません。

性交が始まると結合したまま30分以上の長時間、動かずに横たわってからでないと動きません。男性が女性に乗ることはありません。お互いの筋肉の緊張がない体位を取るのです。クライマックスのあとでも長時間横たわったままでいます。

このことを彼らは、「祖先の魂が目覚めて二人の結びつきを祝福に来る」と説明しています。短い時間では祝福を授けに祖先はやって来ず、かえって罪悪感と後悔が残ってしまうのです。ここの島の人々の心が病むことはなく、夫婦は調和し、離婚もなく、子供は無邪気で幸福に育ちます。

生体エネルギーが不足するとそれを求めて男性は暴力的な行動をとるようになり、生体エネルギーが充足すれば満足して穏やかになるようです。

ある東洋人のカップル2人には火花が飛ぶほどの電位差があり、それを解消するのに27分間の性的接触が必要でした。27分以下の性的接触はもう一度行為を繰り返したいという欲求が生まれ、電位差があるために火花が飛びました。27分が電位差を中和する臨界値だったのです。27分以上のあとでは、緊張から全く解放されました。そして性交をくりかえしたいという欲求は消え、お互いに対する愛情は増え、二人はこの上なく幸福だったのです。

肉体的病気と精神障害は不満足な性生活と密接な関係があり、それは生体電気の不足が引き起こしているのではないかとルドルフ・アーバンは考えました。

27分以上の長い性交は細胞から放出されて皮膚にためられていた生体電気が、2人の性器に流れ

カタカムナの聖地　保久良神社（兵庫県神戸市東灘区本山町）

ていきます。そこで電位差をもった2種類の生体電気が出会うことで、中和します。中和することで緊張はなくなり、完全なくつろぎの状態になるのです。マイナスの電気に満たされた男性の緊張はプラスの電気に満たされた女性と接触する以外に開放はないとアーバンはいいます。

今から約40年前、カタカムナ文献を研究する相似象学会が東京、渋谷の神泉にありました。カタカムナとは、物理学者の楢崎皐月《ならさきさつき》が、兵庫県六甲山系の金鳥山で地質調査中に発見した、先史時代の日本に高度な直感文明があったとする文献です。当時の私は渋谷の近くに住んでいたので、時間があるときは相似象学会へ通っていました。

相似象学会の宇野多美恵《うのたみえ》会長は私に直接「アマウツシ」をして、男女の性を電気のエネルギー現象として説明してくれました。

女性をアマと呼びますが、アマとは〈ア〉らゆるものの中にある〈マ〉のことです。〈マ〉とは一切のもののハジマリであり、アマとはすべてのものの出現する以前の根源の始元の状態を意味します。アマはカタチがない潜象であり、無限の量を持っています。何もないアマからあらゆるものが生み出されていきます。アマは「天」であり「海」であり、そして「女」の意味でもあるのです。

女性は環境〈アマ〉から電気を取ることができたので、いつも高い電位状態にいることができました。しかし、女性を通さなければ男性は電子を取れないので電子の足りない状態に陥り易いのです。それゆえに足りない電気を求めて、性の衝動が男性に生じるのです。

何とか女性を獲得しようと男性同士が淘汰して優秀な者が残ります。その戦いに女性は干渉しませんが選択権は女性が持っていました。女性にその選択があるのは環境から常にアマナという電気をとり入れているからで、男性がそれに魅力を感じて追いかけるのが生物の天然のすがたなのです。

女性の魅力は肉体の造形の美醜にあるのではなく、環境との相互作用にあります。電気現象には電子〈サヌキ〉と正孔〈アワ〉があり、女性は正孔〈アワ〉が多く、アマから直接電気を取り入れることができます。アマから取り入れることをアマウツシといいました。

正孔〈アワ〉が表面に移動すると電子〈サヌキ〉を放出しますが女性はアマウツシで電気をアマから無限に取り入れることができます。女性性がアワで男性性がサヌキです。男性が本能的に女性の手を取り愛撫したくなるのは、この正孔電子を追う姿で、女性はすぐに飽和してしまうので男性の手は次々と動いて追い続けます。その間、男女ともにマイナス・エントロピーの恍惚状態になり心身は活性化します。これを性の交換栄養といっています。

男女の性の交流は、電気回路にたとえられます。送電線は、空中架線一本にアースをとり、地下の前駆流によって回路が通じます。地下に障害物があってこの前駆流が通じないと、いかに高圧をかけても電流は流れません。

女性は、その体質に於いて、生命の前駆流があります。前駆流とは、電子流を起すための陽電気が、電子流の前方に次々に発生する現象です。女性は男性に前駆し、男性はそれを追って、女性を通してそれを獲得していきます。男性が正孔電子をとり易い状態を求めて、手指や足や唇を女性の肌に触れたい衝動にかられるのを一概に「エッチだ」として片付けるのは根本的なあやまりであって、それは飢えたものに食を与えないような無慈悲なことなのです。

女性には生命の前駆流があります。宇宙の一切は、無限の始元量〈アマ〉を同根として発現し、ウヅマキ運動〈アワ〉を続けている有様が相似の象《カタチ》なのです。

インドの神秘家ＯＳＨＯは『マイウェイ』（和尚エンタープライズジャパン）という講話録で女性が光明を得るには男性を通してしかできないと講話しています。それだけを聞いてしまうと女性から抗議が殺到しそうな話です。

女性エネルギーと男性エネルギーが違っているのは女性が男性より低い存在ということではない

ので、平等や不平等の問題ではありません。男性は子宮がなく女性は子宮があるという構造の違いのように、ただ男性と女性が違っているという事実があるだけです。愛は他者が必要ですが、瞑想は他者を必要とせず一人で達成できます。覚醒にいたる道に愛の道と瞑想の道があります。

男性はまず瞑想を成就してはじめて愛に至ります。女性は愛を通して瞑想に至りうるのです。愛は女性に潤いを与え、女性の存在自体が深い愛への衝動に動かされています。もっとも深いエクスタシーの中でエゴが溶けて一つになるのが、愛の道でした。

女性が愛するためには誰か相手が必要でした。女性が一人でいることはむずかしいのです。女性は愛する者と一つになることで瞑想が起こるのです。

男性が瞑想にあるとき、女性が愛の内にあるとき、完全な合一が起きます。そのときに愛する者が合一の扉になります。女性が男性を通して光明にいたるのは、女性の探求が愛の道だからなのです。

妻問い

古代の日本には、男性が女性の家に通う「妻問い」という習慣がありました。離婚は簡単で、「床去り」「夜離れ」といって、通ってきた夫を妻が家に入れなければよかったのです。生まれた子供は母の一族が養育しました。

日本神話のオオクニヌシ(大国主神)は野山を歩いて各地の女性の家を訪ねる「妻問い」をしていたことが『古事記』に出てきます。多くの女性と関係を持ったオオクニヌシは、縁結びの神として信仰を集めています。

因幡《いなば》の国(鳥取県東部)の美しいヤカミ姫(八上姫)は、オオクニヌシの大勢の兄弟に求婚されますがオオクニヌシを選びます。ヤカミ姫は子供が生まれるとオオクニヌシのもとを訪れますが、オオクニヌシの妻スセリ姫(須勢理姫)の嫉妬に驚いて、子供を木の俣にはさんで実家の因幡の国に帰ってしまいます。その子供の名前が、コノマタ(木俣神)です。

オオクニヌシは越《こし》の国(高志国、北陸地方)に出向いて、ヌナカワ姫(沼河比売・奴奈川姫)に「妻問い」し

大国主神の像（島根県出雲大社ムスビの御神像）

ました。

「出雲におもわしい妻が見つからず遠い遠い越の国に賢く美しい姫（ヌナカワ姫）がいると聞いて、お目にかかりたいお会いしたいとやってきました。太刀の紐もまだ解かず、旅の服もまだ脱がないうちに寝ている家の戸を、開けようと無理に押していると、緑の山にぬえが鳴き、野原にキジが鳴き、庭には鶏が鳴いて夜明けを告げました。私の心も知らず騒ぐこの鳥たちを殺してしまいたいと思います」

これを聞いていたヌナカワ姫は、

「私は柔らかい草のようなか弱い女です。私の心は渚にいる鳥のようです。今はあなたの鳥ではありませんが、もうすぐあなたの鳥となりましょう。どうか鳥たちの命はお助けください。緑の山に日が沈んで暗くなったらおいでください。朝日のようにあなたはやってきて、私の白い腕を、淡雪のように柔らかいわたしの胸をそっと抱きしめて、かわいがるでしょう。玉のように美しいわたしの手を枕にして、足をのばしてゆっくり寝ていってください。ですから今はそんなに急いで恋焦がれないでください」

と答えます。

『古事記』の、オオクニヌシの「この鳥たちを殺してしまいたい」という言葉は、ヌナカワ姫が半ば略奪されるような形でオオクニヌシと結ばれたことを暗示しているかもしれません。

奴奈川姫の像
（新潟県糸魚川市長者ケ原考古館）

奴奈川神社（糸魚川市田伏南村）

ヒスイ製の勾玉（糸魚川フォッサマグナミュージアム）

『出雲国風土記』に、

「オオナムチ（大穴持命＝オオクニヌシ）、越《こし》の八口《やぐち》を平《たいら》げ賜《たま》ひて還《かえ》り坐《おわ》す」

という言葉が出てきます。オオクニヌシは越のヌナカワ姫を娶って、越の国に支配を広げたのでしょう。ヌナカワ姫は越の国の女王だったようです。越の国と出雲は日本海で繋がっていました。出雲のオオクニヌシは越の国で侵略者として見られていたようです。糸魚川ではオオクニヌシとヌナカワ姫を祝う伝説は少なく、地元ではオオクニヌシからヌナカワ姫が姫川沿いに逃げる伝承が多いのです。姫川の上流の松川に姫ヶ淵という深い淵があって、ここはオオクニヌシの手先に追われたヌナカワ姫が入水自殺した場所なので、姫ヶ淵というようになったという伝承があります。姫川の名もこれから出たといいます。

それとは異なり諏訪地方には、息子のタケミナカタ（建御名方神）と一緒に晩年を諏訪で暮らしたという伝承があります。諏訪湖の東にヌナカワ姫を祭神とする御座石《ござのいし》神社が鎮座しています。この神社にはヌナカワ姫が鹿に乗って諏訪に来たときの鹿の足跡といわれる石があります。御座石神社では鹿の肉とともに神前に供える「どぶろく祭り（御座石神社例大祭）」が執り行われています。米は弥生、鹿は縄文の象徴です。

「ヌ」は「八尺瓊勾玉《やさかにのまがたま》」の「瓊《に》」と同じく、輝く宝石がもつ呪術力の意味があり、ヒスイ（翡翠）のことを古代はヌナタマと呼んでいました。ヒスイの耳飾りは精霊の声を聞きやすくする働きがあると信じられていました。勾玉《まがたま》の形は霊魂をあらわしていると言われています。『魏志倭人伝』にヒミコ（卑弥呼）の後継者のトヨが勾玉を魏に献上したとありますが、糸魚川産のヒスイだったのでしょう。

勾玉は日本にしかない独特の形をしています。縄文時代の勾玉は胎児の形をしていましたが、弥生になるとガラス性の巴型にかわっていきました。

ヒスイの勾玉は縄文の中期（紀元前５０００年）頃から作られていました。新潟県糸魚川産のヒスイは、出雲や青森県の三内丸山遺跡、朝鮮半島の新羅の遺跡からも出土しています。皇室の三種の神器の１つの八坂瓊勾玉は糸魚川産のヒスイの勾玉といわれています。古墳時代をすぎて藤原氏の仏教の時代になると呪術と関係が深いヒスイは必要とされなくなりました。新潟県糸魚川市一帯のヒスイの原産地は、長い間忘れ去られ、ヒスイ原石が姫川で再発見されたのは１９３９年（昭和14年）になってからでした。

スセリ姫は出雲でオオクニヌシの正妃として祀られていますが、出雲以外の神社でオオクニヌシと一緒に祀られている女性は宗像三女神《むなかたさんじょじん》のタキリ姫（『古事記』で多紀理毘売命、『日本書紀』で田心姫・田霧姫）の方が多いようです。カムヤタテ姫（神屋楯姫）とオオクニヌシの間には海と関係の深いコトシロヌシ（事代主）が生まれています。他にもオオクニヌシと関係した女性は大勢います。

ある日スセリ姫があまりにも嫉妬深いのでオオクニヌシは嫌気がさして馬に乗り出雲を出て大和に出発しようとしました。そのときにスセリ姫と語りあう話が『古事記』に載っています。

「あなたは男ですから、あちこちに妻をお持ちでしょう。でもわたしは女ですから、あなたのほかに夫はありません。どうか、わたしと手足を伸ばして伸び伸びと休みましょう。

さあ、お酒をお召し上がり下さい」

それでもオオクニヌシは出雲から他の女性のところへ行ってしまいスセリ姫のもとへは戻ってこなかったようです。

「妻問い」の風習は平安時代まで残っていたようです。母系から双系そして父系へと移り変わってゆくのですが日本の弥生は単純ではなく、行きつ戻りつ、ねじれが起きています。

さらに縄文時代の母系の痕跡が戦国時代まで続いていたことが、イエズス会宣教師ルイス・フロイスの証言（『ヨーロッパ文化と日本文化』岩波文庫）から見てとれます。

ヨーロッパでは未婚の女性の最高の栄誉と貴さは、貞操であり、またその純潔が犯されない貞潔さである。日本の女性は処女の純潔を少しも重んじない。それを欠いても、名誉も失わなければ、結婚もできる。（2章1）

ヨーロッパでは夫が前、妻が後ろになって歩く。日本では夫が後、妻が前を歩く。（2章29）

ヨーロッパでは財産は夫婦の間で共有である。日本では各人が自分の分を所有している。時には妻が夫に高利で貸付ける。（2章30）

ヨーロッパでは、妻を離別することは、罪悪である上に、最大の不名誉である。日本では意のままに幾人でも離別する。妻はそのことによって、名誉も失わないし、また結婚もできる。（2章31）

天声に従って、夫が妻を離別するのが普通である。日本では、しばしば妻が夫を離別する。（2章32）

ヨーロッパでは娘や処女を閉じ込めておくことはきわめて大事なことで、厳格におこなわれる。

日本では娘たちは両親にことわりもしないで一日でも幾日でも、ひとりで好きな所へ出かける。（2章34）

ヨーロッパでは妻は夫の許可がなくては、家から出ない。日本の女性は夫に知らせず、好きな所に行く自由をもっている。（2章35）

ヨーロッパでは普通女性が食事を作る。日本では男性がそれを作る。そして貴人たちは料理を作るために厨房に行くことを立派なことだと思っている。（2章51）

ヨーロッパでは女性が葡萄酒を飲むことは礼を失するものと考えられている。日本ではそれはごく普通の事で祭りの時にはしばしば酔っ払うまで飲む。（2章54）

古代では女性が首長でした。その後も財産を管理する家の主として、庄屋、名主、後家人、荘園の荘官として女性が活躍していましたが、女性の地位は室町時代以降落ちていったのです。

地母神

『一万年の天皇』（上田篤、文藝春秋）によると、かつての日本では林と垣に囲まれたエグネといわれる敷地の中に畑、井戸、墓があって、炉が付いた竪穴の住まいが何棟もあって大家族が住んでいました。家長夫婦が住んでいた高床の母屋《オモヤ》、家族全員の台所である釜屋《カマヤ》、男兄弟のオジたちが住む一練の住居（長屋《ナガヤ》）があり、子供を産むようになった年頃の娘、姉妹には住居として嬬屋《ツマヤ》が一戸ずつあたえられ子供たちと一緒に住んでいました。母系なので女性たちは嫁入りすることもなく、婿入もなく一生涯、生家から離れることなく暮らすことができました。

縄文の集落は母系の血族集落を築いていました。男たちは野山を歩いて「妻問い」をして他の集落と交流していたのです。家の中には炉《カマド》があり女性たちは火を絶やさず守りました。世界中のどの社会も火を絶やさないようにするのは女性の仕事でした。種火がある炉は家の中心であり聖なる空間でした。炉のある大きな家は族母である長老の女性が住んでいました。いまでも東北の田舎では家の単位をカマドといい、家が途絶えることをカマドが消えたといいます。

山梨県北杜《ほくと》市考古資料館には土器の腹から今まさに新しく生まれ出ようとしている胎児が表現された顔面把手付深鉢《がんめんとってつきふかばち》が展示されています。

縄文土器は空気も水も通す多孔質なので陶器や磁器と違って直接火にかけても割れません。現代の土鍋と同じく煮物に適していました。深鉢の底を炉の灰の中に刺して、とろ火で煮炊きができたのです。煮炊きによって食物を生み出す土器は、食べ物を生む豊穣の大地と命を生み出す子宮に象徴されます。顔面把手付深鉢は、土偶のように打ち欠かれて出土する例がほとんどです。深鉢は蓋をして蒸し器にして使われたのではないかと言われています。

女神は体内で美味しく調理された食物を惜しみなく出して食べさせようとします。女神は殺害されてその死体からさまざまな食物が発生するのです。

高天原を追放されたスサノオ（『古事記』は須佐之男、『日本書紀』は素戔嗚尊）が、空腹を覚えてオオゲツ姫（大宜都比売）に食物を求める話が『古事記』に出てきます。オオゲツ姫はもてなしますが、スサノオが様子を覗いてみると、鼻や口、尻から食べ物を取り出し、それを料理していました。スサノオは汚らわしいと怒り、オオゲツ姫を斬り殺してしまいました。すると、オオゲツ姫の頭から蚕が生まれ、目から稲が、耳から粟が、鼻から小豆が、性器から麦が、尻から大豆が生まれました。

『日本書紀』にも、ウケモチ（保食神）がツクヨミ（月夜見尊）をもてなすとき、口からいろいろな食物を

顔面把手付深鉢（山梨県北杜市考古資料館）

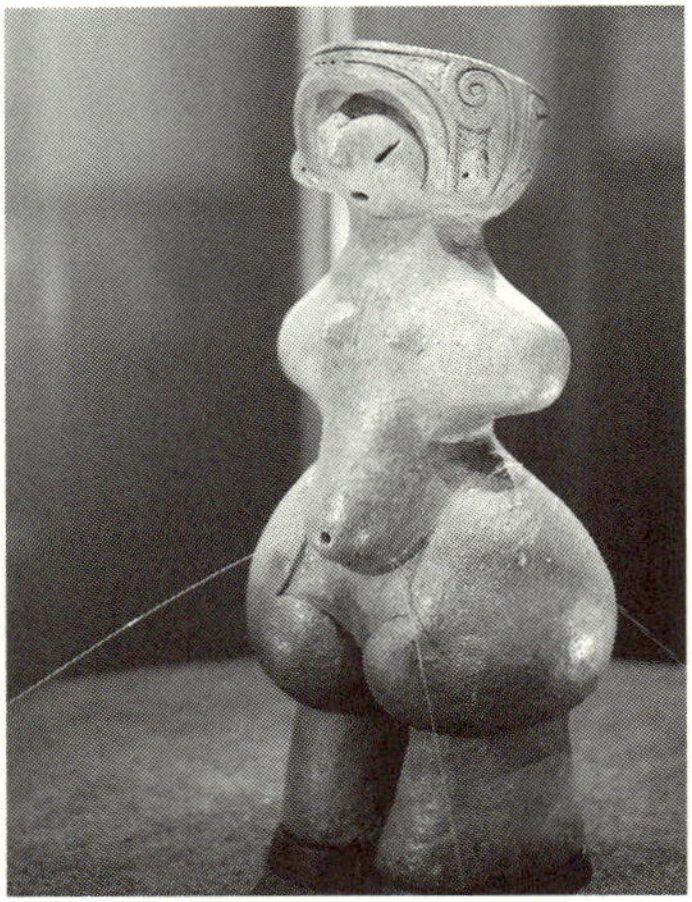 

縄文のビーナス（左）と仮面の女神（右）（長野県茅野市尖石縄文考古館）

出したので、ツクヨミが怒ってウケモチを殺してしまい、死んだウケモチの頭から牛馬、額から粟、眉から蚕、目から稗、腹から稲、性器から麦・大豆・小豆が生まれたという同様の話があります。

記紀神話に出てくるオオゲツ姫やウケモチのように、殺されて、その体から次々と穀物が生み出されてくる神話はハイヌウェレ型神話といって世界中の農耕儀礼に見られる普遍的な神話です。土偶や土器を故意に壊して丁重に埋葬するのは、生命の恵みを得るために死と再生の儀礼をしたことをあらわしています。

顔面把手付深鉢土器の模様は女性器に似ています。女性と火は深い関係にあります。炉の形は女陰であり、その中から火が発生する神話は焼畑農耕文化圏に多く存在します。

古代日本の女性の女陰の呼び方はホトで女陰が火のように熱くなるのをホテル（火照る）といいます。「ほ」は

〈ヒ（火）〉でもあります。〈火〉は女性の「ソコ」にあります。「ソコ」を火で焼かれてイザナミは亡くなりますが、その間に食物の神や土器の神が次々と生まれたのです。

母神の体に火を宿し自分の体が焼かれて死ぬことで神々を産む神話は広く分布しています。火をおこして、火を絶やさずにすることは女性の大切な仕事で呪術的宗教行為でもありました。火を継いでいく巫女、すなわち「火継《ひつ》ぎの巫女《みこ》」がのちに天皇候補を意味する言葉となった日嗣《ヒツギ》の御子《ミコ》ではないかと上田篤は『一万年の天皇』（文藝春秋）で述べています。縄文時代は女性がリーダーでした。

古代において豊饒な大地は命を生み出す母と同一視されていました。大地と女性は穀物の再生と復活、女性の多産多殖、豊穣の象徴でした。女神は天地も男女も親子も善悪も生と死も一切を飲み込むグレートマザー、大地母神《だいちぼしん》、太母《たいぼ》と呼ばれていました。

長野県茅野市尖石《とがりいし》縄文考古館には、縄文時代の国宝土偶の「縄文のビーナス」と「仮面の女神」が展示されています。

「縄文のビーナス」は全長が27センチメートル、重さ2・14キログラムあり、ふくよかな堂々とした体型をした大型の土偶です。耳にピアスの穴が開けられています。この縄文のビーナスは今から約5000年前、縄文時代中期の30軒ほどの環状集落の、広場のほぼ中央にあたる位置に横たわるように完全な形で埋められていました。大型土偶が壊されずに大切に埋められていたのは母から母へ遡っていった族母共通の先祖「元母」の象徴だったかもしれません。集落の中央にある広場で豊穣の祭儀をおこなっていたと思われます。

「仮面の女神」は、高さ34センチメートル、重さ2・7キログラムの大型土偶で股間には女性器が表現されています。この仮面の女神は縄文のビーナスよりも時代が下がった、今から約４０００年前の縄文後期前半に作られ、シャーマンへの副葬品として墓穴に埋められたといわれています。縄文のビーナスの時代は気候が温暖で食料も豊富にありました。仮面の女神の時代になると気温が低くなり食料も不足がちだったといいます。仮面の女神がどことなく影がある佇《たたず》まいなのはそのせいなのでしょう。仮面の女神はその右足が意図的に壊され、その破片が土偶の空洞となる体内に入れられていました。土偶を壊してその破片を生命が誕生する胎内に入れたのは死と再生を願った儀礼だったことが伺えます。

1万年続き繁栄していた縄文時代も、３０００年前頃から厳しい寒冷化に見舞われるとその勢いは衰退していきました。弥生時代の到来と大陸の動乱には関係があります。紀元前４８０年、中国大陸が戦国時代に突入すると呉や越など多くの国が滅び大量の難民が発生しました。稲作技術をもったたくさんの難民が船で日本にやってきたことが縄文から弥生時代に移行することを促進させたと思います。そうして父系の渡来人と母系の縄文人とが混血していきました。

2世紀の後半、日本で争いが起きて国中が乱れました。その時に一人の女性を立てて争いが治りました。その名をヒミコ（卑弥呼）といいます。邪馬台国《やまたいこく》は倭《やまと》で、ヒミコは姫巫女《ひみこ》または日巫女《ひみこ》で女性シャーマンだったのではないかと思われます。ヒミコは宮中の奥にいて滅多に顔を出さなかったので、代わりに弟が実際の政治をおこなっていたと中国の歴史書『魏志倭人伝《ぎしわじんでん》』にあります。

２４８年にヒミコが死んだので新しく男を立てた所、国中がその男に不服で互いに殺しあったことが『魏志倭人伝』に書かれています。そこで、ヒミコと同じ血族の13歳の少女トヨ（台与）を立てると争いが収まったとあります。

縄文時代は母系社会が長く続いていましたが、部族同士の争いが多くなると部族のリーダーは男性に変わっていきました。男性が主導する父系社会に移行する前にヒメ・ヒコ制があったのです。女性であるヒメが祭祀を、男性のヒコが政治や軍事をおこなっていました。女性が政治の決定をして男性がそれを実行に移していたのが古代のヒメ・ヒコ制でした。

ヒミコの時代は父系社会に移行する前だったのでリーダーを男性に変えてもすぐにうまくいかなかったのでしょう。男性原理は分離敵対し相手を打ち負かそうとしますが女性原理は離れていたものを再び結びつけて調和しようとします。部族連合を結びつけていたのは女性原理でした。

大転換の時代

縄文遺跡からは人を殺すための武器が見つかっていません。森の恵みを受けた縄文時代は現代のような凄惨な殺しあいをしない平和な時代でした。縄文時代は食べ物を分け合うので貧富の差がなく平等な社会を築いていました。動物や鳥も人間の親戚と考えられ、人々は自然界の恵みに感謝していました。縄文人は1万年もの間、戦争をしないで平和を築けていました。それは女性が中心にいる母系社会だったことも大きな要因であったでしょう。知恵のある女性は尊敬されていたので、揉め事をうまくおさめたことでしょう。森林を破壊して、獣を絶滅させ、膨大な軍事費を浪費して、同じ人間どうしが殺し合う現代社会のほうが縄文文明よりも、よほど野蛮で未開な文明ではないかと思います。

縄文時代に争いごととみられる人骨が発見されていますが1万年で数十体ほどです。やがて大陸から金属製武器をもった集団がやってきて大規模な戦いが起きるようになりました。

鳥取県青谷町の青谷上寺地《あおやかみじち》遺跡では弥生時代後期の地層から溝に無造作に捨てられた１００体を

超える老若男女の殺傷人骨が見つかっています。小さな子供まで皆殺しにする凄惨な戦いが弥生時代に始まったのです。

こうして縄文人も身を守るために武装するようになりました。平和な縄文時代は終わりをむかえたのです。弥生時代の集落は外敵の侵入を防ぐためにまわりに堀を幾重にもめぐらせています。そして高く厚い城壁と頑丈な門が作られました。縄文時代の炉を中心として広々とした共有空間は姿を消し、部屋は小さく区切られるようになりました。

ブナの巨木（岩手県八幡平市）

塀をめぐらせた吉野ケ里遺跡

弥生時代の集落同様に現代人にもブロックという城壁ができて心身が分離されています。心と体、環境は区切られ、自由なエネルギーの流れが阻害されてしまっています。精神医学者ヴィルヘルム・ライヒは、いみじくもブロックを筋武装とよび、心と体のこわばりが暴力的支配の根源であると主張しました。

こころを開いて神々と交流していた縄文時代とは異なり、ブロックでエネルギーの流れを閉ざしている現代人は自然の恵みを根こそぎ採取し、森を切り倒し、野生動物を絶滅に追いやっています。現代人はお金の計算に忙しく、自然界の生き物たちの声、精霊の声を聞くことができなくなっているのです。人間は自然の中で生かされています。それがいつのまにか命のネットワークの一員であることを忘れて地球規模の環境破壊をしてしまうようになってしまいました。

1年間あたりに絶滅した種の数を調べてみると恐竜

時代は1年間に0・001種、1万年前は0・01種、1000年前は0・1種、100年前は1年間に1種が絶滅しています。20世紀になってから絶滅のスピードは加速がついて、1年間に約4万種の生物種がこの地球上から姿を消しています。このまま加速を続けると、30年後には地球上の全生物の25パーセントの種が失われてしまう計算になります。

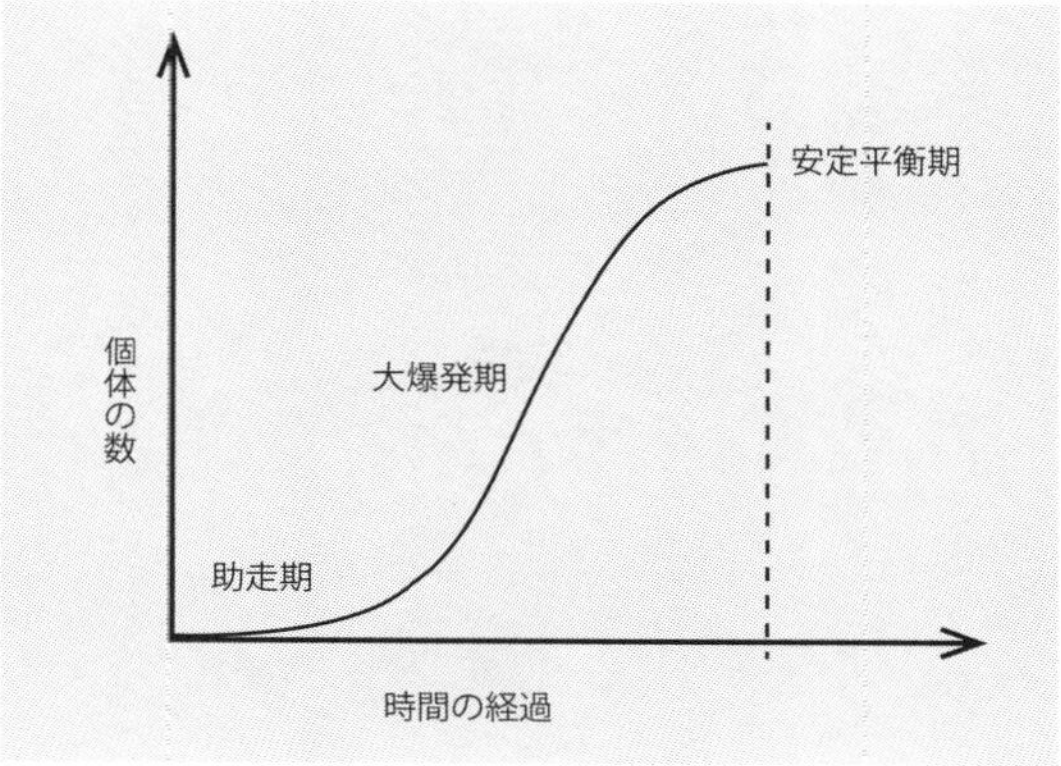

ロジスティック曲線

生物学には「ロジスティック曲線」(上図)という有名な概念があります。どんな生物にも緩やかに数が増える助走期、急激に増える大爆発期、安定する安定平衡期の3段階があります。多くの生物は大爆発期が終わった後、資源を食い潰して滅びてしまいます。

いままでのような使い捨ての大量消費を続けるなら必ず地球の資源は食いつぶされ、残った廃棄物で私たちの文明も破綻するのはもはや時間の問題といわれています。現代社会は偽りの欲求を、良い車、良い家、高価な宝石、一流ブランドの衣服、昇進、成功、金と権力、名声、地位、財産など物質的な欲望で満たそうとします。

そして現代人は多くの人にかこまれても孤独や不安

を感じています。携帯電話で延々と話し続けても心は満たされません。スケジュール帳の予定をびっしりと埋めても心の欠落感は埋まりません。多くの異性と交際し次々と変えても求める愛はえられません。満たされない欲求を消費社会では消費によって解消しようとします。しかしそれは偽りの欲求にすぎないのでいくら大量消費しても本当の満足は得られないのです。企業も一体何のために利益を上げているのかわからなくなっています。労働者が失業するから消費を増やさなくてはと言う考えは、資源はやがて枯渇するという事実を無視しています。利益を上げることだけの目的に同化して自己増殖を続けると最後は資源を食いつぶし破滅してしまいます。偽りの価値に縛られたままでは必ず機能不全に陥ってしまうでしょう。

物質的な欲望に振り回されて自己中心的な行動をとってしまったために、人間は他の生物を滅ぼし自身の生存まで脅かすようになっています。農地面積が拡大する一方で、森林の面積は急速に減少し、すでに地球の半分以上の森が消失しています。

私達は今、人類史の大転換期にいます。

社会学者の見田宗介は『現代社会はどこに向かうか』（弦書房）で、現代社会は「成長を求めない」生き方や価値観やシステムを生み出す安定平衡期に移行する段階にきているといいます。それは発展も進歩もなく、永遠の幸福が「いまここ」に持続している世界です。その世界とは1万年以上、自然破壊をすることなく続いた縄文文明のことだったのではないでしょうか。

第2章 自然崇拝から祖霊信仰へ

縄文から弥生へ

狩猟採集から農耕社会に移行すると、富の蓄積が始まり、格差が生じました。

やがて部族同士の争いから支配階級である王があらわれると、3万年前から続いてきた母系社会は姿を消していきました。中国では、3000年前に夏王朝が誕生して以来、父系社会になりました。

渡来系弥生人は、紀元前400年頃に稲作を伴って長江下流域の江南地方から日本列島に渡ってきたと言われています。長江下流域の人々はすでに8000年前から稲作をおこない、高床式住居で暮らしていました。長江下流域に暮らしていた倭族は、漢族に圧迫されて敗れ、朝鮮半島、日本列島、インドシナ半島へと四散していきました。中国四川省とミャンマーとの国境付近には、今でも日本の弥生時代の文化を伝える山岳民族が高床式住居で暮らしています。

縄文人は、西アジア、中国、朝鮮でおこなわれていた農耕社会を選ばず、独自の狩猟採集文明を築いていました。彼ら縄文人は、動物なら何でも食べたようです。遺跡からイノシシ、シカ、ウサギ、ネズミ、タヌキ、ムササビ、カワウソ、ツキノワグマ、オオカミの骨が見つかっています。それも、骨はすべて砕き、内臓、骨髄、脳みそまでもすべて食べる「一物全体」食でした。発掘された骨の鑑定によると、米を食べる弥生時代になると老人の骨が多くなり、百歳の老人の骨さえ見られるようになったということです。縄文の平均寿命が16歳であれば、渡来系の平均寿命は30歳を超えます。稲作は人々の寿命を伸ばし、人口増加をもたらしたようです。

1万年にわたる縄文時代には戦争がありませんでした。しかし、渡来人が日本列島に姿をあらわしてからというもの、殺戮された人骨が北九州全土から出土されるようになりました。最初の殺傷人骨は、そのほとんどが渡来系のものでした。人口の増加により、水争い、作物が実る豊かな土地をめぐっての争いなどが起きて、凄惨な戦闘がはじまったのではないかといわれています。

現代でも、紛争が起きている地域の多くは石油やガスや天然資源が豊富にある場所です。紛争の原因の一つは、今も昔もかわらずに資源の奪い合いにあるのです。

人間は、外から与えられた印象が無意識の中に刷り込まれ、それに突き動かされてしまう性質を持っています。もし物事を武力で解決する行動パターンが深く刷り込まれてしまえば物事の良し悪しを考えることなく、衝動のまま殺戮に手を染めてしまうことが起きてしまいます。その負の連鎖が社会に病理をもたらしています。

河合雅雄博士の研究（『森林がサルを生んだ』平凡社）によると、霊長類には二種類あります。一つは攻撃性と競争、対立を基調とするサル社会です。それとは別にもう一つの社会を築いているのが、ゲラダヒヒ、ボノボ、チベットモンキー、ベニガオザルなどの霊長類です。彼らは、親和性と協調、共同を基調とする母系の平和な社会を築いています。

わたしたちが目にする通常のサルの群れ社会では、個体間には順位があり、それが集団の秩序を保っています。そして群れと群れとは対立しています。

ところが、ゲラダヒヒの群れ社会は様相が異なります。ゲラダヒヒの群れは、雄を中心に、複数の雌と子供たちからなるユニットが集合した「バンド」と呼ばれる母系の重層社会を作っています。バンドの中には複数のユニットがあり、それぞれにリーダーがいますがその間には順位がなく平等なのです。ゲラダヒヒが生息するエチオピアの台地は、乾季の終わり頃になると水飲み場が数か所しかなくなってしまいます。水飲み場の近くにさしかかると、ゲラダヒヒたちは争うことなく、先着順に水を飲むのです。ほかのユニットは、順番を待っておとなしく待機しています。

この光景は、ニホンザルやチンパンジーなどの順位社会を見ている研究者の目には非常に奇妙なものとして映ったようです。

ゲラダヒヒの社会は、争いをさけ、協調を主軸にした平和な社会を作っていました。もちろん、ゲラダヒヒにも嫌なことや腹が立つことはあるのでしょう。しかし、彼らにはそれらを抑制する社会行動が発達しています。

縄文人たちは、1万年以上もの長い間、平和な時代を築いていました。

これは世界的にも類を見ないことです。人類も、ゲラダヒヒのように、資源を奪い合うのではなく、協調して仲良くできる資質をもっているはずです。となれば人類も、ゲラダヒヒ同様、平和な社会を築けるに違いありません。

争いを終わらせるには、ゲラダヒヒがもっている女性性を、わたしたち人間も表現しなくてはならないでしょう。

石神

東京の亀戸に、石井神社という古い神社があります。そのご神体は石棒です。石棒をご神体とする神社には、よく飯杓子《しゃもじ》が奉納されています。これは、石棒をまつる神社を石神と呼ぶことから「しゃくじん」が「しゃくし」となり、いつのまにか飯杓子を奉納することになったようです。

また石神を「せきしん」とよぶこともあって、「せき」が咳の病と同音であることから咳の神にもなっています。石棒をまつる神社は昔から、「シャクジン」「シャグジ」「シュクジン」「ショウグン」などと呼ばれてきました。

諏訪信仰では、やはり石棒や石皿や丸石などがミシャグチ神と呼ばれ、ご神体として奉られています。縄文時代の遺跡からミシャグチ神の御神体と同じものが多数出土しているので、それらがのちの道祖神や賽の神になったのではないかといわれています。

『精霊の王』（中沢新一、講談社）によると、芸能の守り神は「宿神」と呼ばれていました。

ミシャグチ神・石棒（長野県茅野市尖石縄文考古館）

双体道祖神（茅野市南大塩小窪辻）

石棒や石皿、丸石など（茅野市尖石縄文考古館）

昔、芸能者が住める場所は、村や町のはずれに限られ、そこは境界性をあらわす「ソコ」や「スク」や「シュク」で呼ばれるところでした。そこで芸能者の守護神も「シュク神」と呼びならわされるようになったのではないかといいます。

双体道祖神は、夫婦のように見られていますが、近親相姦した兄と妹とされている伝承もあります。双体道祖神は江戸時代に盛んにつくられたようですが、丸石の道祖神と双体道祖神の分布から、縄文時代から継続している共通の神話構造が見てとれるといいます。

双体道祖神の伝承は、結婚相手を求めて旅に出た兄妹が長い旅路の果てに見つけた理想の結婚相手が実は兄妹だったという構造になっています。はるか昔におこなわれていた、兄弟が政治をして姉妹がシャーマンとなり祭儀をしていたということの記憶かもしれません。道祖神は旅の神、祝福の神、結ぶ神、境界の神などさまざまな機能をもっています。

道祖神は、遠く石器、縄文時代からの神話構造を受けついできました。夏と冬、太陽と大地、生と死、遠く離れてしまっている物を結ぶ神話的思考をミシャグチ神は物語っています。ご神体の石が何を物語っているのか、現代人はとうの昔に忘れてしまったのです。

蛇神

長野県の諏訪大社は、全国に1万を超える分社をもつ日本を代表する神社です。また、古代の信仰形態を保つ最古の神社でもあります。

諏訪大社は、諏訪湖を挟んで、南に「上社本宮」「上社前宮」、北に「下社秋宮」「下社春宮」の2社4宮からなります。諏訪大社は古い神社の形態をよく伝えていて、拝殿はありますが本殿がなく、代わりに樹木と山をご神体としています。諏訪大社に祀られている諏訪大明神の元神は、蛇神であるミシャグチ神でした。

蛇は脱皮によって命を再生します。不完全な脱皮をした蛇は命が2カ月もたないと言われています。蛇は脱皮しなければ生存できないので、集中して全力で脱皮します。蛇には眼にも皮があり、文字通りスッポリと脱ぎます。再生された蛇の新鮮な皮膚に古代人は驚いたことでしょう。

元気な蛇はトグロを巻き、盛り上がりのないトグロはスタミナを消耗しています。神経質な蛇は

諏訪大社上社本宮（長野県下諏訪郡下諏訪町）

頭をトグロの中に隠し、図太い蛇はとぐろの上に頭をのせます。

『蛇』（吉野裕子、講談社学術文庫）によると、正月の鏡餅は蛇がトグロを巻いた姿で、鏡は古代の言葉、蛇目《かかめ》の転訛だといいます。

蛇が成長するにつれて、古い皮を脱いで新しい皮に変わることから、脱皮はこれまでの古い硬直した考え方から抜け出て、一段と進歩することを意味します。

古い自我を脱皮して新しい自我に変わるのが自己超越です。

蛇の形態はまた、男根も連想させました。インドのヒンドゥ教では、石棒はサンスクリット語で男性器を意味するリンガムと言います。女性器をかたどった台座（ヨーニ）に真っ直ぐ立った石であらわされています。縄文時代のストーンサークルも石を丸く並べた真ん中に石棒を立てています。

御頭御社宮司総社（長野県茅野市宮川）

ミシャグチ神の象徴である蛇と石棒は、男根の象徴でもありました。縄文の人々は蛇に命を生み出す偉大な生命力を感じていたのです。昔、諏訪大社の庭に赤蛇が出ると、「明神様のお出まし」と言って、掃除をさし控えたということが伝わっています。ミシャグチ神の「シャクチ」は「赤〈シャク〉蛇〈チ〉」を意味するので、赤蛇はミシャグチ神でもありました。シャクチの名前が変遷していき、今はミシャグチ神が通称になっています。

さて、諏訪大社の重要な神事に、ミシャグチ神の「御《み》室《むろ》神事」があります。御室とは、ワラ製の大蛇が据えられた縄文時代そのままの竪穴式住居のことで、その中でミシャグチ神を勧請して託宣をしたのです。

ミシャグチ神を祀っている場所は約７００ありますが、その総本社が御頭《おんとう》御社宮司《みしゃぐち》総社です。そのご神体は石棒と凹石の陰陽石です。

ミシャグチ神が象徴するものは、蛇、男根、石棒、御柱、神木でした。

縄文時代から諏訪地方では蛇の信仰が盛んでした。諏訪地方の縄文遺跡からは、蛇を頭にのせた女性土偶や、蛇と交わる女性文様のついた土器が多数出土しています。しめ縄は雄と雌の蛇が交尾している姿でもあります。

紀元前10世紀後半に北九州から始まった稲作は、紀元前4世紀後半には諏訪地方を除く本州全域で稲作がおこなわれるようになりました。諏訪地方の縄文人は稲作を拒否したのです。

伝承によると、オオクニヌシ（大国主命）の息子であるタケミナカタ（建御名方神）が諏訪にやってくると、縄文のモレヤ神（洩矢神）と争いになりました。敗北したモレヤ神はその地位をタケミナカタに譲りました。農耕をもたらした出雲族は、縄文から諏訪地方に住んでいた先住民を滅ぼすことはしませんでした。争いましたが共存したのです。守矢氏となったモレヤ神の娘とタケミナカタの息子は婚姻関係を結びました。戦いに勝利したタケミナカタは諏訪大明神として祭られ、子孫の諏訪氏は大祝《おおほおり》と呼ばれるようになりました。

諏訪地方の族長だったモレヤ神を祖とする守矢氏が諏訪大社の筆頭神官の神長官《じんちょうかん》としてミシャグチ神を諏訪氏に憑依させる祭礼を代々執り行ってきました。神長官を継ぐには「ミシャグチ神降ろし」ができなければならないので、そのための秘法が一子口伝、相伝として守矢氏に伝えられていました。しかし、明治になり世襲が禁止されると神長官と大祝の職は廃止されてしまいました。

縄文時代の祭祀は女性が行っていました。巫女は蛇・石棒を象徴とするミシャグチ神と交わり、ミシャグチ神を妊娠して、ミシャグチ神を産む儀礼をおこない託宣を告げたのです。弥生になり父権社会に移行すると、女性は退けられ男性が祭祀をおこなうようになったのです。

諏訪大社には縄文から弥生に移行する祭祀のプロセスが見て取れます。

御柱（諏訪大社上社本宮　一の柱）

樹木信仰

諏訪大社本宮を訪れて目につくのが御柱です。諏訪大社における最大の行事が、7年ごとにおこなわれる有名な日本三大奇祭のひとつ、御柱《おんばしら》大祭です。ところで、この御柱祭、あまりにも古いために文献も伝承もなく、何のためにおこなわれているのか、なぜこのお祭りが始まったのかがわからないといいます。

『古事記』の国生み神話で、イザナギ（伊邪那岐神）とイザナミ（伊邪那美神）は、最初にオノゴロ島（『古事記』は淤能碁呂島《おのごろじま》、『日本書紀』は磤馭慮島《おのころじま》）を作り、その島に、太くて大きな柱、天《あめ》の御柱《みはしら》を立てます。その天の御柱を回って、「みとのまぐわい（男女の交合）」をしてたくさんの神々と日本列島を生みました。

出雲大社では、屋根を支える真ん中の柱を、心の御柱と呼んでいます。伊勢神宮では、八咫鏡《やたのかがみ》を床下で支える「心御柱《しんのみはしら》」とそれを覆う幕屋が作られています。

シャーマンをあらわす「巫（ふ、かんなぎ）」という漢字は、上の横線が天を、下の横線が大地をあらわしています。天と地をつなぐ縦線は生命の樹、宇宙樹をあらわしていて、その両側に踊る人を置いています。生命樹を中心に踊ることによって、シャーマンに神や精霊が宿るのです。

萩原秀三郎の『神樹』（小学館）によると、漢族に圧迫されて揚子江流域から山岳地帯に移動したミャオ族（苗族）は、広場の中心にフウの木（楓香樹）で作った蘆笙柱《ろしょうばしら》を立て、それを回って鳥の羽で着飾った衣装を着て正月におどります。

北欧神話に登場するユグドラシルは世界樹、宇宙樹と呼ばれています。

宇宙樹、生命樹の神話は世界中に見られます。混沌とした世界に柱をたてると神が宿り、そこに調和と秩序が生まれます。その柱は宇宙の中心を意味します。天と地を結ぶ宇宙樹によって、あらゆ

出雲大社本殿模型
（島根県立古代出雲歴史博物館）

真脇遺跡（石川県鳳珠郡能登町字真脇）

る生命が生み出され、世界は安定して維持されるのです。

「ハシ（橋）」は水平にかけられますが、ハシからハシへ垂直に天と地を結ぶのが「ハシラ（柱）」です。ハシラの「ラ」はアイヌ語で「下ったもの」という意味なので、柱を通じて神が降りてくるのです。そして、神道では、神の数は柱という助数詞で数えられます。諏訪大社の御柱は天と地を結ぶ架け橋でした。そこに神が降りるのです。

石川県能登半島の真脇遺跡や金沢市のチカモリ遺跡から、縄文時代のウッドサークル（環状木柱列）が発掘されました。それらは明らかに住居遺跡ではないので、祭祀施設であったと考えられています。

「チカップ」とは、アイヌ語で鳥を意味します。ウッドサークルがあるチカモリ遺跡の「チカ」は、アイヌ語からきているのかもしれません。チカモリ遺跡のウッドサークルに木柱がL字型になっている入口がありました。

東南アジアのミャオ・モン族は、柱の上に東に向け

チカモリ遺跡（石川県金沢市新保本町）

た木彫りの鳥を飾っていました。アカ族は門の上に木彫りの鳥をとまらせて村を守護していました。

弥生時代の土器には屋根の棟飾りや軒飾りに鳥の姿が描かれていることがあり、大阪府池上曽根遺跡、佐賀県吉野ヶ里遺跡からも木製の鳥が出土しています。鳥居はしめ縄と同じく聖域を示す結界の機能をもっているので、ウッドサークルの入口が神社の鳥居の元型だったのです。

諏訪信仰で四隅に立てる柱は、縄文時代から続いている樹木精霊信仰の名残といえます。

諏訪大社の御柱が山から運び出されるとき、

「山の樅の木は里へ下りて神となる」

と木遣りの唄がうたわれました。神社の起源は、垂直に伸びる山や石、巨木に精霊が降りて憑く、依り代にありました。神道では、何もない場所に神籬を立てて、神を迎える神事をします。神の依り代として一本の柱が建てられ、それが「ヤシロ」として柱に屋根が付けられ

門に設置した鳥形（吉野ヶ里遺跡）

て神殿へと姿を変え、今の神社となりました。鎮守の森の中心が神社の社殿と思われていますが、古い神社の形態は山や岩や巨樹が神でした。

伊勢神宮の霜月神楽歌では、〝ミシャグジは岩屋にいる、沢にいる、木の葉の上にいる、地にいる、峰にいる、精霊はいたるところに住んでいる〟と、ミシャグチ神が森羅万象に宿っていることがうたわれています。

諏訪神社の御柱は、依代としてそこに神が顕現する縄文時代から続く樹木精霊信仰からきています。その御柱に降臨する神がミシャグチ神なのです。自然界の背後から現れる根源的な隠れた力の象徴が諏訪神社のミシャグチ神でした。

ミシャグチ神は、タケミナカタ（建御名方神）とその妻ヤサカトメ（八坂刀売神）が、諏訪大社に祀られるよりはるかかなたの縄文時代から連なる神なのです。

狩猟採集の儀礼

諏訪大社ではまた、鹿を殺して神に捧げる儀式「御頭祭」を行っていました。昔は、祭壇にまつられていた兎、猪、鹿の肉、鹿の脳味噌和えなどを神事に参加した者一同が共同飲食する直会《なおらい》をしていました。古代の日本の占の道具は、骨を焼いた割れ目で吉兆をうらなう「卜骨《ぼっこつ》」でした。弥生時代の卜骨の7割が鹿の肩甲骨だといわれます。

春日大社では、鹿を殺さないで大切にしますが、諏訪大社では、鹿を神聖な動物として殺して神に捧げていました。鹿の代わりに、春日大社の場合はおびただしい数の他の獣を祭壇に捧げていました。鹿狩りの神事は年に4回おこなわれたようです。江戸時代後期では、諏訪大社には75頭の鹿の生首が祀られていました。

しかし、仏教が力をもつようになった平安中期以降には、古代から続いていた生贄を捧げる豊穣儀礼の多くが途絶えていきました。その縄文時代の狩猟採集文化の痕跡が残っていたのが諏訪大社の

御頭祭復元展示（長野県茅野市神長官《じんちょうかん》守矢《もりや》史料館）

蛇紋岩製クマの頭部（北海道博物館）

御頭祭でした。

自文化中心主義の文明には、異文化に他する激しい嫌悪感があります。だから、このような血なまぐさい動物の供儀を伴う儀式を、現代人は理解できないかもしれません。この神事の起源は、はるか昔の縄文時代の狩猟採集文化まで遡ることができるでしょう。縄文時代の狩猟採集文化を受けついでいたのはアイヌの人々でした。アイヌには有名な〈イオマンテ〉というクマ狩りの儀礼があります。アイヌ語で〈イ〉は「それを」、〈オマンテ〉は「送る」という意味になります。

イオマンテは、春先に冬ごもりの穴から連れ帰った仔熊を、1~2年飼育した後に盛大な儀礼とともに殺害し、村人全員でその熊の肉を食べてその霊を神の国に送り返す「飼い熊の霊送り儀礼」です。

梅原猛によると、アイヌ語で土産を〈ミヤンゲ〉といい、身をあげるという意味になるといいます。熊は、おいしい肉を人間に与えるために、人間と違った熊の姿になって遊びにくる〈マラプト〉（客人）でした。肉《ミ》を与えるミヤンゲ（土産）を持って動物の姿をして現れた客人が熊でした。その意思にしたがって熊を殺してミヤンゲ（土産）をいただき、その魂を天に返さなければいけませんでした。そこで、イオマンテの儀式を行って、熊の姿から霊を解放して天の世界にたくさんの土産とともに送るのです。礼儀正しく送られ、待遇がよかったことを仲間の熊が聞くと、翌年もミヤンゲ（土産）をもって人間の世界を再び訪れてくれるというわけです。熊も人間も、死ぬと天に昇り神になります。そうして再びこの世に戻ってくると考えていました。

狩猟民族は、動物を殺してはいましたが、現代人のように動物を下等な存在と見なしてはいませんでした。狩猟時代の獲物の捕獲は、生存に関わる大問題でした。そのため、狩猟民族は動物の繁殖を祈って豊穣の儀式を執り行っていました。獲物を届けてくれたカムイに対して恩義を感じ、それ以上のものを返礼として送り返すことを「贈与の儀礼」といいます。贈与の儀礼は、異界から訪れた霊に贈り物をして喜んで立ち去るようにしてあげることにより、世界のバランスを取り戻し、生命が蘇り、再び作物が実るという構造になっていました。インディアンのクリー族は、殺されるクマが自ら進んで命を狩人に与えると考えました。冬眠しているクマの巣穴の前に立って、「おじいさん、頭を出してください」と狩人が呼びかけると、クマは喜んで食べてもらえるよう肉体を差し出すというのです。クマを殺した狩人はクマに敬意を払い、羽で美しく着飾って歌を歌い太鼓を叩き、クマに贈り物をして感謝の儀礼を執り行います。

「わたしは、生きていくためにあなたの命が必要なのです。その代わり、きちんと霊を送ります」

この世にクマが再び戻ることを願う儀式をおこなうのです。

クマの頭蓋骨は洗って特別な木に吊るされました。動物と人間の間には、自然の神秘を尊ぶという契約が交わされていました。生きるということは、他の生物を殺して食べることによって成り立っています。人間と動物は、殺す側と殺されて食べられてしまう側の二つに分かれていますが、魂の世界ではどちらも一つの大いなる命の一部なのです。狩猟民族は動物に感謝して、その霊的エネルギーを根源に返しました。そして再びこの世に戻ることを願って儀式をしたのです。

アイヌのイオマンテのような贈与の儀礼が、世界中の先住民の文化にありました。

マルセル・モースは『贈与論』（ちくま学芸文庫）で古代社会の交換儀礼には、与える義務、受け取る義務、返礼する義務の3つの儀礼があると言っています。贈与される贈り物には霊的な力が含まれているので、返礼が行われないと受け手に災厄がおよぶのです。そして贈られた物よりもより多くの物を返礼することで威信と名誉を得ることができたのです。動物に感謝を捧げる先住民の扱いと違い、現代社会の家畜の運命は悲惨です。東南アジアなどでは、広い場所で放し飼いにして飼われている豚がいますが、日本の養豚のほとんどが効率のみを重視した劣悪な環境でおこなわれています。

能率が良いからと、狭いコンクリートの上で、運動もできないくらいぎゅうぎゅうづめの集団で飼われているのです。餌を消耗すると損なので、運動もさせません。ただただ早く太らせて商品化しなければなりません。狭いところに閉じ込められて運動をしない、お日様にも当たれない、さらに合成肥料のみを与えられて育てられた豚は、ムレ肉といって不健康な水っぽい肉になります。そのような環境で育つ豚や鶏はストレスのため病気に弱くなります。すると今度は、死なれると出荷できなくなるので餌に薬品が混ぜられるようになりました。

こうして工業化されてつくられた肉は、さらに色が黒くならないように食品添加物を入れて、陳列棚にならべられます。見た目は良くとも、これでは病気の元を食べるようなものです。豚が殺されて袋に詰められる現場を見学して、肉が食べられなくなった人がいました。

食べ物として野生の動物の命を奪うとき、アイヌの青木愛子フチ（おばあさんの敬称）は、

「生きているものに申し訳ない」

と言って泣きながら殺したといいます。現代人がスーパーでプラスチック容器に入った肉の切り身を買って食べる感覚とは、ほど遠い世界です。大自然への畏怖と感謝を忘れた現代人は、あとでまとめて大泣きするはめになるかもしれません。

クマの神話

アイヌをはじめ世界中の先住民の神話に、クマが若者の姿をして人間の女性と結婚をしてできた子供が祖先だという共通の神話があります。クマが祖先である部族は、クマを家族、親戚としてあつかいます。先祖がクマなのでクマの肉を食べない部族もいます。

朝鮮半島には熊女と神の間にできた子供が開いた王朝が古代朝鮮の始まりとする神話、伝承があります。古代朝鮮の檀君《タングン》神話によると、太古の昔、桓因《ファニン》という天帝の息子に桓雄《ファヌン》がいました。人間世界に深い関心をもっていた桓雄は天帝の許しを得て人間世界に下ります。部下３０００人を率いた桓雄は、太伯山《テベクサン》上の神壇樹《シンダンス》下に下りて神市《シンシ》としました。かれは風伯《プンベク》(西の守護・白虎《びゃっこ》)、雨師《ウサ》(北の守護・玄武《げんぶ》)、雲師《ウンサ》(東の守護・青龍)をしたがえて人間たちを治めて幸せにしようとしました。

このとき一匹の熊と一匹の虎が洞窟で同居していました。熊と虎は人間になりたいと神壇樹に祈ります。桓雄は一把のヨモギと20個のニンニクを与えて、これを食べて１００日間日光を見なけれ

ツキノワグマ

ば人間になれると約束します。熊は日光を避けること37日目に熊女《ウンニョ》になりますが、虎は約束をまもれなかったので人間になれませんでした。熊女は女になりましたが結婚の相手がいないので、神壇樹に子供を身ごもりますようにと祈りました。桓雄は願いをかなえ、人間の姿になり、熊女と結ばれて、檀君王倹《ワンコム》が産まれます。檀君は紀元前２３３３年、平壌《ピョンヤンソン》を都として檀君朝鮮を建国し、朝鮮民族の始祖となったのです。檀君は檀の神を意味するので最初は祭司だったのではないかと思います。

この神話で興味深いのは、熊が神壇樹に人間になりたいと祈り、朝鮮民族が誕生していることです。

神壇樹とは、世界各地の神話にみられる宇宙の中心にそびえる宇宙樹《ユグドラシル》のことです。虎は人間になれず熊だけが人間になることができました。熊は冬眠することに長けていて、日光を浴びることなく洞窟で耐えることができましたが、虎は暗い洞窟に我慢できずに飛び出してしまったのです。

歴史的には、虎をトーテムした部族と、熊をトーテムとする部族が戦い、熊族が残ったことをあらわしているかもしれません。現在の韓国で熊は壊滅状態で、生物の熊と運命をともにして熊信仰も姿を消してしまっています。檀君王倹のコムは韓国語で熊のことですが、コムはカムつまりアイヌ語のカムイとも関係があります。

クマ狩りの儀礼や熊を先祖とする神話は、朝鮮半島だけではなく、カナダのイヌイット、シベリアや中央アジア全域、アイヌ、北欧のラップランドと、ほぼ北極圏を囲む北半球に共通して見られます。その起源は10万年前に遡ります。

スイスの洞窟でクマの頭蓋骨を崇拝した約6万年前の礼拝所が発見されています。

クレタ島には聖母マリアの祭りがありますが、キリスト教以前は異教徒の祭りでした。クマの姿をした神と大地の女神が結婚する儀礼だったのです。

今世紀初頭までフランス南部のピレネー山脈の麓の町では毛皮をまとってクマに扮した若者が春に再生する植物の精霊役の女性を見つけ出し、巣穴に連れて帰る神婚儀礼がおこなわれていました。

ギリシャ神話のゼウスは熊の乳で育てられました。

ヨーロッパの遺跡からは子グマを腕に抱きかかえた母クマ像が発見されています。のちにそれはアルテミスとして知られるようになりました。子グマはゼウスでした。ゼウスとカリスト（大熊座）の間にできた子供のアルカス（子熊座）はクマの民と呼ばれるアルカディア人の先祖となりました。そしてギリシャ、ペロポネソス半島のアルカディアの民が崇拝したのがアルテミスです。

ヨーロッパにも、アラスカ、カナダ、北米全土で最も好まれる先住民の共通の神話「クマと結婚した娘」がありました。

アルクトゥルスはクマを意味するギリシャ語、ラテン語ではウルス、そしてクマの女神ウルスラはキリスト教に取り込まれ聖ウルスラとなりました。

5000年以上前の古代ギリシャ、オリエント地方は豊かな森林で覆われ、たくさんのクマが草をかきわけながら歩いていました。レバノンの国旗とコインには有名なレバノン杉がデザインされていますが、現在のレバノンは見渡すかぎりの禿げ山に変わっています。古代から森を切り開き、最後にキリスト教徒とイスラム教徒がとどめを刺しました。クマはおろか無数の生き物の命が奪われ森と一緒に姿を消しました。今は家畜と人間しかいない荒涼とした風景が広がっています。

クマは古代の神でした。女神とクマが姿を消したとき森も消え古代文明も滅んでいったのです。

精霊の声

先住民は、神が宿る森羅万象に畏怖の念をもち、豊かな実りをもたらす自然に祈りを捧げていました。巨木には神が宿るという信仰があり、切るときは、切ってもいいか悪いか神に許しを請い、祝詞をあげ、一本切るたびに苗木を植えていました。古代ではみだりに木を切ったりすることは禁じられていました。江戸時代の広島藩では「木一本が首ひとつ、枝一本が腕ひとつ」といわれ、木を無断で伐った久兵衛という人物が打ち首になっています。それほど樹木は大事にされ、森が守られてきました。自然崇拝から祖霊信仰に変わると、神は自然界から姿を消して、神社の建物だけにいるかのようになってしまいました。そして人々は、神社以外の神のいない土地なら、祟られる恐れはないので何をしてもよいと考えるようになりました。そうして巨木は切り倒され、森は伐採され、獣も姿を消していったのです。そして、自然を人間のための道具とみなし、征服しようとするのが近代合理主義の考えです。

江戸から明治に変わり、１９０６年（明治39年）には明治政府によって神社合祀令が公布されました。

三重県では、6489社あった神社が942社にまで減少し、和歌山県では神社の87パーセントが消滅してしまいました。そのために、熊野古道沿いにある由緒ある神社が次々と廃止されました。伐採された樹木と神社の土地は、地元に無償で払い下げ可能となりました。そのため森林が欲望の対象となり、徹底的に伐採され、丸裸にされたのです。

これに烈火のごとく怒ったのが博物学者の南方熊楠《みなかたくまぐす》でした。「神社合祀は景勝を損ね、地域を衰退させ、人の心を荒廃させ、史蹟、古伝を亡ぼし、学術上貴重な生物を絶えさせる」と、猛烈な反対運動をしました。反対運動の高まりのおかげもあり、1910年（明治43年）以降の合祀は収束していきました。

それでも、1909年（明治42年）までに、約19万社あった神社が統廃合されて、その数は約12万までに減らされてしまいました。

明治政府によって天皇を頂点とする国家神道が形成されて、神社がランク付けされたので、自然崇拝の神や産土神《うぶすながみ》（土着の氏神や祖霊）などの格の低い神社は真っ先に抹消の対象になったのです。全国で無格社の半分の神社が消えました。残された神社も祭神が天津神《あまつかみ》に変更されたり、いろいろな神が合祀されたりしました。そのために、本来の祭神がわからなくなってしまった神社もあります。

1000年以上にわたって村落で信仰されていた土着の神々は、明治の統廃合によって抹殺される大変な被害を被りました。消えた約8万の神社の運命と同時に、そこにあった広大な鎮守の森も、

熊楠が守った樹齢 1500 年の引作《ひきつくり》の大クス
（三重県南牟婁郡御浜町　引作神社）

そこに住んでいた生き物と一緒に消滅してしまいました。

昭和に入って高度成長時代が訪れると、「三種の神器（テレビ、洗濯機、冷蔵庫）」が普及しました。テレビが普及すると、情報がテレビなどのマスコミ経由になり、お金の価値がなによりも優先される世の中になりました。

子供たちは、地域に伝わる歌や踊りをしなくなりました。古老の話、土地の伝説や言い伝えに関心をもたなくなりました。テレビ画面に映しだされる都会生活に憧れ、お金が新しい神となりました。自給自足で成り立っていた村にバスが開通すると、若者は物質的豊かさを求めるようになり、農業をやめて、お金を求めて都会へ働きに出るようになりました。

村では祭りがおこなわれなくなり、田畑は荒廃していきました。人間関係は希薄になり、自然と精霊と人をやさしく包んでいた世界は消えていったのです。神のいない森は単なる商品とみなされ、欲望の対象となり、土地は売り渡されていきました。

24時間フル稼働の原子力発電所が動きだし、夜間に電気が余るようになりました。深夜電力が奨励され、オール電化と深夜営業のコンビニの登場により、街は真夜中でも明るくなったのです。

左脳が優位の工業化社会は、科学でとらえられない精霊は迷信として退けます。目に見えるものだけを信じる人が増えて、妖怪が一斉に姿を消しました。『日本人はなぜキツネにだまされなくなったのか』（内山節、講談社現代新書）によると、１９６５年を境に日本の社会からキツネにだまされたという話が発生しなくなったといいます。人々は、縄文時代から続いてきた自然を畏怖するという野生の思考を失ってしまったのです。

こうして、昭和30年代の後半（1960年頃）を境に、1万年もの間、日本列島の森を維持してきた村落共同体は急速に崩壊しました。

自然との調和を大切にするのが、古来からの日本の文化でした。地面も川もコンクリートに囲まれた都市生活をするようになると、神社の森は伐採され、社殿も鳥居もコンクリート製になってしまいました。現代人の心もまた、近代自我というコンクリートで囲まれ、自然界の精霊の声が聞こえなくなってしまったのです。

西洋社会で神に話しかけるのは祈りですが、神がそれに答えて神の声が聞こえてくると、現代では精神病とみなされます。先住民のシャーマニズムの文化では、逆に精霊からの声を心の耳で聞き取れない者は精神が病んでいると考えていました。

第3章 女神から男神へ

黄泉の国

日本神話では、天上界のことを「高天原《たかあまはら》」といいます。「根の国」が祖先の世界で、「高天原」と「根の国」の中間にある「葦原中津国《あしはらなかつくに》」が人間が住む世界です。

根の国の「根」とは本来根元を意味しますが、漢字の根を当てたために地下であると考えられるようになってしまいました。しかし、漢字がやってくる前の古代日本では、死者の国が地下にあるとは考えられていませんでした。

沖縄には、祖先の神が暮らす楽園が海の彼方にあるという「ニライカナイ」の信仰があります。柳田國男は1950年（昭和25年）の雑誌『民族学研究』に発表した『海神宮考《わたつみのみやこう》』で、出雲の常世の国信仰と沖縄のニライカナイ信仰が結びついていることを論考しています。「蓬莱《ほうらい》」または「常世《とこよ》」と呼ばれる桃源郷は、南の島では「竜宮」という名称に変わり、竜宮のことを「ニライ」「ニルヤ」と呼んでいました。

「ニライ」「ニルヤ」と日本神話に出てくる「根の国」「黄泉の国」は同一であり、根は地下世界ではなく海上にある魂の休息の地であり故郷でした。ニライカナイは地上に豊穣と幸福をもたらす精霊が往来する拠点でした。

アイヌの人々は、この世を「カンナ・モシリ」、あの世・異界のことを「ポクナ・モシリ」と呼んでいます。そして、あの世とこの世は「アフンルパル」という洞窟でつながっていると考えていました。

あの世である「ポクナ・モシリ」では、地上世界とかわりなく楽しく暮らすことができました。一定期間「ポクナ・モシリ」で楽しく暮らした後、魂はまたこの世に戻ってきて再生すると考えていました。その異界への入口が洞窟でした。

岩手県住田町に縄文人が生活していた湧清水《わきしみず》洞窟があります。洞窟の入口は生活空間でしたが広く奥に入るに従ってだんだん細くなって、真っ暗な中、腹ばいにならないと通れない狭い所にでます。そこを通過すると立って歩けるほど広いに場所に出ます。そこに縄文時代の人骨が埋葬されていました。洞窟は死者の国への入口でした。

洞窟の入口は女性の陰部を連想させ、洞窟の中は子宮を象徴していました。古代の密儀宗教の死と再生のイニシエーションは洞窟内でおこなわれていました。洞窟という子宮の中で新しく生まれ変わるのです。魂は地上に降りてきた道と逆の道をたどることで天に還ることができました。

イザナギ（伊邪那岐神）が妻のイザナミ（伊邪那美神）を迎えに行った黄泉の穴であると『出雲国風土記』

猪目洞窟（島根県出雲市猪目町）

に記されている場所があります。

出雲の猪目《いのめ》洞窟は、１９４８年（昭和23年）に漁船の船置き場として拡張工事をした際に発見された洞窟です。その堆積土から腕に貝和がはめられた弥生時代の人骨十数体、丸木舟素材の棺桶に入った人骨や籾《もみ》入りの須恵器など、縄文から古墳時代にかけての副葬品が発見されています。古代の人々は洞窟で祭儀を行っていたのでしょう。

古代人が死者を埋葬するとき、死者の身体を丸めた姿勢にし、副葬品と一緒にしたのは、再生の概念を持っていたからでした。

紀元前２万７０００年～１万３５００年頃のものと推定されるフランスのトロワ・フレール洞窟からは、仮面をつけて踊っているシャーマンを描いた壁画が見つかっています。動物が描かれた壁画は、光が途絶えた洞窟の奥深く、洞穴が大きく広がるところから始まってい

トロワ・フレール洞窟のシャーマン
A Study in Prehistoric Archaeology（Barnes & Noble）

ました。明るい入口近くの岩の壁には描かれていなかったのです。

つまり、シャーマンは真っ暗な洞窟の中でトランス状態に入ったのです。狩猟生活をしていた古代人たちは、動物たちがまた戻ってくることを祈る豊穣儀礼を洞窟で行っていました。洞窟は死と再生の儀式をおこなう神聖な場だったのです。

夏が終わり植物が枯れて朽ち果てると、死をイメージする冬がやって来ます。そして、春には再び新芽がふき、植物はよみがえります。

古代の人々は、死と再生を繰り返す、大地の女神に畏怖の念を持ち、豊穣の祭儀をおこない、豊かな実りを祈ったのです。

古代の人々はまた、動物や死者はこの世に戻ってくることができ、夢や啓示で生者と語り合うことができると考えていました。儀式を通して動物や死者にふさわしい敬意を払い、そして、あの世に帰って新しい神となった動物や死者に、今度は生者のほうが導いてもらうというわけです。

その姿が見えなくとも、新月は存在し、実際の月は満ちもしないし欠けもしないように、世界は死んでは復活し、復活しては死に、そしてまた復活を繰り返しています。この世界では、それが永遠に繰り返されています。

私たちの社会では死は終わりを意味します。しかし、先住民の神話世界では、生と死が循環していて終わりがありません。

死者や先祖、地上から姿を消したすべての魂、これから地上に現れて来る植物、動物たちはすべて、時空を超えた夢見とよばれるドリームタイムの中で今も生きているのです。

この世とあの世の境

地上世界と根の国の境、この世とあの世の境目にある黄泉比良坂《よもつひらさか》の場所は、『日本書紀』と『出雲国風土記』によると島根県松江市東出雲町揖屋に鎮座する揖夜《いや》神社あたりとされています。

『古事記』による黄泉比良坂の神話は次の通りです。

火の神であるカグツチ（火之迦具土神）を産んだあと、イザナミ（伊邪那美神）は陰部を大火傷して病気になり、しばらくして亡くなってしまいました。イザナギ（伊邪那岐神）は嘆き悲しみ、カグツチを恨んでその首を斬り落としてしまいます。

どうしても死んでしまった愛妻にもう一度逢いたくなったイザナギは、死者がいる黄泉国を訪ねます。「どうか帰ってほしい」と訴える夫イザナギに、妻のイザナミは「もっと早く迎えに来てくださったら良かったのに。私はもうこの国の者になってしまいました。でも、こうしてせっかく逢いに来てくださったので、帰れるようになんとか黄泉の神様に相談してみましょう。その間どうか私を見ない

揖夜神社（島根県松江市東出雲町揖屋）

でください」と言い残して、奥に消えていきました。

妻がなかなか戻ってこないので、しびれを切らしたイザナギは約束を破り、とうとう禁止された奥を覗き見してしまいます。

イザナミの身体は腐乱して、たくさんの蛆虫がたかり、頭、胸、腹には雷神がいました。

イザナギは、変わり果てた妻の姿に恐怖して逃げます。すると、イザナミは「よくも恥をかかせたわね」と言い、黄泉国の醜女や軍勢にイザナギを追いかけさせました。最後にはイザナミ自身までもが追いかけてきました。イザナギは髪かざり、櫛《くし》、剣《つるぎ》、桃の実などを次々と投げ捨てながら逃げていきました。

やっとの思いで黄泉国を脱出したイザナギは、千引《ちびき》岩でその出口をふさぎました。その場所が「黄泉比良坂」と呼ばれています。

妻のイザナミの腐乱死体を見たイザナギは「見畏《みかしこ》み

黄泉比良坂（島根県松江市東出雲町揖屋）

て」逃げますが、『日本人の〈原罪〉』（北山修、講談社現代新書）によると、「見畏《みかしこ》みて」とは、禁を破ることによって起きた恐れから逃げようとする心理をあらわしていると指摘されています。人は強い恐怖感を伴う体験をすると、それに直面しないでそこから逃げることで、心理的ショックを軽減させようとします。見るなと言われたのに見てしまうことで罪悪感が生まれます。

精神分析家のメラニー・クラインは、「死の本能は攻撃性や憎しみとして現れ、生の本能は愛情表現、愛情欲求として現れる」といいました。

喜びをもたらす母と苦痛をあたえる母。鬼のような母と天使の母。優しい母と不機嫌な母。母親は二面性をもっていて、完璧な母親はどこにも存在しません。母親は自覚のないままに感情的になり、子供を傷つけてしまうことがあります。傷つけられた子供に母親に対する憎しみが生まれると、子供は、愛する対象を憎むという葛藤にさいなまれることになります。母親に対する攻撃性が心の中の罪悪感となって心の痛みが生じるのです。母親への愛の中に怒りと憎しみを混入させたまま、大人になり恋愛に傷つき、愛が冷めて終わりを告げるときに、愛は憎しみと怒りに変わります。

その人の心は愛と憎しみの両極の間で揺れ動き、関係性の中で苦しむことになります。心の痛みは心の全体性を取り戻そうとするときに起こります。ですから、否定したり、逃げたりせずに、そのプロセスを経過することができればその人は成長します。心の痛みはその人の成長をもたらすきっかけになります。

あまりにもおぞましい妻の姿を見て、無自覚にも反射的に逃げてしまったイザナギでしたが、そこで逃げないで立ち止まり、時間をかけて妻の死を受容し、自分の内側にわき起こる、あらゆる矛盾や否定的な感情を受け入れたならば、イザナミも「恥をかかされた」と怒ることなく癒されたことでしょう。

自我は臆病なので、あるがままの出来事を受け入れることができません。自我は、妄想という物語の中に逃げ出し、「今ここ」にいられないのです。

死者の遺体が腐敗・白骨化して霊魂が地上から離れるまでの期間を殯《もがり》といいます。心理的には死による喪失感が癒されるまでの期間となります。もし悲しみを心に閉じ込めて逃げてしまえば、いつまでもこの殯が終わらないことになってしまいます。

生きることは喜怒哀楽の連続で、誰も生老病死からは避けることができません。しかしこれらを人間が成長するために乗り越えなければならないものと考えると、すべての否定的な経験を肯定的に捉えることができます。精神的な危機を乗り越えて回復する能力を、すべての人間は潜在的に持っています。

その鍵は、恐怖や不安、悲哀から反射的に逃げて「今ここ」にいられない自我に同化することをやめて、本当の自分に気づくことができるかどうかにかかっているといえましょう。

国津神と天津神

日本神話には国津神《くにつかみ》と天津神《あまつかみ》が登場します。国津神とは、高天原《たかあまはら》から渡来してきた天津神の前に日本列島に昔から住んでいた先住民をあらわしています。後から日本にやってきたのが天津神です。そして、記紀神話で天津神は国津神に国譲りを迫るのです。

天降る天孫には二つの解釈があります。

一つは高天原（天上界・霊界）から人間界に誕生するというものです。ですから天津神だけが高天原から誕生しているのではありません。日本列島に住んでいる全員が非物質的な高天原からこの現象世界に天降っているわけです。

もう一つの解釈は、「天磐舟《あめのいわふね》に乗船して」大陸から海を越えて日本に渡来したという歴史的な出来事を示しています。

10万年前は日本と大陸がつながっていました。最初に日本に住み着いた古モンドロイドの縄文人

弥生時代の船　稲吉《いなよし》角《すみ》田《だ》遺跡の土器絵画（大阪府立弥生文化博物館）

は大陸から歩いて日本まで来ることができました。

約1万年前頃から氷河期が終わり、海面が上昇して日本列島が海に囲まれました。そして大陸から弥生人の特徴をもった新モンゴロイドの人々が船でやってきたのです。

天孫降臨神話は、高天原にいたアマテラス（『古事記』は天照大御神、『日本書紀』は天照大神）が、子のオシホミミ（忍穂耳尊）を最初に行かせようとしましたが、「あんな騒々しいところは嫌だ」と言ったので、アマテラスは孫のニニギ（瓊瓊杵尊）を地上に行かせたのだということになっています。

アマテラスとスサノオの姉弟、そして海の神のオオワタツミ（『古事記』は大海津見、『日本書紀』は海神、海神豊玉彦《ワタツミトヨタマヒコ》）、山の神のオオヤマツミ（『古事記』は大山津見神、『日本書紀』は大山祇神）、を生んだのがイザナギ（伊邪那岐神）とイザナミ（伊邪那美神）です。

オロチ

スサノオ（素戔嗚尊）は、高天原《たかあまはら》から渡来した天津神《あまつかみ》ですが、オオクニヌシ（大国主神）は日本で生まれた国津神《くにつかみ》です。

スサノオについては、奥出雲の船通山に降臨したとする伝承があり、『日本書紀』で、「スサノオは新羅の国に降り到り、曽尸茂梨《そしもり》の所に居た」と記述があるのでスサノオは朝鮮半島とも関係があります。「ソシモリ」は古朝鮮語で「牛頭《ごず》」を意味するので韓国の牛頭山とする説があります。

出雲市と松江の間にある唐川という山中に、韓竈《からかま》神社があります。

神社の鳥居から約15分くらい登ると入口の岩の割れ目が見えます。割れ目はわずか30～45センチメートル位なのでその幅以上に太っている人は通れません。ここを通らなければ韓竈《からかま》神社の社殿にはたどり着けない構造になっています。この神社は体型を選ぶのです。参拝するにはダイエットをしてスリムになるしか方法がありません。岩の割れ目をくぐることは山岳信仰では「胎内くぐり」と呼ばれ、

韓竈神社（島根県出雲市唐川町字後野）

死と再生の儀礼です。岩の割れ目をくぐることで、罪と穢れが祓われるのです。韓竈神社の岩の割れ目は、まさしく女陰です。再び子宮に入ることで、魂が新たに再生されるのです。この神社は参拝者が割れ目が入口の参道を通って再誕生する構造になっています。

縄文時代から続いてきた死と再生の信仰は「胎内くぐり」と「茅《ち》の輪くぐり」という神社の神事のかたちで現代まで残されています。

韓竈神社の祭神はスサノオですが、733年（天平5年）の『出雲国風土記』には、すでに韓竈の社との記述があります。おそらく縄文時代から信仰の対象になっていたのでしょう。韓竈神社の「韓」の文字は、朝鮮半島と日本列島に結びつきがあったことを思わせます。縄文時代には近代国家のような「国」の概念はなく、当然国境線もありませんでした。ですから、朝鮮半島の人々との自由な交流があったのだろうと思います。

出雲市内を流れる斐伊川

スサノオは、その子のイソタケル（五十猛神）を従えて、新羅《しらぎ》のソシモリ（曽尸茂梨）の地に降り、朝鮮半島から製鉄技術と植林の技術を伝えたとされています。

さて、韓竈神社の「竈《かま》」は溶鉱炉を意味するといわれています。

斐伊《ひい》川の砂地を見ると、黒い砂が混ざっています。これは砂鉄です。「たたら製鉄」をおこなうには大量の砂鉄と木炭が必要ですが、出雲にはそれらが豊富にありました。そのため、古代から製鉄が盛んな地域でした。

出雲では、砂鉄を含んだ山を切り崩し、それを水と一緒に流して、比重の重い砂鉄だけを取り出す鉄穴流《かんなwhile》しがおこなわれていました。

「オロチ族の鉄穴流しのため、山々がハゲ山と化していました。そこでスサノオ親子は、ともに外国から持ち帰った木種をまき、ハゲ山をなくして洪水の被害から救うべく働きました」

ということが、島根県奥出雲の伊賀多気《いがたけ》神社の社伝に書かれています。

出雲には渡来系の鍛冶集団がいて、スサノオはその祖神とされました。オロチ退治とは、冶金《やきん》技術をもった部族との間の勢力争いの記憶だったのかもしれません。スサノオを崇敬していた織田信長もまた、桶狭間《おけはざま》で酒を飲んで油断した今川義元の首を打ち取っています。

『日本神話の起源』（大林太良、徳間文庫）によると、

「多頭の大蛇や怪物に人身御供を要求されて悩まされる村人たちが、最後に残った王の娘を捧げようとしていたその時に、英雄が現れて怪物を退治して、その王女と結婚する」

というパターンの英雄神話が、ヨーロッパから東アジアまで、広い範囲で見られます。オロチ退治と共通するこのタイプの神話を、「ペルセウス・アンドロメダ型神話」といいます。

ロシアのツングース諸族を含むアルタイ語文化圏では、「オロチ退治」と同様な多頭の大蛇を退治する英雄伝説が分布しています。

チベットでは「ケサル」、モンゴルでは「ゲセル」と呼ばれる英雄を歌った叙事詩には、酒と毒を飲ませて多頭の大蛇を退治する話が出てきます。また、「オロチ」は「山岳」という意味にもなるので、山のような蛇ともとれます。

古代日本は、多頭の大蛇の伝説をもつツングース系のオロチョン族となんらかの関係があったか

斐伊神社（島根県雲南市木次町里方字宮崎）

もしれません。北海道の網走市では今でもオロチョンの火祭りがおこなわれています。

出雲最大の河川の斐伊川沿いを出雲市から川上に向かって上ると、オロチの本拠地があったといわれる斐伊《ひい》神社に出ます。

オロチを酔わせた酒を醸した場所といわれる雲南市の室山。その麓に住まう三瓶《さんべ》さんに案内されて、スサノオとオロチゆかりの神社を参拝しました。島根県雲南市にある斐伊神社は、今ではこぢんまりとした村の村社のようですが、平安初期には出雲有数の大社でした。

この斐伊神社から勧請した神社に、有名な埼玉県大宮市の氷川神社があります。

氷川神社は明治になって天皇の勅使が遣わされる勅《ちょく》祭社《さいしゃ》と定められて、今では関東一の神社になっています。『出雲風土記抄』によると、斐伊神社の前はこの場所に樋速夜比古《ひはやひこ》神社が鎮座していて、祭神のヒハヤヒコ

（樋速夜比古命）は越の国から来てこの地を支配していたオロチであったとみられています。

この斐伊神社と線路を挟んで100メートルほど離れた場所に、オロチの八つの蛇頭を埋めて、八本の杉を植えたという伝承がある八本杉の石碑が立っています。

スサノオはこの地を支配していたヒハヤヒコと戦い、出雲を制圧したのでしょう。

八本杉の石碑（左手奥）
（島根県雲南市木次町里方）

アマテラスとスサノオ

島根県松江市には、須我《すが》神社から勧請された八重垣《やえがき》神社があります。この八重垣神社の最初はアオハタサクサヒコ（青幡佐久佐彦命）が祀られた佐久佐神社の境内にありました。

しかし、八重垣神社のほうが有名になると、いつの間にか関係が逆転して、佐久佐神社は八重垣神社となり、現在では八重垣神社に合祀されてしまいました。本来の祭神が、後からきた神にその座を追われる例は多いのです。ここは昔、「大草の郷」と呼ばれていて、麻がたくさん茂っている場所でした。アオハタサクサヒコは『出雲国風土記』の中に、麻を蒔いた神として登場しています。

八重垣神社は、恋の占いができる「鏡の池」が有名で、若い女性を中心に観光客が大勢押し寄せる人気スポットになっています。この八重垣神社に、1100年前の平安時代の宮廷画家だった巨勢金岡《こせのかなおか》作とされる、重要文化財の本殿板壁画があります。

この板壁画は、木板に白土を塗り、植物と鉱物の顔料で、アマテラスとイチキシマ姫（市杵嶋姫）と、

八重垣神社（島根県松江市佐草町）

スサノオとイナダ姫（『古事記』は櫛名田比売《クシナダ》、『日本書紀』は奇稲田姫《クシイナダ》）の姿を描いたもので、神社の障壁画としては日本最古のものといわれています。本殿最奥の壁面に描かれていたので、昔はこの壁画は神官しか見ることのできないものでした。１９６６年（昭和41年）に本殿から移設され、現在は宝物収蔵庫で一般公開されています。この壁画には、スサノオ、イナダ姫と姫の両親であるアシナ

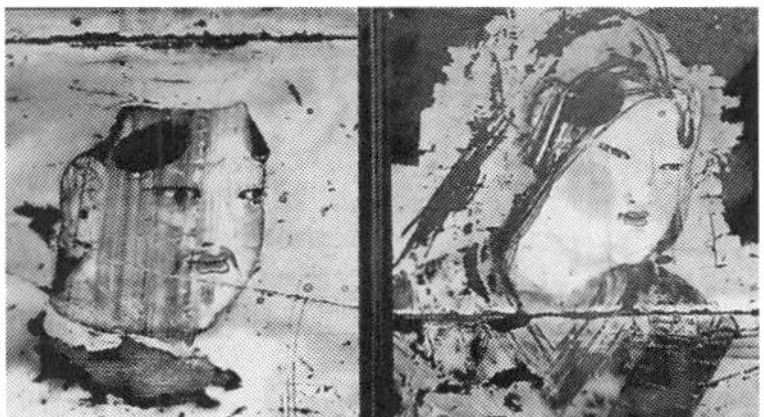
スサノオとイナダ姫の板壁画
（八重垣神社）

天安河原《あまのやすかわら》（宮崎県西臼杵郡高千穂町岩戸　天岩戸神社）

ヅチ（脚摩乳）とテナヅチ（手摩乳）、そして奥にアマテラスとイチキシマ姫が一緒に描かれています。イナダ姫の両親が一緒に描かれているのに、イナダ姫の娘の姿はなく、代わりにアマテラスと彼女から生まれたイチキシマ姫がなぜか一緒に描かれているのです。

ここから、小椋一葉は著書『女王アマテラス』（河出書房新社）でスサノオとアマテラスが姉弟ではなくイナダ姫（稲田姫）を正妻とするもう一組の夫婦関係ではないかと言っています。

記紀の記述では天の安河でおこなわれたスサノオとアマテラスの誓約《ウケイ》によって、五男三女が産まれています。必ず守ると誓って約束することを「誓約」といいます。あらかじめ、生まれる性別を約束して男女のどちらが生まれるかで神意を占いました。男が生まれればスサノオは清い心であると「誓約」しました。

アマテラスの勾玉からは五柱の男子が生まれ、スサ

厳島神社（広島県廿日市市宮島町）

宗像大社（福岡県宗像市田島）

ノオの十握剣《とつかのつるぎ》からは宗像三女神《むなかたさんにょしん》が生まれました。三女神のうち、長女のタキリ姫（『古事記』は多紀理毘売命、『日本書紀』は田心姫《タゴリヒメ》・田霧姫）は雨や霧の女神で、オオクニヌシ（大国主神）と結ばれています。次女のタギツ姫（『古事記』は多岐都姫命、『日本書紀』は紀湍津姫）は川や滝の女神で、三女のイチキシマ姫（『古事記』は市寸島比売命、『日本書紀』は市杵嶋姫命）は、海の島と航海の女神です。いずれの三女神も水の女神となっています。

三女神の中でもイチキシマ姫だけが別格で、出雲系の神社に祀られていることが多いです。弁財天と習合した「イチキシマ」が転じた〈イツクシマ〉の厳島神社などは有名です。籠神社の国宝『海部氏系図』では、天《アメノ》火《ホ》明《アカリ》命（ニギハヤヒ）とイチキシマ姫が夫婦になっています。

アマテラスの八尺瓊勾玉《やさかにのまがたま》を天の真名井で清めてスサノオがよくかんで吹き出した息から生まれたのが、オシホミミ（忍穂耳尊）をはじめとする五柱の男神です。

オシホミミの名はマサカツアカツ（正哉吾勝勝速日天忍穂耳）とあって、「マサカツアカツ＝正哉吾勝」は、「まさに私が勝った」の意味で、スサノオがまさに誓約に勝ったのです。しかし、オシホミミはアマテラスの勾玉から生まれたのでスサノオの子ではなく、アマテラスの子となっています。

イザナギ（伊邪那岐神）とイザナミ（伊邪那美神）の王位継承には出雲と日向の二つの系統がありました。イザナギの嫡男《ちゃくなん》だったスサノオには、日本を支配する権利がありました。しかし、スサノオは性根が悪かったため根の国に流罪となってしまいます。

かわりに姉のアマテラスの子オシホミミが直系となり、その息子のニニギが天皇家の祖先となりました。スサノオの子供がオシホミミでは皇位継承の整合性がつかなくなります。だから『古事記』では姉弟の誓約という形にしたのかもしれません。『日本書紀』には、誓約の言葉は出てきません。

タカミムスビの娘タクハタチヂ姫（『古事記』は万幡豊秋津師比売命《ヨロヅハタトヨアキツシヒメ》、『日本書紀』は栲幡千千《タクハタチヂ》姫・栲幡千千姫《タクハタチヂヒメ》萬幡姫《ヨロズハタヒメ》命）とオシホミミの間に、兄のアメノホアカリと弟のニニギが生れています。アメノホアカリはニギハヤヒ（饒速日命）の別名です。

出雲神話

スサノオとオオクニヌシ（大国主神）の出雲族は最初に日本を支配していましたが、親戚関係だった日向のニニギ（瓊々杵尊）にその権力を譲ったのです。そして、日向のアマテラスは太陽、光の神として子孫は皇位に就き、出雲のスサノオは根の国に払われ、スサノオの後を継いだ大国主神は冥界の主となりました。日向の権力の正統性を示すための物語として出雲の神は闇の神、悪神、祟り神に降格されたのです。

アマテラスは左目から生まれ、スサノオは、イザナギが鼻を洗ったときに生まれます。父の命令に従わず、スサノオが哭《な》いてばかりいるので、青山は枯れ、民は夭折してしまいます。また、スサノオは神聖な祭りの席で糞をしたり、田んぼを壊し、馬の皮を剥いで機織している建物に投げ入れて、女性をショック死させたりしました。乱暴ばかりするのでスサノオは、髭を切られ手足の爪も抜かれて雨に濡れながら落ちぶれた姿で高天原《たかあまはら》から追放されてしまいます。

そして出雲へ降りたスサノオは、毎年一人ずつ娘を食べるオロチに酒を飲ませて斬り殺してしまうのです。毎年娘を食べるオロチも極悪非道ですが、オロチに酒を飲ませて、酔わせてから斬り殺してしまスサノオも正々堂々と戦わず卑怯です。オロチやスサノオが自分の先祖であれば、気持ちの良い話ではないと思います。とにかく記紀神話のスサノオは、ネガティヴな荒ぶるアウトローのイメージに満ちています。一般に知られている記紀神話のスサノオは、荒くれ者というイメージが強いですが、同じ頃に書かれた出雲神話に出てくるスサノオのイメージは全く異なります。

うって変わって、『出雲国風土記』に登場するスサノオは穏やかです。出雲国内を回って稲作を勧めた後に「心が安らかになった」といって「安来《やすき》」という地名ができます。また、「この国は小さい国だがよい国だ。自分の名前は岩や木ではなく土地につけよう」と言って、それが「須佐《すさ》」という地名の由来となりました。また、佐世《させ》の木（ツツジ科の植物）の葉を髪に飾ってスサノオが踊ったことから、佐世《させ》の地名ができました。神楽の始まりとされる佐世神社に訪れたときは、訪れる観光客もなく、椎《しい》の巨木が茂る大変気持ちが良いイヤシロチとなっていました。

『出雲国風土記』には、オロチ退治のエピソードも国譲りの話も出てきません。違うのも当然です。各豪族に伝わる神話は、いかに自分の先祖が高貴な生まれであるか、そして偉大な功績を残してきたかを語り伝えようとするからです。

『日本書紀』は『古事記』とは異なり、出雲神話のエピソードそのものが大幅に省かれています。

佐世神社（島根県雲南市大東町下佐世）

記紀以前に、『帝紀』や『旧辞』などの文献があったことを、記紀は伝えています。各豪族によって書かれた天皇の物語は間違いが多いとして、『古事記』や『日本書紀』が編纂されたのです。

こうして、高天原から降臨した天皇家の日本統治の正当性と建国神話にそぐわない神話、伝承は誤りとされ破棄されました。

しかし、誤りとされた豪族の立場からみれば、記紀の神話は正しくないのです。神話は縄文時代から語り継がれてきた物語が増幅され重層的になっています。さらに、政治的な取捨選択がなされて残っているのが、今に伝わる記紀神話ということになります。

古代メソポタミアの『ギルガメシュ叙事詩』や『聖書』などの神話の構造を見ると、勝者の支配の正統性として新しく作られた神話の中に、それ以前の古い神話を借用して混合させることがおこなわれてきました。敗北した神々は、支配者の前に怪物となって現れるのです。元の物語は全く違う姿で、新しい物語の背後に隠されています。

『出雲国風土記』のスサノオは、乱暴狼藉をはたらく荒ぶる神ではなく、平穏な神として描かれています。本来、別の物語だった出雲神話と天孫神話を結合させることで、天孫族支配の正統性を主張する『古事記』『日本書紀』が作られたのでしょう。

『日本書紀』で物語の一本化が難しい異伝の話は「一書に曰《いは》く……」という形式で語られています。『日本書紀』の第八段の一書、第一だけが他の書と異なり、オロチ退治が全く出てきません。

この書では、スサノオは高天原から出雲の斐伊《きい》川上流の船通山に降り、その川のほとりでイナダ姫（奇稲田姫）を見初めて、新婚の家を建て子供が生まれたというシンプルな記述があるだけです。これがスサノオ神話の元型と見られています。オロチ退治はあとからスサノオと結びつけて混入させたのではないかと考えられています。

スサノオは天から降り立ち、川辺に住む姫と結婚をして、この須佐の地を支配しました。

スキタイ、ウイグル、古代朝鮮では、天神の子が山に降りてきて水辺の女性と結婚し、その子供や孫が地上の支配者となる神話があります。大陸部のモンゴルやチベットの始祖神話もまた、天界の男が地上界の水の女と結婚して支配者となるという、スサノオ神話と同じパターンをとっています。

イナダ姫の両親の名は、『古事記』でアシナヅチ（足名椎命）、テナヅチ（手名椎命）として出てきます。

須佐神社（島根県出雲市佐田町須佐）

イナダ姫の親はその新居の宮の長として、イナダノミヤヌシ・スガノヤツミミ（稲田宮主須賀之八耳神）の名が付けられています。

稲田氏（後に須佐氏）は、須佐神社の代々の神主として、現在まで受け継がれています。この須佐神社には、「オロチの骨」といわれる化石が、御神宝として納められています。

朝鮮半島の農作物の種を持って建国する神話は、天帝の子と河の女神との間に生まれた朱蒙《チュモン》が、満州の古代王国の扶余《プヨ》から去るとき、母から五穀の種を渡されて、高句麗の初代の王となっています。

日本の稲の原種は、中国南部の長江下流域のものとされています。

日本までの稲の伝搬には、現在、以下の３つのルートが考えられています。

1 長江下流域から九州への〈対馬暖流ルート〉

2 長江下流域から朝鮮半島を経由した〈朝鮮半島南下ルート〉

3 江南から南西諸島を経た〈黒潮ルート〉

農業技術と冶金《やきん》技術を持った集団が海を越えて渡来したときに、母系の社会を築いていた縄文の人々はその技術に驚いて、スサノオをイナダ姫の婿養子として迎え入れたのでしょう。

日本は中国、朝鮮半島と縄文の頃から交流があったことが知られています。かの地から稲作技術を持った人々が日本に徐々に移住して、現地の女性と結婚します。そうして日本では、徐々に混血が進み、父系の定住農耕社会が築かれていったのです。

心の垣根

オロチ退治の後にスサノオとイナダ姫（奇稲田姫）が最初に暮らした地が、須我《すが》神社といわれています。そして、スサノオは「気分がすがすがしくなった」としてここを「須賀」と命名しました。ここは日本で最初に作られた宮ということになるので、日本初之宮《にほんはつのみや》とされています。

須我神社から2キロメートルほど登った須我山（御室山、八雲山）の登山口から、徒歩で約400メートル歩くと、そこには大きな夫婦岩があります。これが須我神社奥宮の磐座で、スサノオとイナダ姫が愛を育んだ聖地とされています。

また、須我神社でスサノオが、

「八雲立つ　出雲八重垣　つまごみに　八重垣つくる　その八重垣を」

と日本で最初に和歌を詠われたので、ここは和歌発祥の地ともいわれています。

出口王仁三郎《でぐちおにさぶろう》の言霊《ことだま》によると、「八雲」は「いやくも」になり、「出雲」は「いづくも」で、「どこの国も」

須我神社奥宮磐座（島根県雲南市大東町須賀）

という意味になります。「つまごみに」は、「ほつまのくに日本」になるので、「どこの国も日本も雲や八重垣が築かれています」となります。最後に「その八重垣を」で終わっていますが、その後に「取り払わねばならぬ」という言葉が続いているといいます。

出口王仁三郎は、弥勒《みろく》の世（地上天国）が訪れるには、十重二十重と取り巻く雲や垣根を取り払わねばならないとしています。

一つだった世界に垣根をつくって分けてしまったのが自我です。思考で作り上げた境界線が心の垣根です。人々は恐怖、苦痛というオロチから身を守るために、心に垣根を築きました。垣根をつくることで、ネガティブな感情の傷を感じなくしようとしたのです。

自我は自分と世界を切り離して、自分は正しく特別だと思っています。そして、思想、宗教、人種の対立が起きて、自分以外を敵と見なす、正義の戦いが世界中で起きています。

子供は、親にしたがわないと両親の愛を受けられないので、あるがままでいることをやめて〈良い子〉の仮面をかぶり、親の期待にこたえようとします。欲求が満たされないと苦痛が生じるので、心理的な痛みから逃れるために心に垣根をつくったのです。

心に垣根をつくって分けてしまえば、愛は分離されて悲しみ、恐怖、苦痛というオロチが現れます。それは怒りと憎しみに変わり、垣根の内と外で敵対します。

怒りと嫉妬、不安と恐怖、後悔と罪悪感という否定的なエネルギーで心が覆われると、愛の関係を築くことができません。愛を求めても愛を得ることはできません。心は満たされず、身動きができなくなってしまいます。

世界が苦しみから解放されるには、偽りの垣根を取り払い、夢から目を覚まさなくてはいけません。垣根は、本当の自分を覆っている思考からできています。それが自我なのです。

心の垣根を払い、自分と他人や世界を分ける垣根を取り払うと、外と内の区別は消えます。人々は互いに尊敬し、助け合えるようになります。「宇宙は調和している」という実感が取り戻せます。

そうすることで、世界は一つの全体に戻るのです。

神話の旅

出雲神話に出てくるオオクニヌシ（大国主神）には別名がたくさんあって混乱します。主な名前だけでも、オオクニヌシ、オオナムチ（大穴牟遅神）、ヤチホコ（八千矛神）、アシハラシコヲ（葦原色許男神）、ウツシクニタマ（宇都志国玉神）と5つもあるのです。ただし、たくさんの武器を意味するヤチホコ（八千矛）はスサノオだという説もあります。スサノオは八坂神社のように八の数字と関係があります。

このうち、オオナムチは幼名で、のちに国を治める大王《おおきみ》となってオオクニヌシと呼ばれるようになります。『古事記』のオオナムチの話は、死と再生を繰り返す英雄神話の構造そのものです。

神話に出てくる英雄は、真実を求めて超自然的で不思議な冒険の旅に出ます。巨大竜蛇・ドラゴンや悪鬼といった想像上の怪物、魔物の類や熊や猿や大蛇などの山や森の動植物の精霊が登場して、英雄を助けたり、あるいは退治されたりという冒険物語が展開します。やがて英雄は、困難を克服して勝利をおさめます。そこで智慧や癒しの力を得て日常世界に帰還するのです。

オオナムチは、ヤカミ姫（八上姫）を嫁に貰い受ける兄神たちの荷物持ちとして、一緒に旅に出ました。隠岐島《おきのしま》からワニの一族を騙して渡って来たために、怒ったワニにすっかり皮を剥がれた白兎をオオナムチは助けます。その白兎の予言通りに、ヤカミ姫はオオナムチを選びました。

オオナムチはヤカミ姫との結婚を巡って兄たち八十神《やそがみ》の怒りをかい、二度も殺されます。一度目は、火で焼いた大きな石の下敷きになって焼け死にますが、キサガイ姫（蚶貝姫）とウムガイ姫（蛤貝姫）による手当てによって復活します。この姫はどちらも貝の女神です。二度目は、木の国で樹に挟まれて死んでしまいます。が母親のサシクニワカ姫（刺国若姫）によって助けられます。

兄たち八十神から逃れるために、オオナムチは根《ね》の堅州国《かたすくに》に行き、そこでスサノオの末娘スセリ姫（須世理姫）と恋に落ちます。

スサノオは、オオナムチを蛇の室に寝かせたり、ムカデと蜂の部屋に入れたりして彼を試します。しかし、スセリ姫から渡された霊力がある比禮《ひれ》を振ることによって、試練を乗り越えていきます。

スサノオは、広い野原に射った矢をオオナムチに探すように命じます。彼が行った後で野原に火を放ち、オオナムチを野火で焼き払おうとしますが、オオナムチはネズミたちに火を防ぐ穴を教えられて助けられます。

次にスサノオは自分の髪の毒虫をオオナムチに退治させますが、オオナムチはスサノオが眠ってしまった隙にそのまま髪を柱に縛り付け、扉を岩で塞いで部屋に閉じ込めます。そして、オオナムチはスセリ姫を背負って、天詔琴《あめののりこと》（玉飾りのある琴）と生太刀《いくたち》と生弓矢《いくゆみや》の宝物を持って逃げ出します。

物音で気がついたスサノオは、黄泉の国と中つ国の境にある黄泉比良坂までオオナムチを追いかけました。そこでスサノオは叫びます。

「太刀と弓矢で兄弟を追い払い、スセリ姫を娶って中つ国の大国主神となって国を治めよ！」

神話の英雄は冒険の旅でしばしば恐怖、怒りの感情をあらわし、復讐や戦いの中で「最大の試練」を迎えます。最後の難関で邪悪な怪物に追い詰められますが、手に入れた魔法のアイテムを使って追跡をかわし、危機を脱出します。これは神話の構造で「マジックフライト（呪的逃走）」と呼ばれるパターンです。このオオナムチの話は、世界中の神話の構造と共通しています。

ジョーゼフ・キャンベルによると、それは次の3つのパートに分けることができます。

1　セパレーション〈日常世界からの分離・旅立ち〉

英雄は冒険の旅をしに他界に行きます。オオナムチは根の堅州国という異界に行きました。

2　イニシエーション〈通過儀礼〉

苦しい困難な出来事が訪れますが、王女が恋をして英雄を助けます。オオナムチはスセリ姫に助けられます。

3　リターン〈帰還〉

驚異的な存在から追跡されますが、二人は無事に逃げて、英雄は王女と結婚して国王となります。スサノオから逃げたオオナムチは、スセリ姫と結婚をして中つ国の大国主となりました。

この英雄の旅を、私たちの自我が成熟していくプロセスに対応させると、次のようになります。

1　セパレーション

今まで身につけていた偽りの自我がまわりの環境と合わなくなり、葛藤が強くなって自我がゆらぎます。今までの古い自我を脱ぎ捨てることが起きます。

2　イニシエーション

古い自我の境界を超えるときに、しまい込まれた過去の辛い記憶や否定的な情動と出会います。その葛藤をあるがままに受け入れることで、本当の自分を発見します。新しい自我が形成されます。

3　リターン

宝物である永遠の命と至福を手に入れて、故郷（日常世界）に帰還します。偽りの自分から、ゆるぎない本当の自分に戻ります。

現代の私たちの魂の中にも、『古事記』の物語は生きています。この世に生まれている私たちは、すでに冒険の旅に出ています。オオナムチのようにスサノオやスセリ姫と出会わなくとも、心の旅を重ねて、真の自分自身を発見して故郷に帰還しなければならないのです。

つまり、人生とは蘇りの旅であり、本当の自分である我に帰る旅なのです。

天孫降臨神話

日本の神話は、高天原《たかあまはら》神話と出雲神話と日向神話に分かれています。

出雲神話はスサノオとオオクニヌシ（大国主）の神話ですが、日向神話は皇室の祖先であるニニギ（瓊々杵尊）、ヒコホホデミ（彦火火出見尊）、ウガヤフキアエズ（鵜葺草不合尊）の日向三代の神話となっています。

天孫降臨神話では、アマテラスとスサノオによって生まれたオシホミミ（忍穂耳尊）が、

「あんな騒々しいところは嫌だ」

と言ったので、オシホミミの子供でアマテラスの孫にあたるニニギを地上に行かせたことになっています。

『先代旧事本紀』によると、オシホミミと、タカミムスビ（高木神、『古事記』は高御産巣日神、『日本書紀』は高皇産霊尊）の娘ヨロズハタトヨアキツシ姫（万幡豊秋津師姫）の間に生まれたニニギの兄が、ニギハヤ

ヒになっています。

中臣家に伝わる古文書とされている「九鬼文書《くかみもんじょ》」では皇祖神アマテラス（天照大神）の古名のオオヒルメノムチ（大日貴）がスサノオの娘とされています。そしてオオヒルメノムチ（大日孁貴）の弟オシホミミ（天忍穂耳命）からニニギと皇統が続きます。「九鬼文書」では天皇家の祖神がスサノオになっていました。

『ホツマツタエ』では、アマテラスは男性で、正妃のセオリツ姫（瀬織津姫）との間に生まれた子がオシホミミになっています。

『ホツマツタエ』とは江戸時代の安永年間（１７７０年代）、和仁估容聰《わにこやすとし》（俗名井保勇之進）が残した写本で、象形表音文字のホツマ文字（ヲシテ文字）で五七調に書かれていました。没後、親戚に散逸しその一部が神社に奉納されました。１９６６年（昭和41年）に自由国民社の編集長であった松本善之助《よしのすけ》によってホツマの写本が発見されてから世に知られるようになりました。

『ホツマツタエ』で高天原とは東北の日高見国のことで東北の宮にタカミムスビの子孫のアマテルが住み、正妃セオリツ姫と十二人の妃がいたことになっています。男性１人と12人の妃の話は母系社会から父系社会にかわった時代の物語ではないかと思います。

先導の神

島根県松江市の佐太神社は、出雲国一の宮の熊野大社につぐ、出雲国二の宮となっています。この祭神のサタノオオカミ（佐太大神）は、サルタヒコ（猿田彦）と同体とされています。

サルタヒコは、白鬚《しらひげ》大明神、塞《さえ》の神、クナトガミ（岐神）と同神とされ、航海安全、長寿、農耕の神として、全国の神社で信仰されています。サルタヒコは、ニニギ（瓊々杵尊）が天降《あまくだ》りしようとしたときに高天原《たかあまはら》（天上界）と中つ国（人間界）の境目で道を照らしていた神です。

神道では、「高天原」を天上の世界に、「根の国」を祖先が住む黄泉の世界として、その中間で人間が住む世界を「葦原中津国《あしはらのなかつくに》」と考えていました。

〈サダ〉はアイヌ語で「先」「岬」の意味になり、〈ル〉は「足跡」の意で、琉球語で〈サダル〉は「先になる」の意味となります。古代語の〈サダル〉から〈サルタ〉に変わって先導した神、さき立ちの神のサルタヒコになったといわれています。

佐太神社（島根県松江市鹿島町佐陀宮内）

サルタヒコは、ニニギを高千穂峰へと案内すると、アメノウズメ（天鈿女命）に送られて「伊勢」に帰り、今の松阪市阿邪訶《あざか》のあたりで比良夫貝《ひらふがい》に挟まれて海で溺れ死んだことになっています。

『出雲国風土記』に「佐太《サタ》の御子《ミコ》」は加賀の潜戸《くけど》で生まれたという話が出てきます。

> キサカ姫が佐太の御子を産んだとき、カミムスビの弓矢を失ったので、「わが子ならば失せた弓矢を出してみよ」と言うと、角の弓矢が流れてきたが、「これではない」と投げ捨てると、次は金の弓矢が流れてきた。これをとって射通すと、矢は岩壁を突き通して加賀浦まで飛んだという。

この加賀の潜戸の話に出てくる赤貝と弓矢は女性器と男性器を暗示し、洞窟は母親の胎内、子宮、そして佐太御子の出産と、性のシンボルに満ちています。

母親のキサカ姫は、大穴牟遅《オオナムチ》を助けた赤貝の女神キサガイ姫のことですが、『出雲国風土記』では、佐太御子の父が誰なのかは明らかにされていません。父親が不明なのは古代日本は母方の血筋をたどる母系だったからかもしれません。

福岡県行橋市の草場神社の社伝に「サルタヒコは天照大神の分神なり」という古記録が出てきます。倭大國魂大神《ヤマトオオクニタマ》（日本大国魂大神）の神名でニギハヤヒを祀る奈良の大和《おおやまと》神社の摂社に、サルタヒコを祀る増御子《ますみこ》神社があります。そして、佐太神社の昔の名は「佐太御子社《さだみこのやしろ》」として記載されています。

金の弓矢を持つのは太陽神です。そして、『古事記』では矢の神が大物主とされています。そこから天照の称号をもつ太陽神ニギハヤヒが、御子であるサルタヒコの父ではないかと思われます。

サルタヒコは出雲の祖神の息子であることは明らかなので、スサノオ―ニギハヤヒ―サルタヒコの系統とするのが無理がありません。

サルタヒコの風貌は、鼻が大きく身長は12・6メートルあり、目は八咫鏡《やたのかがみ》のように大きく、丸く紅いホオヅキのようで、口と尻が光っていました。サルタヒコは大陸から渡来した新モンゴロイドよりも古モンゴロイドの縄文人に近い風貌をしていたようです。

東京大学人類遺伝学の徳永勝士教授の研究によると日本人に最も多いＢ52－ＤＲ2という白血球のＨＬＡの型を調べてみると、韓国人や中国北部の漢族、ツングース族、モンゴル族などの北方の人々

荒立神社（宮崎県西臼杵郡高千穂町大字三田井）

に多いことがわかっています。次にB44－DR13は朝鮮半島の人々に多く見られました。続いてB46－DR9は揚子江流域、B54－DR4は中国南部に多いことが明らかになっています。

弥生時代以降、さまざまな場所から日本列島に新モンゴロイドの人々が渡来してきたのです。高千穂には、サルタヒコとアメノウズメ（『古事記』は天宇受賣命、『日本書紀』は天鈿女命）を祀った荒立《あらたて》神社があります。

サルタヒコが何者なのかたずねた天津神のアメノウズメは、サルタヒコとここで結ばれたのです。社殿の右手の林の中が素晴らしいイヤシロチになっています。

天の岩戸の前で踊った芸能の始祖で、ストリップの元祖と呼ばれているのがアメノウズメです。

『古事記』の記述のアメノウズメは、榊《さかき》を頭飾りに、日陰の葛《かつら》（常緑のシダ植物）をタスキにして、小竹の葉を手にもつ草装の出立ちでした。精霊は植物に宿るのです。

アメノウズメは逆さにした桶を足で激しく踏みならして、大きな音を鳴らしました。

民俗学者の折口信夫は、日本の藝能は古代から「舞《まひ》」と「踊《をどり》」に分かれていて、飛び上がる跳躍運動が「踊」で、「舞」は旋回運動であると述べています。その違いは理性を越えて体を動かす興奮状態の度合いによるといいます。足をあげて板を激しく踏むのは「舞」ではなく「踊」の動作です。「舞」は神懸りに導くまでの動きであり、「踊」は神懸りしてからの動作を正気で繰り返すところに発生すると折口は説いています。「くるう」という言葉は、くるくる廻るときの「くる」と同じで、中世では「まう」「くるう」が同じ意味をなしていました。巫女の「神懸かり」による旋回動作は、「まはる」であり「舞」と同じです。日常的な意識を超えた力に自我を明け渡したときに、「舞」が起こります。つまり狂うのです。トランス状態の中で神懸かって神の託宣を述べるのが巫女でした。それが古代のシャーマニズムです。

『日本書紀』の記述によるアメノウズメは茅を巻いた矛を手に巧みに俳優《わざおぎ》したとあります。俳優とは神を招《お》ぐ態《わざ》のことで神がかりに招くまでの所作をあらわしていました。その後に、巫女に神が宿った振る舞いの所作が続きました。

巫女の神がかりは、神迎えの旋回の舞の所作と神がかった時の踊りの二つの所作が儀式化され、それが衆人に見せるための芸能として洗練されていきました。それが神楽や巫女舞いなどの芸能として日本各地に残ったのです。

アメノウズメの子孫はサルタヒコの名前をとって猿女君《さるめのきみ》を名乗りました。朝廷の鎮魂の儀式は、アメノウズメを始祖とする代々の猿女君が行ってきました。

猿女君は、ウケと呼ばれる逆さまに置いた桶の上に立ち、板を激しく踏みならすのではなく、榊の枝でウケを突く動作が儀式としておこなわれていました。行事作法が細かに制定され様式化された鎮魂の儀式も、15世紀には廃れてしまいます。猿女君の子孫を名乗った世阿弥によると、能すなわち申楽は、秦氏の祖秦河勝《はたのかわかつ》から始まったとされています。

サルタヒコとアメノウズメの結婚は、古モンゴロイドである先住民の縄文人と、海外から渡来した新モンゴロイドの天津神との混血で日本の国ができたことを象徴しています。

コノハナサクヤ姫

サルタヒコ（猿田彦）に案内されて日向の高千穂槵觸峰《くしふる》に降臨したニニギ（瓊々杵尊）は、

「ここは韓国に向いていて、笠沙《かささ》の岬へもまっすぐ続く道があるし、朝日が直に山を照らし、夕日も映る。ここは大変良いところだ」

と言って、ここに御殿をつくり住みました。そこが高千穂の槵觸《くしふる》神社だといわれています。この槵觸神社も、初めのころは社殿がなく、山そのものがご神体として祀られていました。

ニニギは、美しいコノハナサクヤ姫（木花開耶姫）を目初めて、結婚を申し込みました。ところが父親のオオヤマツミ（大山津見神）は、姉のイワナガ姫（磐長姫）も一緒に嫁がせます。しかしニニギはあまりにも醜いイワナガ姫を送り返してしまいました。

オオヤマツミは、

「イワナガ姫を妻にすれば、天津神の御子の命は岩のように永遠のものとなったのに。コノハナサクヤ姫を妻にしたので、天津神の御子の命は木の花のようにはかなくなるだろう」

と告げました。それゆえ、代々の天皇家の寿命は短くなったとされています。花が死と生殖、石が不死、永久性を象徴する同様の神話は、「石とバナナ」という話で東南アジアにもあります。

日向に伝わる記紀以外の伝承によると、イワナガ姫は追い返された悔しさに、鏡に映った顔を眺

槵觸神社
（宮崎県西臼杵郡高千穂町大字三田井）

めて嘆き悲しみ、鏡を投げた後、ついに自分が醜いことに絶望して自殺してしまいました。また、イワナガ姫の別名を『古事記』ではコノハナチル姫（木花知流比売）と記しています。

コノハナサクヤ姫は一夜で妊娠しますが、ニニギは、

「一夜契りを交わしただけで妊娠するとは、その子はきっとほかの国津神の子だろう」

と疑います。疑いを晴らすため、コノハナサクヤ姫は産屋に入り、

「天津神の御子ニニギの子なら、何があっても無事に産めるはず」

と、産屋に火を放って、その中でホデリ（火照命）、ホスセリ（火闌降命）、ホオリ（（『古事記』は火遠理《ホオリ》命。『日本書紀』は彦火火出見《ヒコホホデミ》尊）の3人の子を無事に産みます。火の中で生まれたので三人兄弟の名前にすべて「火」が付いています。

コノハナサクヤ姫は身の潔白を疑われたことに深く傷つき、以後ニニギに身を任せることは二度とありませんでした。

ニニギは面食いで嫉妬深い性格を持っていました。神社に祀られている神様（祖先神）とは、私たちと同じような人格を持って古代に暮らしていた先祖だったのです。

トヨタマ姫

ニニギ（瓊々杵尊）の後を継いだ日向二代目がヒコホホデミ（『古事記』は火遠理《ホオリ》命、『日本書紀』は彦火火出見《ヒコホホデミ》尊）です。

ヒコホホデミは「山幸彦」として知られています。兄の海幸彦は海で漁をし、弟の山幸彦は山で狩りをして暮らしていました。あるとき、山幸彦は頼んで、兄の道具と自分の道具を交換しました。海幸彦は弓をもって山へ狩りに出かけ、山幸彦は釣り針を持って海へ漁に出かけました。しかし、山幸彦は慣れない漁のため魚に逃げられ、あげく釣り針を失くしてしまいました。山幸彦は海幸彦にそのことを謝ろうとしますが、兄の怒りは凄まじく、

「もとの釣り針を返せ」

と許してはくれませんでした。山幸彦が困っているとシオツチノオジ（塩土老翁）が来て、

「どうして泣いているのか」

と尋ねました。事情を話すとシオツチノオジは、

「海神宮《わたつみのみや》に行って、井戸の桂の木に座っているとオオワタツミ（大海津見）の娘が助けてくれるでしょう」

と言いました。山幸彦が海神宮に行くと、オオワタツミの娘のトヨタマ姫（豊玉姫）とたちまち恋に落ちて二人は結婚しました。山幸彦は3年間海神宮に過ごしたのち、失くした釣り針と霊力のある二つの玉を持ち帰り、海神宮の神に教えられた通りに釣り針を兄に渡しました。すると兄の田の水が枯れてしまいました。

怒った兄が攻めてくると、潮盈玉《しおみつたま》で溺れさせ、兄が謝ると潮乾玉《しおふるたま》で救いました。失くした釣り針の神話は太平洋の島々に広く伝わっています。これらの神話は海人族の隼人と強く関係していることを思わせます。弟に屈服した兄の海幸彦の子孫が、反乱を起こした隼人族だとされています。妊娠したトヨタマ姫は、山幸彦のあとを追ってやってきました。そこで山幸彦は海辺の渚に鵜の羽で葺いた産屋をつくらせました。トヨタマ姫は夫に、

「もとの国にいたときの姿になって産みますので、どうか私を見ないでください」

と言いました。「見ないでください」のエピソードは、神話によく出てきます。見てはいけないと言われると、かえって見たくなるものです。結局、約束はいつも守られません。

山幸彦が密かに産屋を覗いてみると、トヨタマ姫はワニ（『古事記』は八尋和邇《やひろわに》）の姿で腹ばいになって子供を産んでいました。山幸彦は驚いて思わず退いてしまいました。夫に見られたことに気がついた

トヨタマ姫は恥じて、出産したばかりの子供を残して海神の宮へ帰ってしまいました。海神の宮に帰ったトヨタマ姫ですが、やはり子供が気にかかり、妹のタマヨリ姫（玉依姫）を養母として送りました。日向二代山幸彦とトヨタマ姫との間に生まれたのが日向三代のウガヤフキアエズ（鵜茅不合葺尊）です。

ウガヤフキアエズ（鵜茅不合葺命）は、母の妹で育ての親である叔母のタマヨリ姫と結婚し、イッセ（五瀬命）、イナヒ（稲飯命）、ミケヌ（御毛沼命）、サヌ（狭野命）の4人の子供をもうけました。そして、末弟のサヌがのちに大和を支配する大王《おおきみ》になり、神武天皇となったのです。

日向神話は、南九州の山と海の各地を日向三代が地元の先住民と混血しながら制圧して領土を広げていったことの物語でもあります。コノハナサクヤ姫（木花開耶姫）とトヨタマ姫のどちらも、子供ができるとすぐに夫と別れてしまいました。母系の先住民と父系の天孫族の結婚は、子供をどちらの家で育てるのかといった伝統が異なり、現代のような婚姻の継続が難しかったのかもしれません。古代の天皇家は母系を継承していました。皇太子は母方の実家で育てられたので天皇と姻戚関係を結んだ豪族は権力を握ることができたのです。

宮崎県西都市の都萬《つま》神社は、日向国二の宮で、コノハナサクヤ姫を祭神としています。都萬神社の一帯はコノハナサクヤ姫とニニギが初めて出会った逢初川《あいそめがわ》や、二人が結ばれた八尋殿《やひろどの》、火を放った産屋の無戸室《うつむろ》、三人の皇子の産湯を使った児湯《こゆ》の池、父親のオオヤマツミ（大山津見神）の古墳などをまわる「記紀の道」が整備されています。

宮崎県西都市の西都原古墳群は、300を超える古墳が点在している、ほかでは見られない古墳の密集地域です。西都原の男狭穂《おさほ》塚、女狭穂《めさほ》塚は、ニニギとコノハナサクヤ姫の御陵だと目されています。

ニニギ、ヒコホホデミ、ウガヤフキアエズの日向三代の神話は、九州の中部から南部にかけて集中しています。『ウエツフミ』『宮下文書』『竹内文書』では、ウガヤフキアエズが七二代続くウガヤフキアエズ王朝の始祖とされています。

『ウエツフミ』は、鎌倉時代の武将で、戦国時代の九州大友氏の祖だった大友能直《よしなお》が古文書をもと

都萬神社（宮崎県西都市妻）

に編纂したといわれる写本で、豊国文字と呼ばれる神代文字で記されています。

『竹内文書』は、武内宿禰《すくね》の孫の平群真鳥《へぐりのまとり》の子孫とされる竹内家に伝わる写本です。日本は世界の雛形で、世界の中心であるとしたので、二・二六事件をおこした皇道派の軍人も『竹内文書』に傾倒していました。

『宮下文書』は、2300年前に中国から渡来した徐福《じょふく》が筆録したとされている、宮下家に伝わる古文書です。徐福は秦の始皇帝の命により不老不死の霊薬を求め、神仙が住んでいる蓬莱《ほうらい》の島に船出したが戻ってこなかったと中国の歴史書に書かれた人物です。徐福が若い男女3000人を伴い、金銀財宝と五穀の種子、農耕機具、稲作技術、造船技術を持って日本に辿りつき、稲作技術を伝えたとされる伝説が日本各地にあります。その徐福の子孫が秦氏《はたうじ》とされています。

宮崎県日南市には、トヨタマ姫が日向三代ウガヤフキアエズを産んだ産屋と伝えられる鵜戸《うど》神宮があります。鵜戸神宮は、日向灘の海に面した断崖の中腹、東西38メートル、南北29メートル、高さ8・5メートルの岩窟の洞窟の中にあります。境内には、主祭神のウガヤフキアエズの陵墓とされる古墳もあって、安産や育児を願う人々から信仰されています。トヨタマ姫が海神宮から来訪する際に乗った亀が石となったとされる岩もあります。

トヨタマ姫がワニだったという話ですが、日本には鰐《ワニ》が生息していないので、これは鮫《サメ》だとする説が多数派を占めています。因幡の白兎の話に出てくる和邇《ワニ》も、鮫とみられています。トヨタマ姫の

「八尋和邇になりて、匍匐《はらば》いひ委蛇《もこよ》ひき」の「はらばいひもこよひき」という表現については、腹ばいになってくねくねと蛇行することなので、江戸時代の国学者の本居宣長は、鮫ではなく鰐だとしています。

『龍の文明・太陽の文明』（安田喜憲、PHP新書）によると、現在、アジア大陸に唯一生息しているワニは、揚《よう》子《す》江《こう》鰐《わに》です。このワニは中国の長江の下流や揚子江流域の沼や池に生息しています。長江には、宇宙樹神話の建木、養蚕技術、鵜飼い漁の文化があります。

また、DNA研究で日本の稲の原種は長江下流から来たことが確定されています。その長江下流

鵜戸神宮（宮崎県日南市大字宮浦）

鬼の窟古墳（宮崎県西都市西都原）

狭野神社（宮崎県西諸県郡高原町蒲牟田）

域から船で東シナ海に出ると、対馬海流に乗って真っ先に着くところが鹿児島の南端にある野間半島です。

ニニギが長江下流から稲作技術を持って南九州に漂着したのであれば、トヨタマ姫がワニの化身であってもおかしくはありません。日向神話でニニギが笠沙《かさ さ》の岬に降りたったと書かれているように、現在、薩摩半島の笠沙町にニニギ上陸の石碑が建っています。ニニギと一緒に降りたのがアメノウズメ（天鈿女命）、アメノコヤネ（天児屋根命）、アマノフトダマ（天太玉命）、イシコリドメ（石凝姥命）、タマノオヤ（玉祖命）の5人で、彼らは五伴緒神《いつとものおのかみ》といわれています。

このうちアメノコヤネは、藤原氏の氏神、春日大明神として春日大社に祀られています。アマノフトダマは、祭祀を司る忌部氏《いんべうじ》の祖神です。イシコリドメは女神で、アマテラス（天照大神）が天の岩戸に隠れたときに鏡をつくった神で、鏡作部《かがみつくりべ》の祖とされています。タマノオヤは、宝飾装身具をつくった玉造連《たますりのむらじ》の祖とされています。

宮崎県西諸県郡高原町の狭野《さの》神社は、社伝に神武天皇の生誕地とあり、狭野神社あたりが出生地だといわれています。狭野神社の参道は国の天然記念物になっている樹齢400年以上の見事な杉並木があり、気持ち良く歩くことができます。社伝によると、創建は第五代孝昭《こうしょう》天皇の時代で、二千数百年も昔です。

第4章 かくされた女神

神武東征

『日本書紀』によると、神武天皇は、45歳のときに東征の決意を側近に話しました。

「わが天祖《あまつみおや》が降臨して179万470余年が過ぎました。しかし、遠く遥かな地では、われらの徳も及ばず、村々の長《おさ》が互いに争っています。

シオツチノオジ（塩土老翁）の話では、東のほうにニギハヤヒ（饒速日尊）が天磐船《あまのいわふね》に乗って降臨した、四方を山に囲まれた美しい土地があると聞いています。そこがわれらの都にふさわしいので、その地に赴いてみようと思います」

一同「異議なし」と賛成したので、日向《ひゅうが》から大倭《おおやまと》（奈良県）に東征することになりました。日向市の美々津《みみつ》は、神武天皇お船出の地といわれ、伝承が多く残っています。美々津の立磐《たていわ》神社には、日本の海軍がはじめて編成された地ということで海軍大臣米内光政の筆で、「神武天皇御腰掛岩」と「日本海軍発祥之地」の石碑が建っています。

立磐神社神武天皇御腰掛岩（宮崎県日向市美々津）

伝承によると東征予定の日は天候が悪く、一同は船出を見合わせていました。ところが急遽旧暦八月一日の夜明けに天候が回復したので、「起きよ、起きよ」と寝入っている人々を起こしてまわったので、美々津の「おきよ祭り」が始まったという由来があります。

また、神武天皇の着物のほころびに気付きましたが、衣服を繕う暇がなかったので、お付きの者が立ったままで縫ったという話から美々津を「立ち、縫いの里」とよぶこともあります。

美々津の沖合1キロメートル先に浮かぶ七ツ礁《ななつばえ》と一《ひと》ツ礁《つばえ》（黒島と八重島）という岩礁の間を神武天皇が通っていき、再び戻ってこなかったので、今でも出港する船はここを通らないと地元の人は語ります。

日向の一行は途中、福岡県の筑紫に1年、広島県の安芸に7年、岡山県の吉備に8年滞在し、日向を出港してから16年経ってから大阪の浪速に入りました。

そして、寝屋川を遡り、生駒を越えて大和に入ろうとしました。そこで、待ち構えていたナガスネヒコ（長髄彦、『古事記』でトミノナガスネヒコ〈登美能那賀須泥毘古〉）の軍と、孔舎衛坂《くさえさか》（東大阪市日下町）で激しい戦闘になりました。神武の長兄イツセ（五瀬命）は流れ矢にあたって深手を負い、神武の軍は敗退しました。

『日本書紀』に、神武の軍が「ナグサトベ（名草戸畔）、ニシキトベ（丹敷戸畔）という女賊《にょぞく》を殺した」という記述が出てきます。名草《なぐさ》は今の和歌山県海南市あたりで、丹敷《にしき》は熊野の丹敷浦《にしきうら》あたりだといわれています。今は使われなくなりましたが、「トベ」は女性の下につける「～姫」のような敬称です。神武天皇とナガスネヒコが戦った時代の日本は、母系社会が続いていたので一族の長《おさ》は女性だったのです。ナグサトベとは、名草一族の女性族長のことでした。

『名草戸畔　古代の紀国の女王伝説』（なかひらまい、スタジオ・エム・オー・ジー）によると、ナグサトべが葬られた宇賀部《うかべ》神社は、終戦後もルバング島で30年間戦い続けた小野田寛郎元陸軍少尉の実家で、小野田さんは父や祖父からその口伝を聞いて育ったナグサトベの伝承保持者でした。

小野田家の伝承によると、

「神武軍は名草軍に撃退されたので仕方なく熊野に行った。昔、名草の人々に山奥に追いやられたヤタガラス族が神武をヤマトに案内した」

「神武軍を追い払った名草は負けていない。しかし、最終的に神武が勝利し天皇に即位し

宇賀部神社（和歌山県海南市小野田字城山）

五瀬の御陵（和歌山市和田竈山神社）

たので、名草は降伏する形になった」

などの話が伝わっています。

ナガスネヒコと名草の抵抗に遭い行く手を阻まれた神武の軍は、南下して紀伊半島を迂回しますが途中の和歌山市和田の竈山《かまやま》で、深手を負ったイツセはついに亡くなりました。

熊野の海ではイナヒ（稲飯命）とミケヌ（御毛沼命）の二人の兄が荒れた海に投げ出され、行方不明になりました。

宮崎県高千穂町の伝承によると、ミケヌは高千穂に戻り、鬼八という悪神を退治して高千穂の地を治めたことになっています。悪神とされた鬼八とは、制圧された先住民のことです。

伝承では、長兄のイツセがスメラミコトでした。しかし、神武の軍は兄が皆戦死してしまい深刻な打撃を受けていました。そこで末弟のサヌ（狭野命）＝神武天皇がスメラミコトとなって軍の指揮をとり、作戦を立て直し

神武天皇上陸の地　楯ヶ崎（三重県熊野市甫母町）

紀伊半島を回って熊野に入りました。熊野に上陸すると現れた大きな熊の毒気にやられて神武天皇の軍は失神し戦闘不能状態に陥ってしまいました。そこへタカクラジ（高倉下、別名・天香山《アメノカグヤマ》、天香久山命《アメノカグヤマ》、天香山命《アメノカヤマ》、天香語山命《アメノカゴヤマ》）がタケミカヅチ（建御雷神）から授かった布都御魂剣《ふつのみたまのけん》を持参すると神武天皇の兵士たちはたちまち目覚めて元気になり、熊野の荒ぶる神たちはたちまち消滅したとあります。

神武天皇の軍は嵐で難破して熊野の楯ケ崎《たてがさき》に漂着したようです。船、武器、食料を失い戦闘不能状態になって意気消沈していた神武軍を地元の人々が助けたのかもしれません。

和歌山県新宮市にタカクラジを祀った神倉《かみくら》神社が鎮座しています。

神武天皇は八咫烏の道案内で再度、大和に攻め入りました。両軍は戦いを重ねましたが、神武の軍はどうし

神倉神社（和歌山県新宮市神倉）

てもナガスネヒコに勝利することができません。神武天皇の軍がよほど弱いのかナガスネヒコの軍が強すぎるのか神武天皇は連敗続きでした。

神武天皇が大和にたどり着くまで16年たっていますが、その間、戦いの記録がまったくありません。神武天皇は妻と子供を一緒に連れてきていました。きっと大規模な軍隊ではなかったのです。宗教的な権威をもって都の遷都をすすめようとしただけで、同じ弥生人同士で争いが起きるとは思っていなかったのでしょう。縄文の人々は満足な武器を持っておらず平和的だったので簡単に侵入できたのです。神武天皇とナガスネヒコはにらみ合ったままじっと動かずにいました。

『日本書紀』によると、そのとき、急に空が暗くなって雹が降りだし、金色の鵄《とび》が神武天皇の弓先に止まりました。そのため、ナガスネヒコの軍の兵達は光に幻惑されて戦うことができなくなりました。

ナガスネヒコは、

「その昔、天神の御子が天磐舟《あめのいわふね》に乗って天降られた。御名を櫛玉饒速日命《クシタマニギハヤヒ》といわれる。それで我々は、饒速日命《ニギハヤヒ》を君として仕えています。それなのに、どうして天神の子は二人おられるのか。あなたは天神の子と名乗って、人の土地を奪おうとする。あたなは偽物でしょう」

と神武天皇に問いかけました。

ナガスネヒコは、天神の子である証として天羽羽矢《あまのははや》と背中に背負う矢立である歩靫《かちゆき》を神武天皇に示すと、神武天皇もまた、同じ矢と矢立を示しました。どちらも天神の子、つまり同じ天孫族の子孫だったのです。ナガスネヒコが記紀で単なる豪族ではなく天神の子として書かれているのは、土蜘蛛や熊襲などの他の抵抗勢力と比較すると異例の扱いです。物部氏の先祖であるニギハヤヒを無視できなかったのです。

『日本書紀』では、戦いを止めようとしないナガスネヒコをニギハヤヒが殺害したことになっています。ニギハヤヒは神武天皇の先祖のニニギの兄ですから、ナガスネヒコや神武天皇よりもはるか古代の人物です。時間軸が異なるのでありえない話です。『日本書紀』のこの記述を額面通りに受け取ると混乱を招きます。

一方、『古事記』に金の鵄《とび》の話はでてきません。ナガスネヒコの最後の消息も不明です。

『ホツマツタエ』に出てくるナガスネヒコも、悪者で我がままに振舞うので宮城県多賀城の宮にいるオオモノヌシ（大物主神）がイツセに撃つように命じることになっています。金の鳶が黄金の鵄になっていますが、あとは『日本書紀』と同様の話になっています。

『ウエツフミ』では、ナガスネヒコが国土を奪おうと反乱したことになっています。攻められたナガスネヒコは最後に自分の悪事を認めて自殺したことになっています。『日本書紀』ではナガスネヒコの性格がひねくれているとされ『古事記』では賤しき奴と呼ばれています。

心理学の印象形成の実験によると、ある人の写真を見せて、この人は残酷な殺人を起こした人間だと否定的なイメージを与えると、写真を見せられた人はその人を「残酷な人間だ」と思い込んでしまいます。逆に肯定的なイメージを与えられた人物は、同じ人を「温かく親切そうに見える」と好意的な印象を持ちます。

ほとんどの人が、外から受け取る印象に機械的に反応して生きているので、外からの情報に左右されやすいのです。

『古事記』『日本書紀』、偽書とされる古史古伝の『竹内文書』『宮下文書』『ウエツフミ』『ホツマツタエ』にいたるまで、これらすべてがナガスネヒコは逆賊として描かれています。それだけを読んでしまうと、「悪人＝ナガスネヒコ」のイメージが刷り込まれてしまいます。そのため、戦前のナガスネヒコは朝敵として悪者あつかいされました。また、逆賊扱いしないと時の権力者に排除される恐れもあり

大倭神宮磐座《いわくら》（奈良市中町）

ました。

唯一、奈良の大倭《おおやまと》神宮の伝承だけが、ナガスネヒコの立場を擁護しています。

大倭神宮の伝承を書いた『ことむけやはす』（矢追日聖、新泉社）によると、登美の白庭山《さにわさん》とよばれる神奈備《かんなび》は、金の鵄《とび》の伝承がある奈良市中町の大倭神宮のあたりで、奈良市石木町の登弥《とみ》神社あたりがナガスネヒコの本拠地「鳥見」の中心地と考えられています。

山麓の一帯を「スソネ」といいますが、それが略称されて「スネ」と呼ばれるようになって「ナガスネ」になったといいます。古い地名が曽根の国といわれたので、ナガスネヒコではなく正しくはナガソネヒコ（長曽根日子命）としています。それに倣って、以降、ナガスネヒコをナガソネヒコと記述します。

苦境に陥った神武天皇が悩み、ナガソネヒコの軍が勝どきをあげようとしていたそのとき、天が曇り氷雨が

登弥神社（奈良市石木町）

降り、怪しき飛び火が、戦場の上空を唸りを発して大きく輪を描いて旋回しました。両軍は直ちに戦いをやめ、大地に平れ伏しました。

このときのナガソネヒコに大倭《おおやまと》の祖神イナダ姫（奇稲田姫）から、「大和を神武天皇に譲り渡すように」との神託が降ります。ナガソネヒコは先祖の声が聞こえるシャーマンだったのです。神武天皇がやってきたときの大倭の大王《おおきみ》は男性でしたがその前の昔は女性シャーマンが大王の時代だったと思います。

そして、先祖伝来の天表《あましるし》をお互いに示すと、大倭と高千穂の印は完全に一致しました。先祖が同じ同族同士が争っていたのです。ナガソネヒコは使者を神武天皇に送り、和議を申しいれました。

和議の条件は次のとおりです。

「スサノオとイナダ姫とその御子ニギハヤヒを総合した倭大国魂大神《ヤマトオオクニタマ》（日本大国魂大神）

を祀ること」

「それまで神武天皇と一緒に暮らしていたアヒラズ姫（吾平津姫）と離縁して、新たに大倭のヒメタタライスズ姫（媛蹈鞴五十鈴姫）を正妃として、生まれたその子を二代目として継がせること」

「大王《おおきみ》の護衛は大倭の精鋭の物部が任務につくこと。大倭の人々の生活様式を尊重すること」

「神祭りは高千穂と大倭が一体となって和やかに執り行うこと」

などでした。

進退極まり、降伏も覚悟していた神武天皇は、群臣と協議し、和議を無条件で受け入れることにしました。これによって和議が成立し、サヌ＝神武天皇は大倭の婿養子となりました。これが国ゆずり神話の元になったのでしょう。

大王《おおきみ》の儀式は、ナガソネヒコ大王《おおきみ》の臨席のもと、日向国から連れ添ってきたアヒラズ姫（吾平津媛）とその子のタギシミミ（手研耳命）も参席して執り行われました。大倭から少し離れた橿原《かしはら》で、サヌはカムヤマトイワレヒコ（神倭磐余彦命）と名前を変え、スメラミコトに即位しました。

神武天皇が即位した畝火《うねび》の白檮原宮《かしはらのみや》は特定されていませんでした。大倭神宮の伝承では、神武天皇の即位は奈良県御所市柏原としています。１８９０年（明治23年）に明治政府が奈良県橿原《かしはら》市の畝《うね》

橿原神宮（奈良県橿原市久米町）

傍山《びやま》の東麓と決定して、神武天皇とヒメタタライスズ姫を祭神とする橿原神宮が創建されました。

大倭では、この講和条約に反対する人々がいて、再び戦乱が始まろうとしました。敗軍の将に大王の位を譲ることに納得いかない人々が蜂起しはじめたのです。

ナガソネヒコは、

「自分がいる限り血の争いが起きて、カムヤマトイワレヒコは高御座につくことができない」

と熟慮して、平和を願って自らの命を捧げてその戦いを諫めたということです。天皇の称号が正式に使われたのは7世紀の持統天皇の時代からで、その前は大王《おおきみ》といわれていました。

自分たちの行いが大王を死に追いやったと反省し、新しい大王にお仕えすると誓った大倭の人々がいました。

一方で、それとは異なり二人の大王には死んでも仕えないとする人々は、大倭から四方へ去っていきました。アラハバキ神を祀った東北の安倍・安東氏はナガソネヒコの兄のアビヒコ（安日彦）を先祖とする伝承を持っています。

大倭が落ち着いたので、カムヤマトイワレヒコは大倭維新の初代スメラミコトになったのです。

高千穂は「陽性の矢〈や〉」のはたらき、大倭は「陰性の的〈まと〉」のはたらき。

これが一体となって陰陽和合の「ヤマト」の言霊になりました。

オオヤマトは、去った人々のフルサト（故郷《ふるさと》）になりました。

そして、オオヤマトが親元でした。

古代の集落の中心にいたのはミコ（巫女）とサニワ（沙庭・審神者）でした。サニワは後に、祭祀《まつり》と政治《まつりごと》の場でミコト（神命）を実現する、スメラミコトとなりました。

スメラミコトとは、スベ（統べ）、オサメル（治める）ということで、統御する役目を持って生まれてきた人を指します。

神さまの名前の後ろに必ず「ミコト」がついていますが、誰でもこの世にお役目（ミコト）をもって生まれてきています。誰もが役目をもってきているので、それを果たそうとする人はミコトになるわけです。

祝詞に、「神集いに集い給い、神議《かみはか》りに議り給う」という言葉が出てきます。

神道の神というのは、宇宙そのものの神からわかれてきた人間一人一人のことを指します。

ある日、一人の人が、「明日から籾をまく」と一言いうと、別な一人が「私の家には種があるから種をまきます」、また一人のものが「私はこうします」というふうに、一人一人が皆自分の分をあらわします。

それが「神議りに議り給う」といいます。「はかる」というのは自分の分量をはかるということです。協議とは違って、上からでてきたひとつの流れに対して、下がみな分担して受け持つので、争いが起きないのです。これが日本の古代においての祭り事の姿でした。

神が宿る山

奈良盆地に、高さ467メートルの円錐形の三輪山がそびえています。大神《おおみわ》神社が鎮座する三輪山は、古代から神宿る山として信仰の対象になっていました。

『日本書紀』に、崇神天皇が二人の皇太子のうち、どちらを後継者にするか迷い、二人の皇子を三輪山に登らせて、そこで見た夢で決める話があります。天皇を決めるのは三輪山でした。古代において三輪山は神でした。大神神社の拝殿は江戸時代の創建で、本殿はなく、山そのものが本殿であるとされています。最古の神社と言われる所以です。三輪山を御神体として、オオモノヌシ（大物主神）を祀っています。三輪山は別名「三諸山《みもろやま》」（『古事記』『日本書紀』は御諸山、美和山、三諸岳《みもろだけ》）、「三室山《みむろやま》」とも呼ばれています。酒造や氷を保存する場所を室《ムロ》と呼びますが、ムロとモロは古くから「みだりに入ってはならない場所」「神聖な場所」という意味で使われていました。三輪山は神が宿る神聖な山でした。

モーセは、シナイ山で神から「ここに近づいてはならない。足から履物を脱ぎなさい。あなたの立っ

三輪山（奈良県桜井市三輪）

ている場所は聖なる土地だから」（出エジプト記3－5より）と言われました。神聖な山ほど、足を踏み入れることは禁止されていました。

チベット人にとって、もっとも神聖な山はカン・リンポチェ（カイラス山）です。ジャイナ教、チベット仏教、ヒンズー教徒にとってもカイラス山は最高の聖地です。宗教上、重要な意味を持つ山のため、登山家ですら登頂を控えるので、この山に登頂した人は誰もいません。チベット人は山頂を目指すことなく、山麓の周囲を祈りながら巡礼します。

三輪山も、昔は山全体が禁足地でした。いまは許可制で、300円払って名前を記入すれば誰でも入山できるようになっています。ただし、3時間以内の入山で、午後4時までには下山しなければいけません。

2009年11月29日に、出雲大社の神官の子孫である友人のエネルシアに案内されて、三輪山の山頂を参拝

大神神社拝殿（奈良県桜井市三輪）

したことがあります。

登山口は西に廻った摂社の狭井神社にあります。荷物をロッカーに預け、鈴がつけられた参拝証のタスキを首からかけると誰もが巡礼者の姿になります。有名な狭井の水を戴いて、9時すぎに手ぶらで登りました。入山者が多いと聞いていましたがその日は日曜日にもかかわらず人払いされたのか静かでした。しばらく登ると龍神の顔に見える岩がありました。途中に滝行ができる「三光の滝」と行者小屋がありました。山頂の磐座の方角からは、祝詞の声と石笛が聞こえてきました。しばらくすると中年の男女が裸足で下山していきました。山頂の磐座のまわりには注連縄が張ってあり、足を踏み入れることはできません。昔、山頂には神坐《みわにます》日《ひ》向《むかい》神社がありましたが、明治維新後、その場所に高宮社《こうのみや》がおかれました。祭神はオオモノヌシの子となる日向御子です。

奈良盆地から三輪山を見ると、日の出の方角にあり

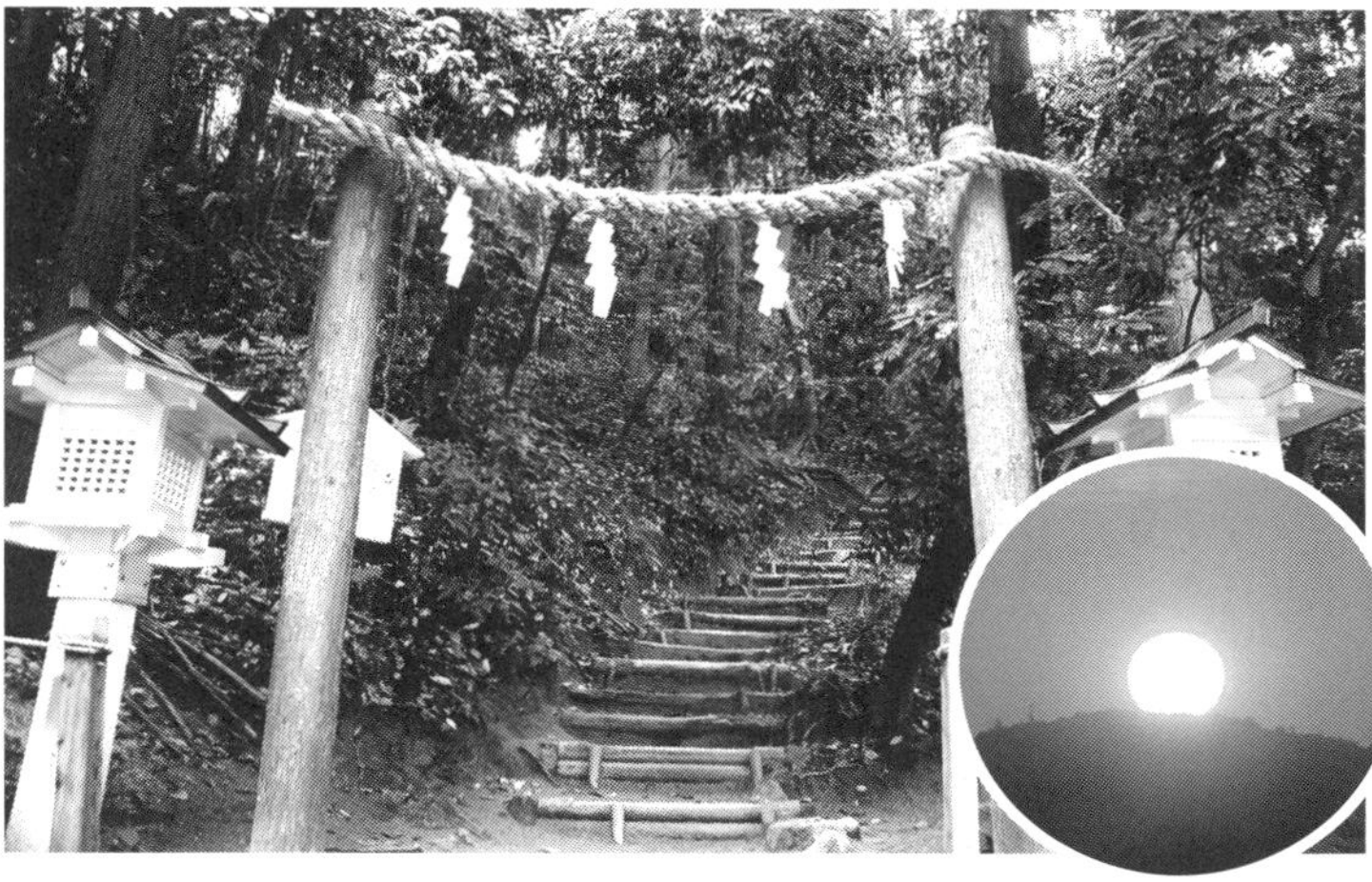

三輪山登山口（桜井市三輪）　　春分の日の出の三輪山

ます。つまり、日向御子を祭神とする高宮社は、日に向かう聖なる場所にあります。現在の神坐日向神社は、南の太陽を拝するように、北向きに鎮座しています。

奈良県磯城郡田原本町にある多《おお》神社は東の三輪山と西の二上山を結ぶ直線のちょうど中間点に位置しています。春分と秋分に多神社から三輪山を拝すると山頂から朝日が昇り二上山に沈みます。

「多神社」は通称で、『延喜式』では多坐彌志理都比古《おおにますみしりつひこ》神社といいます。祭神はミシリツヒコ（彌志理都比古神）のはずですが神格がはっきりせず、現在の祭神は神武天皇の第2皇子のカンヤイミミ（神八井耳命）とされています。第3皇子は第二代綏靖《すいぜい》天皇です。『古事記』を編纂した太安万侶《おおのやすまろ》や大神神社の祭祀氏族である三輪《みわ》氏の祖オオタタネコ（『古事記』意富多多泥古命、『日本書紀』大田田根子）も多《おお》氏の出自と見られています。

多神社の祭祀氏族にアメノホアカリ（天火明命）の五世

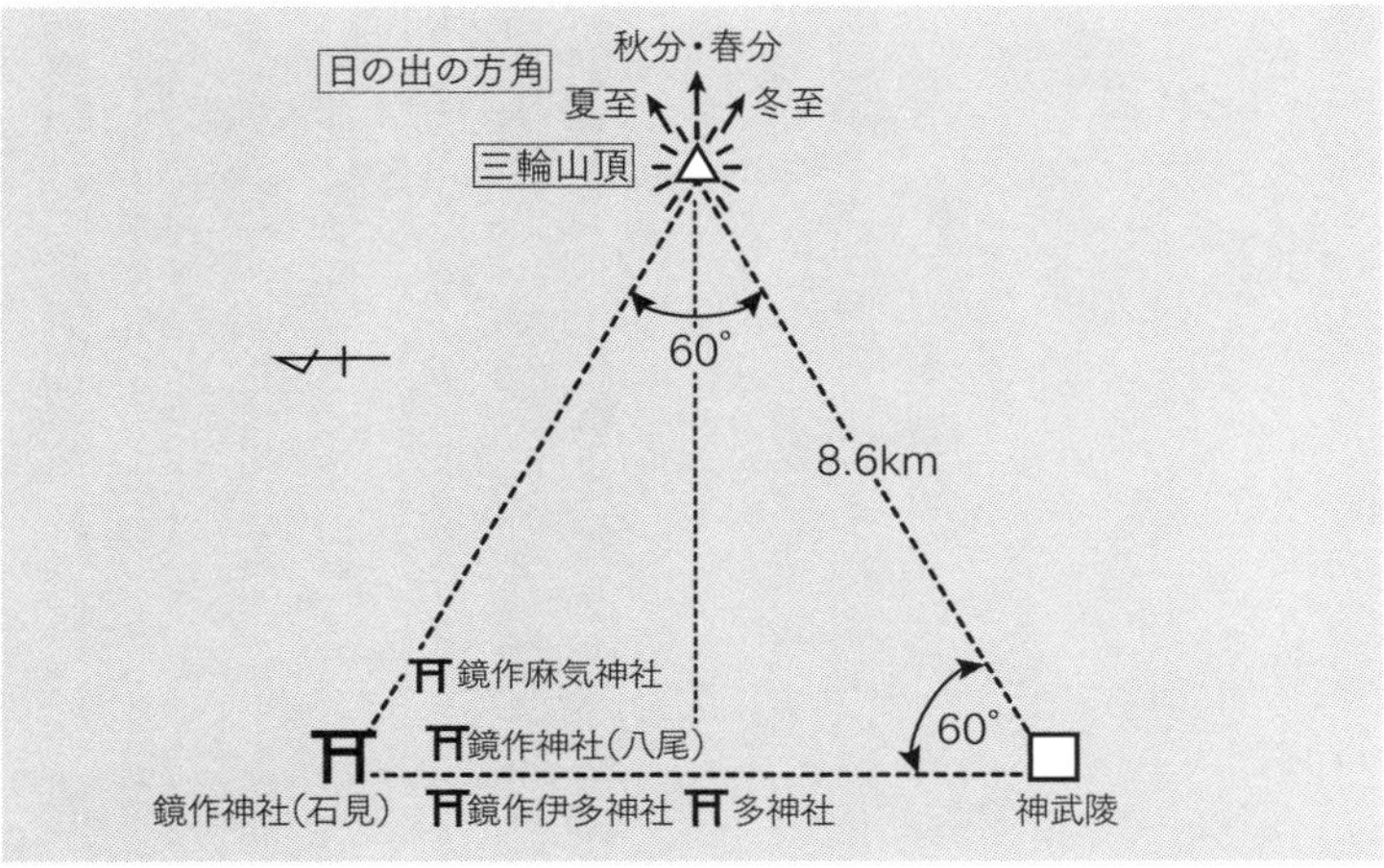

三輪山三角形(小川光三『大和の原像』大和書房より)

を祖とする竹田川辺連《たけだかわべむらじ》がいますが氏神の竹田神社の祭神はニギハヤヒとなっています。太陽信仰の中心点だった多神社の祭神も本来は天照の称号をもつニギハヤヒだったと思います。

同じく桜井市の他田坐天照《おさだにいますあまてる》御魂《みたま》神社と奈良県田原本町の鏡作坐天照《かがみつくりにいますあまてらす》御魂《みたま》神社(鏡作神社)の両神社は、多神社から30度の位置にあり冬至に三輪山から朝日が昇ります。夏至に三輪山山頂から朝日を見ることができる畝傍山(神武天皇陵)と鏡作神社と多神社は、一直線にならぶ三角形を作ります。

鏡作坐天照御魂神社は、八咫鏡《やたのかがみ》を鋳造したイシコリドメ(石凝姥命)とニギハヤヒ(饒速日)であるアマテルクニテルヒコホアカリ(天照国照彦火明命)が祀られています。

太陽が沈む二上山にはトヨフツノミタマ(豊布都霊神)とオオクニタマ(大国魂神)が祀られています。どちらもニギハヤヒを祖とする物部氏と関係がありトヨフツノミタマが石上神宮に、オオクニタマが大和神社（延喜式神名帳の正式名は大和坐大国魂神社）に勧請されたという伝承があります。

三輪山周辺の神社は、縄文時代から継続してきた古代の人々の太陽信仰の痕跡と見ることができます。縄文時代は山や太陽を崇拝する自然信仰でした。弥生になると太陽を神格化した祖霊信仰になりました。権力構造が変化すると神社の祭神も国つ神から支配者の祖先神である天津神へと変わっていったのです。

山は、昔から偉大な宗教や神話をうみ出してきました。神霊が宿る神体山には大抵巨大な磐座が

他田坐天照御魂神社（桜井市太田字堂久保）

多神社（奈良県磯城郡田原本町多）

鏡作神社（磯城郡田原本町八尾）

三輪山（桜井市三輪）

あります。

三輪山には、三カ所の磐座があります。山頂は奥津《おきつ》磐座《いわくら》でオオモノヌシを祀り、中腹付近には中津《なかつ》磐座《いわくら》がありオオナムチ（大己貴命）を祀っています。山裾の辺津《へつ》磐座《いわくら》は、禁足地になっているので近づくことはできませんが、ここはスクナヒコ（少彦名命）を祀っています。

オオモノヌシとオオナムチはオオクニヌシ（大国主神）の別名であり、スクナヒコは国造りに参加した神です。いずれも出雲の国津神です。オオクニヌシと一緒に国造りをしていたスクナヒコが、常世国《とこよのくに》（海の彼方にある異世界）に渡ってしまったので、オオクニヌシ（オオナムチ）が嘆いていると、海を照らす神がいました。

「誰だ」と聞くと、

「お前の幸魂奇魂だ」

「私を三輪山に住まわせれば（祀れば）国作りができるだろう」

とオオモノヌシが答えたことが紀記に出てきます。

神道では、魂を荒魂《あらみたま》、和魂《にぎみたま》の二つに分け、さらに和魂を幸魂《さきみたま》、奇魂《くしみたま》に分けています。これをヨガの身体論にあてはめると、荒魂は物質世界の粗大身（グロスボディ）で、和魂は非物質な微細身（サトルボディ）、奇魂がより微細な元因身（コーサルボディ）となるでしょう。魂に大きく荒魂と和魂の二種があり、和魂がさらに幸魂と奇魂の二つに分かれるわけです。

しかし、江戸時代になると、魂を荒魂、和魂、幸魂、奇魂の四つに分ける、一霊四魂の考え方が出てきました。そして四つの魂を統合する魂を直魂《なおひ》といいました。

崇神天皇の時代に、出雲系と天照系の神をともに宮中でお祀していましたが、一緒に住むには不安があったので排除したという記録があります。三世紀後半から四世紀前半の崇神天皇の時代のことです。全国に疫病と田畑が荒れる祟りが起きて、天皇を悩ませました。

国が乱れたので、祟りを恐れた崇神天皇は、宮中に一緒に祀られていた皇祖神のアマテラスをトヨスキイリ姫（豊鍬入姫命）に託して笠縫《かさぬい》へ移されました。

さらに丹波、大和、紀伊、吉備を巡行して再び倭《やまと》に戻り三輪山（御室嶺上宮《みむろのみねのうえのみや》）を奉斎地と定めて後を姫のヤマト姫（倭姫命）に託しました。ヤマト姫はアマテラスの鎮座地を求めて、さらに菟田《うだ》（奈良県宇陀）、近江、美濃を廻って最終的に伊勢に遷座したことになっています。その間の伝承地は元伊勢と呼ばれています。

笠縫（桜井市三輪字桧原桧原《ひばら》神社）

元伊勢内宮皇大神社（京都府福知山市大江町内宮）

倭大国魂神社（徳島県美馬市美馬町重清）

出雲系のヤマトノオオクニタマ（倭大国魂神）は崇神天皇の娘のヌナキノイリ姫（渟名城入姫命）に祀らせました。ところが、娘の体はやせ衰え、髪が抜け落ちて、ヤマトノオオクニタマを祀ることができませんでした。

古代の人々は、物事を進めるときに良くないことが起きると、それが神を祀ることと関係があると考えたのです。崇神天皇の夢の中にオオモノヌシが現れて、「国が治まらないのは神威である。我が子のオオタタネコに自分を祀らせると祟りが鎮まる」と告げられます。そこでオオタタネコを河内の国から探し出して、神主として三輪の神を祀らせると、国が安定しました。

『日本書紀』では、オオモノヌシが巫女のヤマトトトヒモモソ姫（倭迹迹日百襲姫命）に神がかり崇神天皇にオオモノヌシを敬い祀るように託宣したことになっています。オオモノヌシの神官だったオオタタネコの出身地の河内の須邑《すえむら》は、酒を入れる須恵器の生産地でした。その起源は朝鮮半島だといわれています。それまでの土器は野焼きで作られていましたが、須恵器はろくろを使って１１００度以上の高熱が発生する登《のぼ》り窯《がま》によって焼かれたのでとても硬くて軽く薄い土器ができたのです。三輪山麓の遺跡からは、河内の須邑で焼かれた大量の須恵器が出土しています。須恵器が作られ始めた時期は４２０年から４３０年頃だといわれています。4世紀の初めに朝鮮半島の伽耶が滅び、7世紀には百済と高句麗が滅びています。須恵器が出土する時代が5世紀から7世紀ですから、戦乱を逃れて須恵器の技術を日本にもたらした渡来人とオオタタネコの先祖には婚姻関係があったのでしょう。

『古事記』では、日向系の子孫が天皇に即位することになっています。しかし、出雲系の神をないがしろにすると国が安定しません。そのバランスをとるかのように、繰り返しオオモノヌシが出てきます。大神《おおみわ》神社の社伝によると、オオクニヌシの和魂《にぎみたま》はオオモノヌシになっています。そして荒魂《あらみたま》が、ヤマトノオオクニタマ（倭大国魂神）なのです。

昔の日本は、「倭国」と呼ばれていました。「倭」から「日本」に変わったのは、『古事記』の「倭建命《ヤマトタケル》」から、『日本書紀』の「日本武尊《ヤマトタケル》」へと、「倭」が「日本」の漢字に変わった７１２年から７２０年の間の頃だと考えられます。

「倭大国魂神《ヤマトノオオクニタマ》」は、のちに「大和大国魂神《ヤマトノオオクニタマ》」と表記が変わりました。公式に「大和」という漢字が使われたのは、756年の養老令からです。

『古事記』ではオオタタネコはオオモノヌシの子孫で、『日本書紀』ではオオモノヌシとイクタマヨリ姫（活玉依姫）との間に生まれた息子ということになっています。

『古事記』によると、未婚のイクタマヨリ姫が妊娠したので、父親のスエツミミ（陶都耳命）が「誰の子か」と尋ねると、見知らぬ男が毎晩、部屋に通って来たことを姫が打ち明けます。イクタマヨリ姫の両親は、男が来たならば、その衣服のすそに麻の糸巻きを通した針を刺すようにと教えました。翌朝、娘の部屋から出発した糸を手繰ってみると、遠く三輪山まで続いており、その男はオオモノヌシでした。糸巻が三輪残っていたので、三輪の地名ができました。オオタタネコは三輪氏の祖となります。

『日本書紀』（崇神紀）で、オオモノヌシは蛇だということが述べられています。

オオモノヌシとヤマトトトヒモモソ姫は結ばれますが、オオモノヌシはなぜか夜にしかやって来ません。ヤマトトトヒモモソ姫が「お顔を見せてください」と頼んだところ、「それでは、明日の朝、私はあなたの櫛箱の中に入っていよう。ただし、私の姿を見て驚かないでほしい」と答えました。翌朝、ヤマトトトヒモモソ姫が櫛箱の中をのぞくと、そこには小さな蛇がいました。ヒメが驚いて悲鳴を上げると、オオモノヌシは「おまえは約束を破って驚き、私に恥をかかせた」と告げて、三輪山へと去って行きました。ヤマトトトヒモモソ姫は自分のしたことを後悔して、箸で女陰《ほと》を突き、死んでしまい

箸墓古墳（奈良県桜井市箸中）

ます。

埋葬されたその墓が、箸墓《はしはか》古墳だといわれています。箸墓古墳の名称は「ヤマトトトヒモモソ姫の大市墓《おおいちのはか》」となっています。

柳田国男は『山の人生』（角川文庫）で、

イチは現代に至るまで神に仕える女性を意味している。語の起こりは斎女《いつきめ》であったろうが、また一の巫女《みこ》などとも書いて最も主神に近接する者の意味に解し、母の子とともにあるときは、その子の名を小市《こいち》または市太郎とも伝えていた。

と述べています。

ヤマトトトヒモモソ姫は神がかって託宣や予言を人々に伝える巫女であり女性シャーマンでした。

1975年に籠《この》神社が公表して、翌年、国宝となった『海

部氏系図』に、
「始祖の彦火明命《ひこほあかり》（ニギハヤヒ）の9代目のオホナヒ（意富那比命）の妹は、ヒメ（日女命）またの名をカムオオイチ姫（神大市姫命）、ヤマトトトヒモモソ姫（倭迹迹日百襲姫命）、日神ともいう」
と記されています。このことから『海部氏系図』のヒメ（日女命）は卑弥呼ではないかと言われています。

『古事記』にオオモノヌシと結ばれる別な女性の話がでてきます。ミシマノミゾクヒ（三島溝咋）の娘が美人であるという噂を聞いたオオモノヌシはセヤタタラ姫（勢夜多々良姫）が厠《かわや》で用をたしているときに「丹塗りの矢」となって女陰《ほと》を突きました。こうして生まれた娘のホトタタライススキ姫（富登多多良伊須須岐姫）はのちに神武天皇の皇后となりました。ホトは女陰、タタラは古代の製鉄法の名前です。現代社会の感覚では皇后の名前に女性器の名前はつけないと思います。後にホトを嫌ってヒメにかえ『日本書紀』ではヒメタタライスズ姫（媛蹈鞴五十鈴姫）と名前を改めています。

三輪山のオオモノヌシは、神武天皇の舅でした。『日本書紀』（神代上）では、ヒメタタライスズ姫がコトシロヌシ（事代主神）の子供となっています。コトシロヌシはオオクニヌシの子供で、オオモノヌシも、いずれも出雲の国津神です。

昔の大和を治めていた大王を祀ったのがオオモノヌシだと思います。オオモノヌシはオオクニヌシの和魂ですから、国ゆずりとは先住民の長である国津神が天津神の神武天皇を婿養子に迎えたことを意味します。そうすると、国ゆずりは大和でおこなわれたことになります。

立岩神社（徳島県徳島市多家良町立石）

母と娘の名前に共通する「タタラ」もまた、古代タタラ製鉄のタタラと関係があったことを思わせます。西ヨーロッパの人々は、侵入して来たモンゴル人を「タルタル」と呼び、ロシア人は彼らを「タタール」と呼びました。その言葉は猛火を意味する「タトル」で、これが「タタラ」の語源だといわれています。

朝鮮半島では紀元前4～3世紀頃から鉄器使用が始まり、日本へは1～3世紀頃といわれています。日本では、紀元200年頃の溶鉱炉跡が広島の小丸遺跡で見つかり、三輪山近くの纏向遺跡でもたたら製鉄跡が発見されています。

物部氏の祖神ニギハヤヒが天磐船に乗って天降った時にお伴した5人の中に鍛冶の神、アマツマラ（天津麻良）がいました。徳島県徳島市多家良町の立岩《たていわ》神社はアマツマラを祭神としています。

アマテラスが天岩戸に隠れた時に岩戸の隙間に差し

出した鏡が八咫の鏡です。八咫の鏡を作ったのは作鏡連《かがみづくりのむらじ》の祖神のイシコリドメ（石凝姥命）と鍛冶職人のアマツマラでした。イシコリドメのドメ（姥）は別な伝では戸辺《トベ》になっているので女性の尊称だということがわかります。

鍛冶屋に信仰されるカナヤゴ神（金屋子神）は女神です。タタラの神は女性でした。火のことを〈ホ〉と呼びます。製鉄で火を起こす火鑽臼《ひきりうす》のくぼみを〈ホト〉といいました。女性の性器も〈ホト〉です。炉を熱して砂鉄を溶かし、炉からドロドロの真っ赤な鉄を流すことを〈ホト〉を突くといいます。たたら製鉄は〈マラ〉と呼ばれる鍛冶師が巧みな技術で〈ホト〉を突いて生まれた和鉄という子宝を、イシコリドメという産婆が取り出すという比喩になっています。男女の性交や性器の話を低俗だと考える人がいるかもしれませんが、神話に出てくる〈ホト〉はすべて誕生と死に関係しています。イザナミの〈ホト〉が焼けて神話の神々は誕生しイザナミ本人は死んで黄泉の国へ行きました。古代人にとって〈ホト〉は命を生み出す女神の偉大な力を象徴していたのです。

精霊信仰の過程で、山や磐座を神の依代とする自然崇拝から、先祖の霊を部族の守護神として祠に祀るようになる段階があります。

「三輪の明神さんは三輪山を七巻半している」という信仰があって、三輪山をトグロを巻いた蛇に見立てています。山は、命を産みだす巨大な生命体「オロチ」でした。

古代の人々は、その象徴である岩や巨木の前で儀礼を行っていました。やがて信仰の対象は祖先の神となりました。オロチ退治は、自然界の山や蛇を信仰していた先住民と新興勢力との争いが神話化したものではないかと思います。首を落とされたオロチは黙して語りませんが、口を開いたならば、どんな物語を語ってくれるのでしょうか。

あらゆる自然界の場所に精霊が宿っていると考えていたのが縄文の人々でした。弥生時代になると、精霊は特定の時期に遠い所から村に訪れるようになります。そして、先祖の精霊を部族の守護神として祀る祖霊信仰へと変化していったのです。

古代の信仰を残していた琉球では、神に仕えるのは女性とされていたので、祭祀をおこなう聖地の御嶽《うたき》への男性の立ち入りは禁止されていました。例外とされた琉球国王でさえ、聖域内に入る際には女性用の衣装に着替えたと伝えられています。古墳時代を過ぎると神々の声を託宣する巫女は力を徐々に失い、やがて男性の司祭による組織的な宗教行事が執り行われるようになりました。

古代では女性が宗教的な権威をもち男性が政治をおこなうかたちをとっていました。しかし、男性原理が強くなると、女性は穢れた存在と見なされるようになり、神聖な場所への女性の立ち入りは禁止されるようになったのです。大和の地を治めた祖先の霊がオオモノヌシでした。それが天候神、農業神となって、三輪山に祀られたのです。

狩猟採集から水稲耕作に移り変わり、農業を始めた祖先の霊が、天候神、農業神となって山に祀られるまでの過程が、三輪山を舞台とした伝説から見てとれます。

腐敗と醗酵

万葉集に「うま酒三輪の山」という額田王《ぬかたのおおきみ》の枕詞があります。三輪《ミワ》は神酒《ミキ》の古語であり、神酒をミワとも読みました。三輪山は造酒の神であり、酒屋の軒先に吊るされている杉玉は三輪山の杉で作られています。古代では神の酒を「みわ」と呼んでいました。オオモノヌシ（大物主）は農業神であり、酒の神でもありました。古代のお酒は米を発酵させた口噛み酒だったと言われています。口噛み酒とは女性が米を含み噛みしめて唾液で発酵させた酒のことで、酒を造る杜氏《とじ》とは女性のことを指していました。自然酒を醸造している千葉県神崎町の寺田本家23代目当主の『発酵道』（寺田啓佐、河出書房新社）によると、男性10人が造った口噛み酒は腐ってしまい、女性10人の口噛み酒はとてもおいしく醸しだされたそうです。女性がいなければ口噛み酒が作れないのです。

また寺田啓佐氏は発酵と腐敗の違いを生き方にたとえて説明しています。

発酵するというのは、微生物たちが自分の役割や使命《ミコト》を心得ていて相手を尊重し、自分の出番になるとやってきて命を燃やして使命を果たして消えていきます。そして次の微生物に次々とバトンタッチしていきます。腐敗は自分は間違っていない、自分は正しいと、うまくいかない理由を、すべて他人や世の中に押し付けます。自然の摂理から離れて無理をして頑張って努力をしてしまいます。でもこれが結局裏目に出て、逆に腐ってしまうのです。そして、自分から変わろうとせずに不満を言っているうちに、憎しみとか妬みの感情がわいてきて、またトラブルを生み、愚痴をこぼします。

うまくいかない時は、こんな腐敗循環の中にいます。そして、もう自分は発酵できないと諦めてしまうのです。発酵は、微生物のように自分が変わることなんだといいます。自然に沿って変化して発酵していると腐りません。まわりと仲良く調和しながら、心地良く自分を好きになって、自分のために生きる方向にシフトしていくと、自然に循環型、調和、共生の世界が創りだされていくのです。

昔は神社で巫女が口噛み酒を造っていました。稲から作ったお酒がなければ神事も祭り事も成り立ちませんでした。神事の後には必ず、直会《なおらい》という儀式があり、その時に、「神人共食」と言って、お供えしたお酒と供物といっしょに神様と共にその場で戴いたのです。古代の日本は母系社会でした。女性の長をトベと言いました。8世紀頃から「トベ」は「刀自《とじ》」に変わり、酒を作る職人の「杜氏《とじ》」に変化します。沖縄の西表島では大正時代末まで口噛み酒が造られていました。炊いたお米を女性が噛み、それを石臼で挽き、かめに保存して3日もするとお酒ができあがったそうです。女将を「おかみさん」と呼びますが「噛み」と同じ言葉が含まれています。お酒を作るのは女性だったのです。

消された大王

東京都調布市佐須《さず》町に虎狛《こはく》神社があります。勧請は589年（崇峻天皇2年）といいますから相当古い神社です。祭神がオオトシ（大歳御祖神）となっています。アニメ映画の宮崎監督は若い頃から鉄の民に関心があり、出雲地方の「たたら製鉄」をモデルに『もののけ姫』を制作しています。『千と千尋の神隠し』に登場する少年ニギハヤミコハクヌシは物部氏の始祖ニギハヤヒ（饒速日命）に琥珀をつけた名前になっています。この虎狛神社のオオトシ（大歳神）とは、ニギハヤヒの幼名です。ニギハヤヒは物部氏の祖であり、製鉄技術をもっていました。

江戸時代の国学者である伴信友《ばんのぶとも》の『若狭國官社私考《わかさのくにかんしゃしこう》』には、大神神社の三輪明神はオオトシだということが書いてあります。スサノオがオオヤマズミ（大山津見）の娘、カムオオイチ姫（神大市比売）をめとって生ませた子がオオトシです。オオトシの妹としてウカノミタマ（宇迦御魂神）がいます。ウカノミタマは別名トヨウケ（豊受姫）といい伊勢神宮の外宮で食物・穀物を司る女神として祀られています。

虎狛神社（東京都調布市佐須町）

『古事記』でトヨウケは、イザナミ（伊邪那美神）の尿から生まれたワクムスヒ（和久産巣日神）より生まれたという記述があります。しかし、延喜式祝詞で「ヤフネトヨウケ姫（屋船豊宇気姫命）は、稲の霊であり、その俗称はウカノミタマ（宇賀能美多麻）」と記されています。やはりトヨウケはスサノオの系統に連なる神なのです。

伊勢神宮の外宮は正殿に豊受大神が祀られていますが、相殿に祀られている三座の神ついて804年（延暦23年）に編纂された社伝には記述が一切ありません。日向系の皇統正統性を主張する政治的な配慮から出雲系の神名は伏せなければいけなかったのでしょう。

ウカノミタマ＝トヨウケは、伏見稲荷を代表とする稲荷神社の主神となっています。稲荷神社を狐の霊を祭っていると思っている人が多いですが稲荷はもともと名前の通り稲と関係していました。

明治の神仏分離の頃まで稲荷の総本山の伏見稲荷にはダキニ天（荼枳尼天）を祀る密教の寺がありました。日本に密教が入ると白狐に股がったダキニ天が信仰されるようになりウカノミタマと仏教のダキニ天が習合していったのです。全国にある大神《おおみわ》神社から分霊された神社の祭神を調べてみるとオオモノヌシクシミカタマ（大物主櫛甕玉命）のほかに、スサノオとオオナムチ（大己貴）と並んでオオトシが祀られています。すべて出雲系の神々です。

三輪山の大神神社は、神名をヤマトオオモノヌシクシミカタマ（倭大物主櫛甕玉命）と呼んでいます。

大阪の石切剣箭《いしきりつるぎ》神社の祭神のクシミカタマ（櫛甕玉饒速日命）と、大神神社のクシミカタマの神名が一

ニギハヤヒ像　　石切剣箭神社（大阪府東大阪市東石切町）

致します。大神神社にスサノオと一緒に祀られているオオトシとクシミカタマこそ、ニギハヤヒだとみられています。

石切剣箭神社の祭祀は、穂積氏を先祖とする木積氏が代々司ってきました。穂積氏はニギハヤヒの7代目の伊香色雄尊《いかがしこお》を始祖とする、大倭の物部氏の有力支族です。石切剣箭神社の社伝によると、紀元前662年（皇紀2年）に生駒山中にウマシマジ（可美真手命）がニギハヤヒを奉祀され、崇神天皇の時代にウマシマジが奉祀されたのが起源といわれています。

『先代旧事本紀』の伝承には、ニギハヤヒは高天原より天磐船に乗り、十種神宝を持って河内《かわち》国川上哮峰《いかるがのみね》に天下ってから大倭《やまと》国鳥見白庭山《とみのさにわやま》に移り住み、そこを本拠地にしたとあります。

ニギハヤヒを先祖とする物部氏が総氏神としていた石上神宮には、スサノオがオロチ退治に使ったといわれ

籠神社（京都府宮津市字大垣）

る十《と》握剣《つかのつるぎ》のフツノミタマ（布都御魂大神）を祀っています。

　ニギハヤヒが天降ったとされている川上哮峰《いかるがのみね》である生駒山を背後に望む場所に、石切剣箭神社が創建されています。昔から「石切さん」「でんぼ（腫れ物）の神様」として親しまれてきました。近年では、石を切る鋭い剣や矢で「がん」を切る、霊験あらたかな神様としての信仰があり、治癒を祈願する人が多く訪れています。本殿前と神社入口にある百度石の間を行き来するお百度参りが有名で、私が訪れたときにも大勢の参拝者が熱心にお百度参りをしていました。本殿前の樹齢約470年の楠《くす》の木は、東大阪市の天然記念物となっています。近鉄石切駅から神社までの約800メートルの参道には、神霊易断や占いの看板、唐辛子のお店、漢方薬局などレトロな高齢者向けのお店が多くたちならび、独特の雰囲気があります。

　京都の賀茂別雷《かもわけいかづち》神社の祭神はワケイカズチ（別雷神）で

すが、分霊された静岡市の別雷神社の記録には、

「応神天皇4年の創建。古くは大歳《オオトシ》御《ミ》祖皇大神《オヤスメノオオカミ》を祀った」

という記述が残っています。別雷神の名前の元は大歳《オオトシ》御《ミ》祖皇大神《オヤスメノオオカミ》でした。この「御《ミ》祖皇大神《オヤスメノオオカミ》」が問題でした。この言葉は皇祖を意味するからです。皇祖は日向系の天津神でなければいけませんでした。オオトシを祭神としている関西の神社のほとんどが、祭神の名から「御《ミ》祖皇大神《オヤスメノオオカミ》」が省かれています。また、祭神の名前がニギハヤヒからオオクニヌシ（大国主神）へとすり替えられた神社も多いのです。

オオトシの祭神名には、もともと「ミオヤスメノオオカミ」の称号がついていましたが、こちらもアマテラス（天照大神）が皇祖とされた時にすべて消されたのでしょう。ただし、地方の神社にまで手が回らなかったので、静岡の分社に皇祖神の痕跡が残っていたのです。

京都府宮津市の籠《この》神社の祭神はヒコホアカリ（彦火明）です。この神様は別名をアメノホアカリ（天火明命）とアマテルミタマ（天照御魂神）とアマテルクニテルヒコホアカリ（天照国照彦火明命）としています。

ニギハヤヒの正式な名前は、アマテル・クニテル・ヒコ・アメノホアカリ・クシタマ・ニギハヤヒノミコト（天照国照彦天火明櫛玉饒速日尊）となって籠神社の神名がすべて入っています。

福岡県宮若市の天照《てんしょう》神社の祭神は、「天照国照彦天火明櫛玉饒速日尊」と、はっきりニギハヤヒがフルネームで書かれています。さらに、福岡県久留米市の伊勢天照御祖神社の祭神もアマテルクニテルヒコホアカリノミコトとなっています。これは御《ミ》祖皇大神《オヤスメノオオカミ》を祀る神社の祭神が本来ニギハヤヒだっ

たということを意味しています。ニギハヤヒの別名はアメノホアカリとヒコホアカリとオオトシでした。籠神社の相殿はアマテラスとトヨウケ（豊受大神）が祀られています。ニギハヤヒは、アマテラスとトヨウケを従えていることになるのです。

一ノ宮は、その国で古くから信仰されている最も格式の高い神社のことです。その祭神を見てみると、全国に66社ある一ノ宮のうち、約20社を占めているのが国津神であるオオクニヌシとその関連の神々になっています。島根県松江市にある出雲国一之宮熊野大社の祭神は熊野《クマノ》大神《オオカミ》櫛《クシ》御《ミ》気《ケ》野《ヌ》命と呼ばれますが、クシミケヌ（櫛御気野命）はスサノオノの別神名とされています。

天照神社（福岡県宮若市磯光）

伊勢天照御祖神社（福岡県久留米市大石町）

和歌山の熊野三山（熊野那智大社、熊野本宮大社、熊野速玉大社《くまのはやたま》）は、出雲国一之宮熊野大社から勧請されたと社伝に書かれています。

和歌山県海南市の藤白神社は、熊野連の末裔、鈴木氏が平安時代に熊野三山から勧請して氏神を祀ったとされています。熊野聖域の入口として、ここには熊野一の大鳥居がたてられています。藤白神社には五本の楠の大木があります。しかし昔は、もっと巨大な楠が存在していたそうです。日本人で最初に「エコロジー」という言葉を使った博物学者の南方熊楠の名前は両親が信仰していた藤白神社の熊野の「熊」と大楠の「楠」からつけられています。

熊野大社（島根県松江市八雲町熊野）

熊野那智大社（和歌山県東牟婁郡那智勝浦町那智山）

熊野本宮大社（和歌山県田辺市本宮町本宮）

藤白神社（和歌山県海南市藤白）

藤白神社の鈴木氏は、全国に200万人いるといわれる鈴木姓のルーツにあたります。そして鈴木家の祖先はニギハヤヒの息子のアメノカグヤマ（天香語山命）で、藤白神社の主祭神はズバリ「ニギハヤヒ（饒速日尊）」と明記してあります。このことから熊野本宮大社の元の祭神はニギハヤヒであり、改竄《かいざん》されてコトサカオ（事解男命）になったのだと思われます。

セオリツ姫（瀬織津姫）の名がついた神社は珍しく全国でも3社しかありません。その内の1社が宮城県唐桑町舞根にあります。室根神社の社伝によると、蝦夷調伏を祈願して養老二年（718年）に紀州から熊野本宮の神が分霊されて、唐桑半島の舞根に仮宮が安置されました。その舞根に現在、瀬織津姫神社があります。

『円空と瀬織津姫』（菊池展明、風琳堂）によると、かつて那智大滝にセオリツ姫を瀧神とする「瀬織津比咩神社」の社殿があり、禊祓いの祭儀が行われていたようです。

熊野本宮・新宮・那智からなる熊野三山にセオリツ姫の名前は見当たりませんが、かつては熊野の神と一緒にセオリツ姫が祀られていました。歴代の天皇が熊野詣でをした熊野三山の神々とは、スサノオとニギハヤヒとセオリツ姫だったのです。

熊野で熊の毒気に当たった神武天皇を救ったタカクラジ（高倉下）の別名はアメノカグヤマ（天香山命）といいます。『先代旧事本紀』によると、アメノカグヤマはニギハヤヒとアメノミチ姫（天道日女命）との間に生まれた息子で、尾張氏の祖神となっています。尾張氏と物部氏は兄弟神で、尾張氏の古代住居跡の8割から銅鐸が出土しています。出雲の荒神谷遺跡からは、大量の銅剣や銅鐸が発見されています。

楠の大木（藤白神社）

瀬織津姫神社（宮城県唐桑町舞根）

スサノオがオロチを退治した剣は、オロチの尾を切ったときに刃がほころんだことから、銅剣ではないかといわれています。大陸から伝わった銅鐸と剣が作られるようになったのは弥生時代になってからです。ところが、3世紀になるとその銅鐸《どうたく》や銅矛《どうほこ》が一斉に破棄されました。代わりに甕棺《かめかん》、石棺、木棺などの埋葬用の棺に鉄刀や鉄剣が収められて葬られた墳丘墓が形成されるようになったのです。

『日本書紀』に、神武天皇は葛城に住む赤胴《あかがね》の八十梟帥《やそたける》を討ったとあります。赤胴とは銅のことなので、鋳銅の技術者集団が大和の葛城に住んでいたことがわかります。葛城からは銅鐸が発掘されています。3世紀に銅鐸や銅矛が一斉に姿を消したのは、支配者が変わったために日本の社会構造が変

銅鐸（島根県立古代出雲歴史博物館）

都農神社（宮崎県児湯郡都農町）

宇佐神宮（大分県宇佐市南宇佐）

化したことと関係があると思われます。銅鐸を廃棄させたのは崇神天皇ではないかと見られています。宮崎県は天皇家の発祥の地です。ですからそこの神々には天津神が多いはずですが、日向国の一ノ宮都農神社の祭神はなんと国津神のオオナムチ、つまりオオクニヌシになっています。このことから、5世紀ころまではオオクニヌシの上に位置する神はいなかったのだろうと推測することができます。

全国の神社を見渡すと、アマテラスを祀っている神社は少なく、古い神社のほとんどがスサノオとニギハヤヒの親子を祀っています。神社は、天孫族の力が及ぶ前の先住民が始めたので、その祭神はすべて自然界の精霊か土着の祖先神だったのです。

九州でスサノオを祀る神社が最も多いのが大分県です。この地域はスサノオやニギハヤヒとの縁が深いところです。ところが、日本を代表する宇佐神宮ではスサノオは祀られていません。宇佐神宮の一の御殿の祭神は八幡大神・応神天皇です。

歴代天皇の中で、鎮護の神として大社に祀られた天皇は明治になるまでいませんでした。実は宇佐神宮の社伝等によれば、この応神天皇は欽明天皇の時代に祀られたことになっています。この欽明天皇の時代に日本は仏教が伝来し、蘇我氏と物部氏が対立し、物部氏は没落しました。

772年に罷免《ひめん》されるまで古代の宇佐神宮の神官をしていた辛嶋氏はスサノオと息子のイソタケルを先祖としていました。そして宇佐市の神社の四割近くがスサノオとオオトシで占められています。宇佐は出雲族の勢力下にあったのです。そのことから本来、八幡大神の座にあったスサノオは仏教の神である八幡大菩薩によって末社に落とされてしまったのではないかとみられています。スサノオが平定した出雲の時代から神武に至るまでは、何百年、いや何千年も経っているかもしれません。その間に、代々国を治めた幾人もの「オオクニヌシ」が当然いたのです。「オオクニヌシ」とは偉大な国土の主という意味なので、個人の名前というより役割の名前と思ったほうがよいでしょう。

最近の学説では、弥生時代が始まったのは紀元前10世紀頃だとされています。ヒミコ（卑弥呼）の時代が248年頃ですから、弥生時代は1300年ほどの長さがあったことになります。

オオモノヌシの荒魂であるヤマトノオオクニタマ（倭大国魂神）は、大和地域を支配していた神でした。つまり、古代ヤマトを支配していた大王のニギハヤヒは、オオモノヌシとオオクニヌシでもあったのです。

このように、さまざまな話が入り込んでしまっているので、日本の神話は単純ではありません。時の権力者によって、歴史が書き換えられているのです。そのため、スサノオとニギハヤヒの痕跡は、分かりにくくなってしまっています。

入れ替わった祭神

美保神社は、島根県松江市美保関町にある神社で、式内社・美保神社に指定されている古社です。主祭神はコトシロヌシ（事代主命）とミホツ姫（三穂津姫命）となっています。コトシロヌシは、「えびす様」として崇敬され、全国各地にあるえびす社3385社の総本社とされています。美保は日本海航路の港として大いに繁栄し、出雲大社だけでは方詣りといわれるほど美保神社も人々の信仰を集めました。

『出雲国風土記』によると、美保神社の本来の主祭神は美保郷の名の基になったミホススミ（御穂須須美命）一柱だけでした。ミホススミはオオナムチ（穴持命）とヌナカワ姫（沼河比売命）との間に生まれたとあり、諏訪神社の祭神タケミナカタ（建御名方命）と同神と見られています。

現在、美保神社の本殿二棟の間に三つの末社があります。大后社にはカムヤタテ姫（神屋楯比売命）とヌナカワ姫が祀られ、姫子社にはヒメタタライスズ姫（媛蹈鞴五十鈴媛命）とイスズヨリ姫（五十鈴依媛命）が祀られています。神使社にはイナセハギ（稲脊脛命）と、以上五柱が祀られています。

美保神社（島根県松江市美保関町）

　カムヤタテ姫はコトシロヌシの母親で、ヒメタタライスズ姫は神武天皇の皇后です。イスズヨリ姫は第二代・綏靖天皇の皇后になっています。いずれも出雲系の姫です。祭神のミホツ姫はタカミムスビ（高皇産霊尊）の娘で、国譲りの後でタカミムスビが、

「もしお前が国津神を妻とするなら、まだお前は心を許していないのだろう。私の娘のミホツ姫（三穂津姫）を妻とし、八十万神を率いて永遠に皇孫のためにお護りせよ」

　ということでオオクニヌシ（大国主神）の妻神となったとされている天津神です。

『古事記』の国譲り神話を読むと、美保神社の祭神が入れ替わった経緯がよくわかります。

　天津神のタケミカヅチ（建御雷命）が降臨して、オオクニヌシに国譲りを迫ると、彼は、

「息子たちに聞いてくれ」

と判断を息子たちにゆだねました。オオクニヌシの息子のコトシロヌシは、

「どうぞ差し上げます」

と、いとも簡単に承諾してしまいます。

ところが、異母兄妹のタケミナカタだけが逆らってタケミカヅチに力比べを挑みます。しかし負けてしまい、諏訪まで逃げて命乞いをします。

「これから私は、諏訪の地を一歩も出ません。父と兄にも逆らいません。この葦原中国は、全部お譲りしますから助けてください！」

こうして国譲りは完了したことになっています。

これは、もちろん勝者側からの話なので、敗者の子孫からすればこんな情けない嫌な話はありません。タケミナカタの立場からは、まったく異なる物語が出てくる可能性がありますが、敗者の歴史はたいてい、闇に葬られて残っていません。オロチも言いたいことがあっても首を落とされたので語れなかったと思います。今日《こんにち》、ミホススミは美保神社の祭神から外されて、境外社の地主神社の小さな社に置かれています。中央集権体制が確立すると、各地の神社の祭神は土着の国津神から天津神へと変更がなされたことがあったのです。

失われた古代文書

物部氏は、古代日本の謎といわれています。それは、平城京遷都（７１０年）があった藤原不比等の時代に歴史が改ざんされ、物部一族も表舞台から姿を消してしまったため、その資料が残されていないからです。

記紀以外の書は、たびたび焚書の憂き目に遭っています。揚子江下流にあった呉の国の伝説の祖「太伯《たいはく》」の子孫が日本に渡来したことを記した書が桓武天皇の時代に焼き捨てられたことを、南北朝動乱期の北畠親房が記述しています。

大化の改新の際には、蘇我氏の邸宅にあった歴史書が焼かれています。

聖徳太子の時代、蘇我馬子の軍勢に攻められたときに物部守屋の邸宅に保管されていた神典、歴史書、記録が消失してしまいました。

秋田に逃れた物部一族の所持していた写しの一部が唐松神社に保管されています。

また、信州に逃れた物部一族の写しが「九鬼文書《くかみもんじょ》」ではないかといわれています。『先代旧事本紀』略して『旧事紀』は、偽書だとされてきました。しかし、研究者によると、古典とされている『古事記』『日本書紀』『古語拾遺《こごしゅうい》』以前の古い資料が含まれているといいます。『旧事紀』には、『古事記』や『日本書紀』にはない物部氏の祖神であるニギハヤヒに関する独自の記述が含まれています。

『古事記』『日本書紀』『旧事紀』には、神武天皇に先立ち、ニギハヤヒが天下った話が出てきます。細部は違いますが、いずれも、ニギハヤヒが物部の祖先ということでは共通しています。

古代の記録は、わずかな文献が残されているのみでほとんど明らかになっていません。そのわずかな文献も、神話と歴史的事実が混在しており、時間軸も空間も混在しています。あとは考古学的事実と古文書、文献、神社の伝承から推理していくしかありません。

十種神宝

島根県大田市の石見銀山近くに石見国一ノ宮、物部神社があります。創建は１５００年前に遡る古い神社です。物部神社の社伝によると、物部氏の始祖、ウマシマジ（宇摩志麻遅命）は、神武東征にあたって神武を助け、その功績が認められて布都御魂《ふつのみたま》の剣を賜わりました。その後、ウマシマジは腹違いの兄のアマノカグヤマ（天香山命）とともに兵を率いて尾張、美濃、越を平定し、さらに西に進んで、丹波、播磨（兵庫県西部）を経て石見に入り、そこの鶴降山《つるぶせん》で国見をして、八百山《やおやま》が天香具山《あまのかぐやま》に似ていたので、そこに居を構えたということになっています。

物部神社の背後の八百山には古墳があり、ウマシマジの神墓がありました。ウマシマジが鶴に乗って石見国に降臨したことから、物部神社の神紋は赤い太陽を背負った鶴の「日負鶴」となっています。日負鶴の鶴がウマシマジだとすれば、太陽はニギハヤヒ（饒速日尊）だということになります。ニギハヤヒは太陽神アマテル（天照）と呼ばれていました。本来、ニギハヤヒがアマテラス（天照）でした。

『先代旧事本紀』によると、ニギハヤヒは十種の神宝を携えて天磐船に乗り、河内国河上哮峯《いかるがのみね》に天《あま》降《くだ》り、さらに大和の鳥見（登美）の白庭山に遷ったとされています。河上哮峯は、今の生駒山で、生駒山の主峰から一段低く続く北峯付近から南に続く途中の草香山が別名ニギハヤヒの山とよばれています。『日本書紀』にもニギハヤヒは天磐船にのって飛翔して「そら見つヤマトの国」と名付けられたと出てきます。

ニギハヤヒは降臨に先立って3本の矢を射ち、落ちた所を住居と定めた言われています。その二の矢が落ちた伝承地に、矢田坐久志玉比古《やたにいますくしたまひこ》神社が鎮座しています。天磐船《あめのいわふね》に乗って空を翔《かけ》たことか

物部神社（島根県大田市川合町川合）

矢田坐久志玉比古神社
（奈良県大和郡山市矢田町）

十種神宝之宮
（大阪市平野区喜連　楯原神社）

ら飛行機の神としてプロペラが奉納されています。

『日本書紀』に、ヒルコ（蛭子）を乗せた「船」の名前として天磐樟船《あめのいわくすふね》が出てきますが、天磐船とは荒れた海に出航しても壊れない楠でできた丈夫な船のことです。

『先代旧事本紀』に船長、舵取り、船子の名前が出てきます。ニギハヤヒは船に乗って難波に入り最初にヤマトを建国したのです。

物部神社の社伝では、神武天皇東征のおりに国を献上し、その恭順の意を容れ、ウマシマジ（宇摩志麻遅命）を軍と祭祀の司に命じたとあります。物部氏はニギハヤヒの子、ウマシマジから始まったとされています。

ニギハヤヒが天神から授けられた十種神宝《とくさのかんだから》は、『先代旧事本紀』で天璽瑞宝《あまつしるしみずたから》十種《とくさ》といい、皇位継承の証しでした。ウマシマジは十種神宝を奉献して、神武天皇即位の祭儀を執り行ったとあります。このち天皇家の祭儀は物部氏の儀式を取り入れたようです。

十種神宝は鏡が二種、剣が一種、玉が四種、ひれが三種から成りました。

十種神宝の二種の鏡は、瀛都鏡《おきつかがみ》と邊都鏡《へつかがみ》です。京都府宮津市にある籠神社の神宝は、この十種神宝の瀛都鏡と邊都鏡といわれています。籠神社宮司の『海部氏系図』は唯一国宝になっていて、海部氏の祖先神はヒコホアカリ（彦火明命）、つまりニギハヤヒだと記されています。

また、十種神宝には剣が一種あります。『先代旧事本紀』では、八握剣《やつかのつるぎ》といわれています。山口県

熱田神宮（愛知県名古屋市熱田区神宮）

の剣神社は、この八握剣を御神体としています。『物部文書』では、この剣は「八握剣」ではなく「十握剣」になっています。

スサノオは十握剣でヤマタノオロチを退治しますが、オロチの尾の中にあった草薙剣《くさなぎのつるぎ》（天叢雲剣《あめのむらくも》）に当たって刃が欠けたことになっています。草薙剣は皇室の三種の神器の一つですが、現在、熱田神宮の御神体となっています。

古来、熱田神宮の御神体を見た者は死ぬという言い伝えがあって、見ることは禁じられていました。約４００年前に見た熱田の大宮司は流罪となり、一緒に見た神官は祟りで亡くなったという話が伝わっています。

十握剣は、藤原氏の氏神である鹿島神宮の神宝として、国宝に指定されています。

十種の神宝にはまた、四種の玉があります。この「玉」とは、勾玉のことではないかと思います。寿命を延ばす霊力がある生玉《いくたま》、打出の小槌のように欲しいものを授けてくれる足玉《たるたま》、死んだ人を蘇らせる霊力がある死返玉《しにかえしのたま》、旅に出た人が無事に帰れるようにしてくれる道返玉《みちかえしのたま》です。

十種の神宝のひれは三種で、災いを払い魔除けの力がある蛇比禮《おろちのひれ》と蜂比禮《はちのひれ》、そして悪いものを追い払う霊力がある品物比禮《くさぐさもののひれ》があります。

十種神宝は『先代旧事本紀』に出てきますが『古事記』『日本書紀』には載っていません。比禮《ひれ》はスセリ姫がオオナムチを助けるときの呪術として使われたとして『古事記』に出てきます。比禮は女性が肩にかけていた薄い布で女性が比禮を振ると霊力が発揮されたのです。きっと布は麻布だったと思います。

十種神宝は、皇位継承の証しでしたが、本来はシャーマニズムと関係していました。物部氏は古代から呪術の祭儀を継承する家系だったのです。鏡、剣、玉は天皇家の三種の神器と同じ種類ですが、物部の神宝は独特で数が多いのが特徴です。

神々の声

はるか古代はほぼ全員が神々の声が聞こえ、精霊の姿が見えていたようです。定住農耕社会になり政治が統合され中央集権の都市国家が誕生すると、狩猟民族のシャーマンは姿を消していきました。わずかに神々の声を聞くことができる者は、予言や、神託をする巫女、呪医、祭司、陰陽師などの専門の職能者になっていきました。

狩猟時代から農業に移り変わると、穀物の成長に害をもたらすものは害とされ、善悪の二元論がめばえ合理的な思考をするようになります。神々の機嫌を損ねるとたちまち飢饉や災害が疫病が訪れるので、個人は社会の規律に縛られていきました。土地を管理するために都市社会が発達して分業が進み、贅沢品を制作する専門の職人が現れ、王と貴族、司祭と聖職者があらわれました。

自我構造が変わり左脳が優位になると、神託者も特別な聖地で複雑な儀式をしなければ神の声を伝えることができなくなりました。

『アボリジニの世界』（ロバート・ローラー、青土社）によると、オーストラリアのアボリジニは、太古の神々の時代から現代まで5万年以上変わらない狩猟時代の生活をしてきたといわれています。アボリジニの言語には、比喩や想像に相当する言葉や概念が存在しないといいます。言語は左脳に属しているので、アボリジニは神々の声を聴いていた古代の人々に近い脳の働きを持っていたようです。

アボリジニの自己とは、私たち近代文明の洗礼を受けた自己とは異なっているようです。あるアボリジニのイニシエーションの体験では、自分の身体が広がって、動物が繁殖している場所や水たまりなど、自分が旅をした土地がすべて体に収まったといいます。アボリジニの自己とは物理的身体と周囲の環境も含めた自己のようです。心の中の体験と外の物質的環境が溶け合って一つになっているのがアボリジニの世界のようです。それは私たちが頭で描く観念的なものではなく、深い身体感覚を伴ったもののようです。

アボリジニの老人の説明によれば、トランス状態に入ると、「何本もの糸が絡み合ってできた網」が見えるのだそうです。それによると、この生命のネットワークともいうべき網には、実在するこの世はもちろん、夢やヴィジョンの世界までもがぶらさがっているそうです。

心に恐れがあるとな、目には見えないこの網の働きは垣間見ることすらできないんじゃ。目に映るものといえばな、それはただ、バラバラになった物の世界だけなんじゃよ。

アボリジニの老人は世界を関係性の織物として見ているのです。アボリジニたちの中には近代社会の洗礼を受けて左脳が優位になった若者たちもあらわれてきました。

近頃の若い衆の中には、話や行動がそれはそれは賢い連中もおる。じゃが、連中にはもう、ヴィジョンは見えやしないんじゃよ。というのはな、連中の心の中には、白人のと同じ恐れがあるからなんじゃや。じゃから、連中には、低木の茂みで眠るとか、わしらのような生活をするのは無理なんじゃよ。わしなんかは、木の根っ子やベリーの類や果実のありかをちゃんと心得とるんじゃや。食糧の見つけ方も、自活の道もわからんような連中は、いつだって心に恐れを抱いとるんじゃや。母親をなくしたことで、霊的世界のヴィジョンまでもが消え失せちまうとこわがる子供みたいじゃよ。

『奇跡の脳』（ジル・ボルト・テイラー、新潮社）によると脳科学者のジル・ボルト・テイラー博士は自宅で脳の血管が破裂して左脳の機能が低下する脳卒中に襲われました。歩くことができず、話すことができず、読むことができず、書くこともできず、また自分の人生の出来事を思い出すことができなくなっていました。そんな危機的な状態の時に、不思議な体験をしました。自分の身体の感覚と空間の境界が消え、無限のエネルギーと一体となったのです。自分自身を固体として認識できず自分が溶けたエネルギーの流動体として認識していました。過去・現在・未来という直線的に過ぎ去る時間がなくなり永遠の今だけがありました。何事もそんなに急いでする必要はないと感じるようになりました。自分が巨大になり広がっていくのを感じていました。ストレスがすべて消えて静かで平和で解放された、至上の幸福、やすらぎに包まれていました。その体験を涅槃（ニルヴァーナ）と表現しています。

頭の中のおしゃべりが鎮まり左脳の言語中枢の活動が減少して、右脳が活性化すると時間と空間を自由に超える神話的思考に入るようです。

神話世界の時間は過去、現在、未来と直線的に流れず一つに溶け合っています。また、生と死、自己と他者は分離せず動物や人間の間に境界はなく神話の中では一つに結ばれていました。

姿を消した物部氏

縄文人は、神話的思考をしていました。そして母系の部族社会を築いていました。

そこへ大陸からスサノオが、出雲に上陸してきました。先住民のイナダ姫と結婚して、縄文の呪術的な文化と大陸の技術文化が混血して生まれたのがニギハヤヒです。スサノオとニギハヤヒは九州、長野、北陸とその勢力を広げていきました。そして、大和の登美の地（奈良市石木町）に都を構えました。

年月が過ぎてナガソネヒコの代になったとき、新たに大陸から渡来したニニギの子孫の神武天皇がやってきて、物部の皇位継承の十種の神宝を譲られたのです。それが国譲りの神話の元だったのでしょう。

古代の天皇家はニギハヤヒを先祖とする豪族の娘から天皇の妃を迎えていました。母系社会の習俗は継続していたので母方の実家の物部氏は権力を握っていました。

しかし、５０７年に継体天皇が即位してからは権力構造が変わり、蘇我氏が台頭するようになり

物部守屋墳墓（大阪府八尾市太子堂）

ます。皇位継承をめぐって争うようになっていた物部氏と蘇我氏の対立は、敏達《びだつ》天皇と用明《ようめい》天皇が相次いで崩御すると決定的になりました。そして、５８７年、丁未《ていび》の変が起きました。蘇我氏の血を引いていた14歳の聖徳太子は蘇我馬子とともに大阪府八尾市で物部守屋と戦い、蘇我氏は勝利しました。蘇我氏は幅広い豪族連合で戦いましたが、物部守屋は河内にいた一族だけで戦ったのが敗北の原因だったようです。この争いは崇仏派と廃仏派の争いと言われてきましたが、実際は有力豪族同士の権力闘争でした。

物部氏の居住地だった八尾市の渋川天神社境内から寺院の遺物が出土しています。蘇我氏の氏寺である飛鳥寺（５９６年）が完成する10年前に物部守屋は寺院を建立していたのです。

物部守屋を射抜いた迹見赤檮《とみのいちい》は道麻呂といい、物部一族でしたが、聖徳太子の側近だったので聖徳太子側に

唐松神社天日宮（秋田県大仙市協和境字下台）

ついていたようです。物部守屋の首を斬ったのは秦氏の祖であり猿楽の始祖とされる秦河勝《はたのかわかつ》と言われています。

古代の大豪族物部本宗家は没落し、捕らえられたものはことごとく奴隷にされたので、ある者は名を変え、ある者は行方知れずとなりました。その後、聖徳太子一族は滅ぼされ、ついで蘇我氏の本宗家も滅亡します。そして藤原氏が台頭したのです。

物部守屋の子、那加世《なかよ》は鳥取男速《とっとりのおはや》という臣下に守られ蝦夷の地、秋田県に亡命したことが秋田の唐松神社に伝わっています。

唐松《からまつ》神社の物部宮司は、この物部の子孫で那加世を初代として、現在までに63代続いているということです。

秋田の唐松神社には本殿とは別に物部家の邸内にニギハヤヒを祀った天日宮《あまつひのみや》が鎮座しています。

膨大な玉石を敷き詰め、社殿を中心に池を同心円状に配した造りの天日宮は、物部氏滅亡ののち廃止された前方後円墳に似ている構造です。この天日宮は、おそらく他のどんな神社にも見られない構造をしていると思われます。唐松神社のある秋田県大仙市は豪雪地帯なので、真冬に訪れると社殿以外は深い雪に覆われています。

ここの物部宮司の話によると、代々物部家に伝わる古文書に天日宮の造り方が書いてあり、1932年（昭和7年）に造営をして忠実に復元したそうです。

天日宮の裏手に回ると、抱石男石、玉鉾石《たまぼこいし》、女石と名付けられた子宝の石があります。この石に触れると妊娠できるといわれていて、子宝が欲しい参拝者がなで回すために黒光りしています。

イヤシロチ

神道では、ツミやケガレを清める禊祓いが大切な行事になっています。その中に、鎮魂法という古神道の行法があります。

日本には昔から、「ハレ（晴れ）」と「ケガレ（穢れ）」という考え方がありました。ケとキ（気）は異語同義語で、キ（気）は目に見えない潜象エネルギーをあらわしています。

ケの生命エネルギーが枯渇するのが「ケガレ（褻・枯れ）」です。「ケガレ」は、「ハレ」の祭事でコモリ（籠もり）、ミソギ（禊）やハライ（祓い）を通じてエネルギーを充電させて回復します。こもっている期間中の最後に神が現れてハレとなります。そうして魂（タマ）が蘇る（ヨミガエリ）のです。

罪（ツミ）のツは包むのツで、ミは自己の本質のことです。ですから本来の自己が思い込み（ツミ）で覆われてしまうと、エネルギーが流れなくなり、気が枯れて、「ケガレ」てしまいます。そこで、エネルギーを回復するためにコモリ（籠もり）、「ミソギ」でツミ（罪）を削ぎはらいます。自我という思い込みが祓われると、本来の自己（神）が姿を現し（ヨミガエリ）、自己（ミタマ）は晴れ晴れとするのです。

ストーンサークルなどの古代遺跡や神社の場所は、「イヤシロチ（弥盛地）」と呼ばれる大地電圧が高い場所にあります。それらの場所は、人体のツボの間に気が流れる経絡のように大地のエネルギーが流れるラインで結ばれています。

古代の人々は、変性意識状態に導く死と再生の儀式を、このイヤシロチで行っていました。

イヤシロチに対応するのが「ケガレチ（気枯地）」です。製鉄がされた場所によって出来上がった鉄の品質に著しい違いがあるということについて研究をした楢崎皐月によると、イヤシロチの大地表層はすべて還元電圧を示し、大地電流も上から下へ流れる場所が多かったということです。逆に、ケガレチは大地表層のほとんどが酸化電圧を示し、大地電流はすべて下から上へ流れていたといっています。

イヤシロチに住む人は健康になります。また、イヤシロチではものが腐りにくく、作物も豊作で美味しくできます。逆にケガレチには病気がちの人が多くなり、植物の生育も悪いです。トラブルや事故が多く発生する場所となっているのは多くがケガレチです。

縄文時代の信仰の場所はイヤシロチにありました。弥生の時代になって、その場所に社殿が建てられ、神社となったのです。

鎮魂法

鎮魂法は、物部のウマシマジが皇位継承の象徴として橿原で神武天皇が即位するときにニギハヤヒの十種神宝を奉祀したのが始まりとされています。

神武天皇から9代目の開化天皇までの間の皇后はニギハヤヒを祖とする磯城氏、穂積氏、物部氏から出ています。「天皇」の称号が使われ、三種の神器が公式に皇位継承の象徴とされたのは、7世紀の天武天皇と持統天皇の時代からです。それまでの天皇は「大王」とよばれていました。

鎮魂法はその後、文武天皇の時代に宮中祭祀の鎮魂祭として儀礼化され、701年の『大宝律令』において制度のなかに取り入れられました。鎮魂祭の執行日は冬三か月の中の月である仲冬の寅の日に規定され、翌日の卯の日に大嘗祭と新嘗祭が執行されました。鎮魂法は古代の冬至祭と関係していることがわかります。

古代の人々は、身体から魂が遊離することが死だと考えていました。命を復活させるのは魂を呼

石上神宮（奈良県天理市布留町）

び戻すことなので、太陽の光が一番弱くなる冬至に太陽の復活と豊作を祈って魂の再生の儀式をおこないました。生命力が弱くなる冬至に、天皇の蘇生を祈る祭儀が宮中の鎮魂祭なのです。古墳時代は前方後円墳の前方が鎮魂の祭儀の場所だったのではないかと言われています。

宮中における鎮魂祭と同様の祭儀が、現在でも3つの神社でおこなわれています。

11月24日には物部神社で、物部・猿女の鎮魂法として、11月22日には奈良県石上神宮で物部の鎮魂法として、さらに新潟県の弥彦神社では中臣の鎮魂法が4月1日と11月1日の年2回、それぞれおこなわれています。

このうち、石上神宮に伝わる鎮魂法は、「布留部《ふるべ》の神業」と呼ばれています。「十種神宝祓詞」と「ひふみの祓詞」を奏上して、「ふるべゆらゆらとふるべ」と奉唱します。そして祓詞といっしょに十種神宝を振り動かせば、死人さえ蘇るとされています。ただし、肝心な十種神宝

彌彦神社（新潟県西蒲原郡弥彦村弥彦）

は、今のところ行方不明とされています。

現在知られている鎮魂法としては、川面凡児の「禊の行法」、明治の中頃に薩摩の神道家・本田親徳が研究体験をして残した「鎮魂帰神法」、大正から昭和にかけての神道家・田中治吾平による「鎮魂法」などが主なものです。鎮魂法は「タマシヅメ」「ミタマフリ」「タマヨバヒ」などとも呼ばれていて、その方法も神社によって異なり、一様ではありません。

『古事記』に、仲哀天皇が琴を弾き、武内宿禰が審神《さに》者《わ》になって神功皇后が帰神を行ったという記述が出てきます。古代における帰神（霊の憑依）は、神主（霊媒）と琴師（霊を降ろして神主に転ずる役）と審神者（霊の真偽を調べる役の審判者）の三者で執り行われていました。

本田親徳の「鎮魂帰神法」は、石笛を吹き、神主の心身を浄めて、審神者が降ろした神霊を神主に転霊することといっています。これはシャーマニズムでいうところのポゼッション（憑依）です。「鎮魂帰神法」は、審神者が降りてきた霊に質問をして、邪霊とする禍《まが》津《つ》日神《ひのかみ》が出てきたときは、説得し、優しくなだめすかしたり、厳しく叱りつけたりして霊（神）の改心を促します。この「鎮魂帰神法」は大本教に受け継がれ、さらに名前を変えて新宗教に広まりました。本田親徳の「鎮魂帰神法」は、憑依を伴うために精神の病が出てくる恐れがありました。帰神法は邪霊、邪神の類が憑くということで、教団内では原則禁止になりました。

ほとんどの人は何らかのトラウマ、心の欠落感、心の闇を抱えています。心霊主義の人々は帰神法で影の人格が現れた時にもそれらをすべて霊の憑依に還元してしまう傾向にありました。

現代医学では、憑依を「解離性同一性障害・多重人格性傷害（ＭＰＤ）」と呼んでいます。多重人格性傷害（ＭＰＤ）の研究家であるラルフ・Ｂ・アリソンによる『「私」が、私でない人たち』（作品社）によると、多重人格性傷害（ＭＰＤ）には複数の交代人格が存在します。否定的交代人格が手首を切ると、救済的人格が出てきて救急車を呼んで助けようとします。治療をおこなうことで最後は一つの自己として統合されます。しかし、多重人格性傷害（ＭＰＤ）の治療にとって説明に困るのは、インナー・セルフ・ヘルパー（ＩＳＨ）の存在です。患者が治癒されてバランスの取れた一つの自己に人格が統合されたとしても、内側に完全に独立した人格としてインナー・セルフ・ヘルパー（ＩＳＨ）が存在し続けるからです。このインナー・セルフ・ヘルパー（ＩＳＨ）が6人独立して存在した例さえありました。非物質的な心の世界をすべて物質科学で解き明かすには限界があると思います。インナー・セルフ・ヘルパー

（ISH）は、スピリチュアリズムでは守護霊や指導霊と呼ばれています。これらには主に先祖がなるといわれています。キリスト教では守護天使と呼ばれる存在です。

シャーマニズムは、その歴史を数十万年も遡ることができる人類最古の宗教的伝統です。シャーマンは変性意識状態に入り、眼に見えない非物質的な微細な世界と物質的な世界を自由に行き来しました。世界中の狩猟採集民族には、〈あらゆる事物には精霊が宿る〉というアニミズムの信仰がほぼ共通して見受けられます。そして、霊的存在と交流する人々を「シャーマン」と呼びました。シャーマンには、トランス状態になって肉体から抜け出して霊的存在と交流して帰還するエクスタシー型（脱魂型）と、神霊がシャーマンの肉体に憑依するポゼッション型（憑依型）があります。

アフリカのカラハリ砂漠に、一般に「ブッシュマン」の呼称で知られたサン族が住んでいます。アフリカ以外の人類の起源は、このサン族から広がったものだといわれています。

『〈癒し〉のダンス』（リチャード・カッツ、講談社）によると、サン族は部族の全員がダンスを踊ることで精霊と出会い、病を癒します。サン族の部族は平等で、集団を取りまとめるリーダー的な存在がいません。ダンスの得意な者がダンスの場を仕切ることはあっても、ダンスが終わると役割を終えます。サン族には、職業や身分、貧富の差がありません。

1960年代に人類学者が行った研究によると、彼らは2時間程度の労働で十分な食料を得ていました。狩猟で得た肉は部族の全員に徹底的に平等に分配されます。そして、ダンスも平等に分かち合います。ダンスに参加できないと、「私にダンスを分けなかった」と非難されます。

ダンスは夕食後の暗くなった夜、赤々と燃える焚火の周りで明け方までおこなわれます。焚火の周りに女性たちが輪になって座り、手を打ち鳴らし、即興で歌を唱和します。低いうなり声と高い歌声と手拍子が共鳴し、うねり、その場にエネルギーの渦が発生します。やがて踊り手の足が震えだし、その震えが身体全体に広がります。サン族は、煮えたぎる生命エネルギーのことを「ヌン」と呼んでいます。普段の「ヌン」はみぞおちと背骨の基底部に宿っています。踊りに入ると、「ヌン」は激しく身体を熱しながら背骨を上昇して頭蓋骨に達し、「キア」と呼ばれる強烈な変性意識状態に入ります。

シャーマンとなった踊り手は、変性意識状態「キア」の中で、精霊から癒しの力を授かるのです。目に見えない病気の悪い部分が見えるようになり、患部を取り出して生命エネルギーの「ヌン」を病人に与えることで病を癒します。失神して倒れる踊り手もいます。しかし、しばらく痙攣していてもまた起き上がって踊りだします。その間も延々と歌と踊りが続きます。サン族のダンスの間、「ヌン」のエネルギーは部族全体を包み込み、病人だけでなく踊りに参加したメンバー全員の心理的葛藤も解消され、部族全体が癒されます。

踊り手は、祭りが終わると普通の村人に戻ります。サン族には宗教的な序列がなく、職業の分業もないのです。しかし、サン族の誰もが「キア」に入れるわけではありません。「キア」に入ると、自分の存在を根底から揺るがすような痛みと恐怖を経験するからです。「キア」が始まると、踊り手は脇腹とみぞおちに強烈な痛みを感じます。「キア」を初めて経験する踊り手は、苦痛と痛みに強い死の恐怖を感じて戸惑い、混乱します。一番怖ろしいのは死ぬことです。

「このまま死んでしまうのではないか？」

「もし死んでしまえば帰って来られないのではないか？」

そんな恐怖に襲われるのです。恐怖のあまり「助けてくれ！」と悲鳴をあげて泣き叫びます。これを乗り越える助けになるのは、〈魂は再生し、かならず戻って来られる〉という強い確信です。恐怖と同化せず、明晰な意識を保ったまま、「キア」という変性意識状態に完全に入って出たものだけが、シャーマンになれるのです。何度も「キア」を経験した長老は、死と再生の経験を部族に語ります。

「腐った肉が焼ける臭いがして心臓が止まって死ぬ。思考がなくなる。精霊が現れて人間を殺すのを見る。それから、癒しが始まり病気を取り出して治す。それから人間として生き返る……」

「キア」の経験は、シャーマニズムでいえば通過儀礼中の死と再生の状態です。自己超越をするときのゆらぎの状態といってもよいでしょう。古い自我を超えようとするときには、分離していた影の境界で激しい葛藤が起きます。古い自我を超えるときには、死のイメージも浮上します。

それらを乗り越えるコツは、恐怖の感情や思考に同化せずにリラックスし、自分の身に起きていることを信頼して、あるがままに身をまかせることです。サン族の癒しのダンスは、身体が震える魂振りの状態から、思考が静かになる鎮魂の状態で自我を超えて神の世界に入ったのです。

大正・昭和の神道家の田中治吾平は「鎮魂法は、本源の神霊と融合して神人一体境に達し、その授かったミコトを自覚し、神遊びの境地で幸福たらしむる法である」と説いています。神人一体境は、人間が生きながらにして神となることを意味しています。そのことを「本霊《もとひ》」や「直霊《なほひ》」になるといいます。こちらの鎮魂の意味は、憑依ではなく自己の本質に帰ることです。

古神道の川面凡児は『鎮魂鳥居の伝』で鎮魂法を段階的に説明しました。

「第1の鳥居」は、呼吸法を行っていると、閉じた眼の暗黒の中に濃霧のような光が顕れて、さまざまに変化していきます。その後に四面平等となって一色一光に統一されます。

「第2の鳥居」では、眼前に小豆大の緑の光が現れ、明滅します。この段階に至って三日から七日と回を重ねると緑の玉は安定します。そして、緑玉色の前後に何時かは知らず自分の顔が朦朧と浮かびます。心が静まってくると微細な領域が現れてきます。

「第3の鳥居」は、意識が深まるにつれて、眼に見えない微細な身体が自覚され、和魂の顔が明瞭に現れます。そして、小豆大の濃緑の光が、求めるにしたがって眼前に留まるようになります。

川面凡児は、この段階が物質世界と微細な世界（幽界）の境だとしています。

「第4の鳥居」では、緑玉の光が、動くことも滅することもなく酸醤《ほおずき》や手毬《てまり》の大きさまで拡大します。

霞や霧のような光明の中に、文字や、山や川、海辺など、あるいは家屋や風景などの万象が万華鏡のように見えるようになります。それは前後矛盾し、秩序なく現れます。これは、微細な領域を自覚し、始めた状態です。

「第5の鳥居」では、緑玉の光がその光輪を広げます。和魂にしまいこまれている記憶、経験の一切を、意識的に選んで自由に見ることができるようになります。平等一体の境地に至り、幸魂を自覚するようになります。

「第6の鳥居」は、奇魂が開かれて、念じたものを時間と空間を超えて自由に映し出すことができるようになります。この段階では、生者や死者とも自由に対話することができます。

「第7の鳥居」は、神霊を見ることはできても声を聴くことはできません。声を聞くことはできてもその姿を見ることはかないません。生者や死者の霊魂に対するものとまったく異なる拝神の神鏡の境地に至ります。微細な領域を越えようとするときは、見ることも聞くこともできない魂の暗夜を経験します。

最後の段階の「宮居《みやい》」では、直霊《なほひ》がひらきます。宮居とは神が鎮座することで、直霊が自己の本質であると気づくことです。鎮魂法とは、自我意識と同化することをやめて本当の自分が神であることを知ることなのです。

これは、インド哲学でいうところの、「ブラフマン」と「アートマン」が1つであることを知って、永遠の至福を得ることとも重なります。

はらから

江戸時代の国学者本居宣長は、インドや中国が「禍津日神《まがつひのかみ》」に支配された汚れた国で、日本だけが曇りのない直霊神の国だとしています。そして、他国の書物は穢れているので読んだ人は心を祓い清めるようにと注意をしています。異国を汚らわしいものとみなす考え方は、当時の人々に受け入れられて、江戸末期の尊皇攘夷思想へと結びつきました。

自我は抑圧した影を境界線の外側に投影して、「あいつは悪人だ」と自分と他者を切り離して見てしまいます。自我は境界を作って自分を分離させて、内側の自分だけが特別だと思っています。自我は自分だけが正しいと思い込むので、自己中心的な思考の罠に気をつけなくてはいけません。

世界中のどの宗教にも、許すこと、思いやりを持つこと、愛することの教えがあります。ですが、信者の自我の条件付けによって、その愛は限定されています。愛し合うのは境界線の内側にいる同じ宗派の信徒同士にかぎられています。境界線の外側の異教徒は、投影されて敵に見えるので、憎しみの対象となってしまいます。そのために、「異教徒は悪魔の手先なので、滅ぼして排除しなければ平和が訪れない」などと考えてしまうのです。

かくして人類は、凄惨な殺し合いを繰り返してきました。一なるものに境界線を引くことによって、病が生じています。今までにたくさんの国境線が、現れては消えました。境界線は人間の心が作りだしたもので、本当に存在しているわけではありません。世界は関係性で成り立っており、分けることはできません。

人間は外から与えられた印象が無意識の中に刷り込まれ、それに突き動かされてしまう性質を持っています。もし物事を武力で解決する行動が深く刷り込まれてしまえば、抑圧されたエネルギーに支配されて殺戮に手を染めてしまうことが続いてしまいます。

「はらから（同胞）」という日本語は、みな同じ先祖から出ている仲間だということをあらわしています。しかし、同族の親戚、兄弟、姉妹、親子といえども、仲が悪く殺し合う人もいます。先祖の神様も嘆いているに違いありません。

ＤＮＡの研究によると、５００万年前に人類はオランウータンと分化し、そこからゴリラ、チンパンジーと次々と枝分かれして、20万年前にアフリカに誕生しています。母親から受け継いだミトコンドリアＤＮＡの起源をたどると、たった一人の人類共通の大祖母ミトコンドリア・イブにたどり着きます。そして、10万年前にアフリカ人と枝分かれしたモンゴロイドは、アジア大陸から渡って約

4万年前に日本列島に現れました。

先祖を何万年もさかのぼれば、日本人、中国人、朝鮮人、という違いは消えてしまいます。笹川良一氏の言葉ではないですが、「人類はみな兄弟姉妹」なのです。

森に住む先住民族にとって、植物や動物は兄弟姉妹で、森は神であり、すべてでした。アニミズムでは、自然界のすべての生命は、人間も、動物、植物、石まで、一つの大きな命の一部分であると考えていました。

ミソギによって人々の意識に進化が起きると、自己中心的な自我から自由になります。あらゆる命は母なる地球という同じハラから生まれた兄弟姉妹とみなす、深い一体感が生まれます。そのときになって初めて、地球上から争いが消えることでしょう。

アマテラス

アマテラスが生まれたのは、筑紫の日向《ひむか》の橘の小門《おど》の阿波岐原《あはきはら》（宮崎県宮崎市）だといわれています。宮崎市の江田神社は、「産母さま」と呼ばれ、ここにはアマテラスの親イザナギ（伊耶那岐命）が黄泉の国から帰ってきて禊祓いをしてアマテラスが生まれたとされる「みそぎの池」があります。

宮崎県都城市の霧島東神社に、忍穂井《おしほい》という神龍の泉があります。伊勢神宮の上御井《かみのみい》神社の「御井《みい》」には、高天原の天の忍穂井から移されたという伝承があります。ニニギとアメノオシホミミ（天忍穂耳）を祀る薩摩国一之宮の新田神社のそばには忍穂井川が流れています。アメノオシホミミはアマテラスの子供ですので伊勢と日向には深い縁がありました。

宮崎県日向市の大御《おおみ》神社を訪れたときに、新名宮司より、本殿奥から発見された「天照皇大神宮」と書かれた木簡を拝見しました。大御神社は、江戸時代までは日向のお伊勢さま「天照皇大神宮」と呼ばれて、伊勢神宮と同じく天照皇大御神《アマテラススメオオミカミ》を祭神にしていました。天照皇大御神の「大御」をとって「天

大御神社（宮崎県日向市大字日知屋）

照皇大神宮」から「大御神社」に名前が変わったようです。伊勢が浜と、近くに五十鈴《いすず》川もあるので、伊勢神宮の元が大御神社だったのではないかといわれています。人々が他の土地に移動したときに、新しい土地に元の地名を名付けることがよくあります。大御神社には、海上から日の出を拝する日本一大きなさざれ石の神座が鎮座しています。近年、このことが知られるようになって以来、参拝者が急増しているということです。

『古事記』に出てくる最初の神様はアメノミナカヌシ（天之御中主神）、タカミムスビ（高御産巣日神）、カミムスビ（神産巣日神）で、高天原ではこの三柱は「造化の三神」と呼ばれています。次にウマシアシカビヒコジ（可美葦牙彦舅神）とアメノトコタチ（天常立神）の二柱の神が現れました。この天地《てんち》開闢《かいびゃく》の時にあらわれた五柱の神々をコトアマツカミ（別天津神）といいます。次に現れた神がクニノトコタチ（国之常立神）とトヨクモ（豊雲野神）の二柱の神です。

伊弉諾神宮（兵庫県淡路市多賀）

『日本書紀』で最初に現れた神は、クニトコタチ（国常立尊）です。神道では、アメノミナカヌシと同一視される重要な神とされています。クニトコタチから7代目の神がイザナギです。そのイザナギとイザナミ（伊耶那美命）から生まれたのが、アマテラスとスサノオとツクヨミです。

イザナギからは、黄泉国の汚穢を洗い清める禊を行ったときにソコツツノオ（底筒男命）、ナカツツノオ（中筒男命）、ウワツツノオ（表筒男命）の、住吉大社に祀られている三神が生まれています。

イザナギとイザナミとの間に最初に生まれた神はヒルコ（蛭子）でした。

天之御柱を中心に、女神イザナミが左回りに、男神イザナギが右回りに回って生まれた子供がヒルコでしたが、手足がなえた子でした。なぜ不具の子が生まれたのか、神々から教えをきくと、子づくりの際に女神である

住吉大社（大阪市住吉区住吉）

イザナミから最初に声をかけたことが原因だと教えられます。ヒルコは葦の舟に入れられて、日本に最初にできた島であるオノコロ島から流されてしまいます。

女神イザナミから声をかけて失敗した教訓から、今度は男神イザナギから声をかけると、健康な神々が生まれました。女性が最初に声をかけて災いが起きるのは、母系社会から父系社会への移行を暗示する話です。

正しくイザナギが左から回り、

「あなにゑや、えおとめを」

（ああ素晴らしや、美しい乙女に会ったとき）

と声をかけ、イザナミが右から回り、イザナギの後から、

「あなにやし、えをとこを」

（ああ麗しい、美し男子に会ったときぞ）

と声をかけると、良い子が次々と生まれました。

ホツマ文字で「ア」は左回りで天をあらわし、「ワ」は

おのころ島神社（兵庫県南あわじ市榎列下幡多）

右回りで地をあらわしています。女性は右回りでした。『日本書記』でアマテラスはヒルメと呼ばれヒルコと対になっています。『古事記』でヒルコはアマテラスの兄で、『日本書記』では弟ですが、やはり捨てられてしまいます。捨てられるヒルコは母系の時代の話だったかも知れません。『ホツマツタエ』でヒルコは女になっています。

アマテラスの記述は『日本書紀』で次のように変化しています。最初のアマテラスは、日の神、大日孁貴《オオヒルメノムチ》として現れました。次に天照の称号がついた天照日孁尊《アマテラスヒルメノムチ》として、そして大の文字がついた天照大日孁尊《アマテラスオオヒルメノムチ》となり、最後に天照大神《アマテラスオオカミ》となっています。日の神、太陽神の自然崇拝から祖霊信仰の大日孁貴《オオヒルメノムチ》になり、それから皇祖神の天照大神《アマテラス》になったのです。つまり、信仰形態は縄文の自然崇拝から弥生時代の人間崇拝になり、さらに天皇崇拝へと変わっていったわけなのです。

天照玉命神社（京都府福知山市今安）

全国に、その名に「天照」のつく神社がありますが、古い神社の祭神は天火明命《アメノホアカリ》になっています。男性の人格神です。この神様は別名を、彦火明命《ヒコホアカリ》、天照御魂神《アマテルミタマ》、天照国照彦火明命《アマテルクニテルヒコホアカリ》、饒速日命《ニギハヤヒ》としています。

三輪山の大神神社に伝わる絵図には、アマテラスが男神として描かれています。福岡の天照《てんしょう》神社の祭神は天照國照彦天火明櫛玉饒速日尊《アマテルクニテルヒコアメノホアカリクシタマニギハヤヒ》、伊勢《いせ》天照《あまてらす》御祖《みおや》神社の祭神も天照国照彦火明命《アマテルクニテルヒコホアカリ》、京都府福知山市の天照玉命《あまのてるたまのみこと》神社はニギハヤヒのフルネーム天照國照彦天火明櫛玉饒速日尊《アマテルクニテルヒコアメノホアカリクシタマニギハヤヒ》になっています。最初の「天照」（アマテラス）は男性の神ニギハヤヒでした。円空は岐阜県で、長いあごひげをたくわえた男

廣田神社（兵庫県西宮市大社町）

性としてアマテラス（天照皇大神）を十体ほど彫っていました。

『日本書紀』に、仲哀《ちゅうあい》天皇が熊襲との戦いの最中に崩御されたので、竹内宿禰《すくね》に琴を弾かせて中臣烏賊津《なかとみいかつ》を審神者《さにわ》にし、神功皇后が入神して祟《たた》り神《がみ》の名を問いただすと、伊勢の五十鈴宮にいるムカツ姫と答える話が出てきます。

桜井市にある横内《よこうち》神社の正式名は、撞賢木厳御魂天疎向津姫命《つきさかきいずのみたまあまざかるむかつひめのみこと》神社となっています。社名の男女神二柱が祭神です。

籠《この》神社の『海部氏《あまべし》系図』の注記（江戸時代初期）にも、天照皇大神宮の祭神名が天照大神荒御魂瀬織津《アマテラスオオカミアラミタマセオリツ》姫と記されています。

ムカツ姫はセオリツ姫（瀬織津姫）の別名とされています。鎌倉時代中期の成立とされている『倭姫命世紀《やまとひめのみことせいき》』はセオリツ姫を天照大神の荒魂としています。古文書『ホツマツタエ』もムカツ姫を男性アマテルの正妃サクナダリ・セオリツ姫ホノコ、つまりセオリツ姫のことだとしています。

『日本書紀』でアマテルが、わが荒魂を廣田に祀るように神功皇后に託宣しますが、兵庫県西宮の廣田神社の主祭神は、天照大神《アマテラス》荒御魂《アラミタマ》で、またの名を撞賢木《ツキサカキ》厳之《イツノ》御魂《ミタマ》天疎向津《アマサガルムカツ》媛としています。サカキ（賢木）とは常緑樹のことで、ツキは常緑樹にイツノミタマ（厳之御魂）が依り憑くことです。アマサガルムカツ姫（天疎向津媛）を直訳すれば、天から遠く離れて向かってきた「媛」ということになります。

六甲比命神社
（兵庫県神戸市灘区六甲山町）

六甲山神社は廣田神社の摂社ですが、六甲山は昔、向津峰《むかつ》と呼ばれ、それが武庫《むこ》となり、江戸時代頃より六甲《むこ》と表記され、明治以降「ろっこう」と音読みされるようになったといいます。

ムカツ姫の別名がセオリツ姫とされています。六甲山の旧名がムカツ峰と呼ばれていたのではないかというところから、六甲《ろっこう》比命《ひめ》神社の祭神、ロッコウ姫（六甲比女大善神）はセオリツ姫とされています。

ムカツ姫はアマテラスアラミタマの別名として伊勢神宮内宮（皇大神宮）の境内別宮である荒祭宮《あらまつりのみや》に祀られています。つまり、太陽神ニギハヤヒとその妃セオリツ姫の両方の名前を消して皇祖オオヒルメノムチに天照の称号を習合した女神アマテルが祭神として伊勢神宮に遷《うつ》されたとすると話があい

伊勢神宮内宮荒祭宮（三重県伊勢市宇治館町）

伊勢神宮内宮（伊勢市宇治館町）

伊勢神宮外宮（伊勢市豊川町）

御霊神社（大阪市中央区淡路町）

ます。

大阪・淀屋橋の御霊《ごりょう》神社もアマテラス（天照大神）の荒魂としてセオリツ姫を祀っています。

神の衣を機で織って神を待ち、神が訪れた時にこれを着せて神の妻になる女性を織姫といいました。つまりアマテラス最初のヒルメ（日孁）は〝日の妻〟で神に仕える織姫でした。蘇我氏を滅ぼした６４５年の乙巳《いっし》の変と、天武天皇が即位した６７２年の壬申の乱のあたりから、オオヒルメノムチがアマテラスとして国家の神に昇格したようです。それ以前まではアマテラスが祀られた形跡がなく、『古事記』には伊勢神宮の建設に関する話がまったく出てきません。『日本書紀』の伊勢神宮の表記はアマテラスではなく伊勢大神でした。

神武天皇が宮中に最初に祀った天津神は、アマテラスではなく樹木信仰と結びついた旧来の皇祖神、タカミムスビ（高皇産霊尊）だったようです。

天武天皇の時代に官社制の神社造営が全国に命じられました。地方豪族が祀っていた自然神・氏神の頂点に伊勢神宮がおかれました。927年にまとめられた延喜式神名帳の式内社には、ほとんど天照大神が祀られていません。天照大神が古い神社にないのは、後から新しく祀られた神だからなのです。皇祖神としてアマテラスが伊勢神宮に祀られたのは伊勢神宮の内宮ができた690年頃から外宮が完成した文武天皇2年の698年までの天武・持統天皇の時代だったようです。

名前が同じでも、男女の二柱のアマテラスが存在しています。持統天皇の前のアマテラスは天照国照彦の称号を持つ男性のニギハヤヒで、持統天皇の後のアマテラスが女性のオオヒルメノムチです。アマテラスは女性の持統天皇がモデルだといわれています。高天原のアマテラスが女神ですと、地上の支配者である持統天皇が女帝でも不自然ではありません。持統天皇は孫の軽皇子《かるのみこ》に皇位を継承したかったので、祖母から孫への皇位継承を正当化するのに都合が良いように、女神のアマテラスが孫のニニギに国を譲る天孫降臨説話を作らせたのではないかと見られています。

伊勢神宮は皇祖アマテラスを祀る神社ですが、古代に天皇みずから伊勢神宮に参ったという記録がありません。天皇が初めて伊勢神宮を参拝したのは、実は明治2年の明治天皇の参拝なのです。

持統天皇や聖武天皇の伊勢行幸はありましたが、神宮への参拝は明治になるまでなかったのです。

伊勢神宮は、土地の神のトヨウケ（豊受大神）を祀る外宮と、アマテラス（天照大神）の内宮にわかれています。

出雲教（島根県出雲市大社町杵築東）

『民族の創出』（岡本雅享、岩波書店）によると、中世から幕末まで、絶大な力を持っていたのは外宮のほうでした。外宮にはアマテラスに先行する神であるトヨウケのほうが上位にあると主張する伊勢神道がありました。そして、膨大な数の御師《おんし》たちは、外宮に祀られている農業神である豊受大神を広めるため、御祓《おはらい》大麻や伊勢暦を配るなどの布教活動をして、農民たちを伊勢参拝へと勧誘していました。伊勢の外宮は、経済的にも信仰的にも力を持っていました。お伊勢詣りの信仰の中心は古代から受け継いできた農業神トヨウケの外宮が中心で、内宮のアマテラス信仰ではありませんでした。

天皇中心の中央集権国家を目指した明治政府は、世襲神官の排除、御師の廃止、祭典の改廃をおこないました。そして、国家神道にそぐわない伊勢神宮の外宮は解体されてしまったのです。

伊勢神宮がある宇治には、以前は３００以上の仏教寺院がありました。800戸の御師が廃止されると同時に、285もの仏教寺院も姿を消してしまいました。

伊勢神宮を頂点とするピラミッド型の神社秩序にしたい明治政府にとって、伊勢神宮よりもはるかに古い出雲大社はやっかいな存在でした。

伊勢神宮よりも下位におかれた出雲大社は、幽界(あの世)の主のオオクニヌシと顕界(この世)の主のアマテラスを同格に祀るように主張したので、神道界を二分する祭神論争が起きました。出雲の主張は神道者・国学者から支持されましたが、宮中は歴代天皇の御霊を遙拝するという勅裁が下され、出雲の主張は敗れました。

政府はこれを契機に神職世襲制と神官が布教と葬儀に関わる宗教活動を禁止しました。こういった経緯から、出雲国造の北島家は出雲教を立ち上げ、出雲国造の千家も出雲大社教を立ち上げ、出雲大社は民間の宗教団体になったのです。近代国家を目指した明治は、神々が抹殺された時代だったのです。

ひとつにくくる女神

石川県白山市にある白山比咩《しらやまひめ》神社は全国に三千余りあるといわれる白山神社の総本社です。ところが祀られているククリ姫（菊理媛）は『古事記』『日本書紀』に記述がなく謎の女神といわれています。唯一『日本書紀』の一書《あるふみ》に、黄泉の国から逃げたイザナギはあの世とこの世の境である黄泉比良坂でイザナミにおいつかれて口論になりました。その時に泉守道者《ヨモツチモリビト》が現れて「一緒には還れません」とイザナミが言葉を伝えました。続いてククリ姫が現れて何かを告げると、イザナギはそれをほめて帰ったとあります。

ククリ姫が何を言ったかは何も書かれていません。ククリ姫が何者かも明かされません。このように日本書紀では本文になく異伝として注の形でククリ姫の名前が一回だけでてきます。おそらく記紀の作者にとってククリ姫は無視することができない女神で、さりとて出自を知られることも都合が悪かったのでしょう。

白山比咩神社（石川県白山市）

全国の白山神社はククリ姫とイザナギ・イザナミの三柱が一緒に祀られているケースが多いです。ところが新潟市沼垂の白山神社ではククリ姫（菊理媛命）、アマテラス（天照皇大神）が一緒に祀られていました。奈良市米《まい》谷《たに》町の白山比咩《しらやまひめ》神社は肝心のシラヤマ姫（白山比咩）がなく、かわりにアマテラス、イザナミ（伊邪那美命）、カグツチ（軻遇突智命）となっています。そして岩手県一関市の熊野白山滝神社の祭神はセオリツ姫（瀬織津姫）とイザナギ（伊奘諾）、イザナミ（伊邪那美）を祀っていました。

白山を開山したのは奈良時代の修験道の僧泰澄《たいちょう》です。泰澄は秦氏出身ですが秦氏の山岳信仰の対象になっていた愛宕山は白山《はくさん》の異称があります。岩手県遠野の愛宕神社の祭神はカグツチになっていますが戦前まではセオリツ姫となっていました。

『エミシの国の女神』（菊池展明、風琳堂）によると、岩手県の大迫町の白山杉がある白山神社のご神体はオシラサマですが、オシラサマは養蚕の神であり三河の養蚕の神は天白《てんぱく》神としてセオリツ姫の別名となっています。

またオシラサマは「お知らせの神」とも伝えられていますが、白山もシラでありククリ姫はイザナギに声をかけた「お知らせの神」でした。神の声を知らせるのが巫女の役割です。

白山神社社家の伝承によると、シラヤマ姫はセオリツ姫と同じく穢れを禊ぐ神として伝えられていました。白山の山頂をめざす古道にある「川上御前社」の伝承で、泰澄の夢枕に白山の「天女」（川上

白山神社（岩手県大迫町）

ククリ姫が顕現した池（平泉寺白山神社）

御前・シラヤマ姫）が現れて「吾ここにありて国中の水を守護す」と告げたといいます。白山から流れ落ちる水流の場所に白山信仰は集中し、白山神社は泉がないと成立しませんでした。

白山比咩神社の摂社に河濯《かはすそ》神社があります。河濯は川で禊ぎするといった意味があり、川で身を清める祓いの水神として祀られていました。白山信仰と河濯神とセオリツ姫は繋がりがあり、河濯の神を祀る寺社は日本海側にいくつもあり、その多くはセオリツ姫として祀られています。

福井県永平寺町の明神社《みょうじんしゃ》境内社・河濯神社の祭神はセオリツ姫となっています。その分社の川上

河濯尊（白山比咩神社 河濯尊大権現堂）

明神社（福井県永平寺町松岡椚）

神社はミヅハノメ（美都波能売命）とセオリツ姫命を祀っています。

石川県金沢市の瀬織津姫社で祭礼時に掲げる幟《のぼり》に「川濯御神」とあるのでミヅハノメとセオリツ姫と河濯・川濯神は同神とされていたようです。

自然信仰から弥生の祖霊信仰の時代になると、自然界の水の精霊は女神として、セオリツ姫、ミヅハノメ、シラヤマ姫として信仰されるようになったのです。

仏教の影響を受けると大権現として神仏習合のもとに祀られるようになり、その過程でアマテラスと競合するセオリツ姫の名前は姿を消していきました。

阿波の国

古代では物事の是非が神意によると考えていたので、祭祀を司っていた物部氏は裁判権と罰則をおこなう軍事・警察権を担当していました。6世紀頃になると分業化して、祭祀権は中臣氏と忌部《いんべ》氏にまかせ、物部氏は軍事・警察権を担当するようになっていました。忌部氏の名は穢れを忌み清める「斎戒《さいかい》」の意味があり祭祀を司る家柄で、中臣氏に取って代わられるまで禍いを祓う役割を持っていました。

忌部（斎部）一族の祖神はタカミムスビ（高皇産霊神）の子であるアメノフトダマ（天太玉命）に始まります。アマテラス（天照大神）が天の岩戸に隠れた時に八咫鏡《やたのかがみ》と眞経津鏡《まふつのかがみ》と大麻をかけた榊《さかき》を持ち、天岩戸が細めに開いた時、アマテラスに鏡を差し出したのがアメノフトダマです。

国生み神話で、イザナギ（伊弉諾）とイザナミ（伊邪奈美）によって最初にできた島がオノゴロ島（淤能碁呂島）です。次に淡路島と四国、続いて隠岐島、九州、壱岐島、対馬、佐渡島、本州となっています。

記紀神話を語った人々が最初に移り住んだのが神話で最初にできた淡路島と四国だったかもしれません。延喜式神名帳に記された男性イザナギの神社は16社ありますが、女性イザナミの神社はただ1社しかありません。徳島県美馬市に伊射奈美《いざなみ》神社が鎮座し、そして、近くの淡路島に淡路国一宮伊弉諾《いざなぎ》神宮があります。

イザナミが最後に産んだのはカグツチ（火之迦具土神）という火の神ですが、その前に産んだオオゲツ姫（大宣都比売神）は阿波の神になっています。徳島県名西郡神山町の上一宮大粟《かみいちのみやおおあわ》神社にオオゲツ姫が祀られています。

忌部氏の勢力地だった徳島県鳴門市大麻町には阿波國一之宮大麻比古《おおあさひこ》神社が鎮座しています。安

伊射奈美神社（美馬市美馬町中鳥）

大粟神社（名西郡神山町神領字西上角）

房国下立松原《しもたてまつばら》神社に伝わる『忌部氏系図』で、オオアサヒコ（大麻比古神）はアメノヒワシ（天日鷲命）の子で、またの名はツクイミ（津咋見命）であるとしています。社伝で神武天皇の時代に忌部氏の子孫が阿波国に入り国土を開拓したとあります。自然信仰の時代は、大麻比古神社の背後にある大麻山がご神体でした。それが弥生になり忌部氏がやって来ると祖先神である大麻比古を祀るようになったのです。

吉野川市の前身「麻植《おえ》郡」にある忌部《いんべ》神社の祭神アメノヒワシは「麻植《おえ》の神」と呼ばれ、名前の通り木綿や麻などを栽培して麻を朝廷に献上していました。忌部神社がある忌部山には6世紀後半に忽然と現れた古墳群があります。藤原氏との勢力争いに敗れて四国に戻った忌部氏の古墳ではないかと思います。

大麻比古神社（鳴門市大麻町板東）

忌部神社（吉野川市山川町忌部山）

大麻

大麻《おおあさ》は神聖な存在で罪穢れを祓う力が格別に強いとされ神社では麻を奉納する習慣がありました。それは必ず大麻でなければならなかったのです。神道儀式は、大麻がないと成り立ちませんでした。大麻には神霊が寄りつきやすいと考えられていました。お祓いの時には祓戸の大神が寄りつきます。その筆頭の女神がセオリツ姫（瀬織津姫）です。神社で鈴を鳴らしますがその「鈴緒《すずのお》」の縄も注連縄も大麻です。鈴緒の緒はへその緒が母と子を結ぶように神と人をつなぐ意味を持っていました。相撲では麻で編んだ太いしめ縄のことを横綱といっています。大麻は罪や穢れや祓う力があり神聖なものとされていました。神社の注連縄《しめなわ》は２匹の蛇の交尾を象徴する多産と豊穣のシンボルです。右回りの螺旋と左回りの螺旋が交わると融合します。生命はＤＮＡも銀河宇宙も螺旋構造をしています。

縄文人は生命が循環する永遠性と豊穣を祈り、神聖なシンボルとして縄を螺旋に巻いて縄目の「文様」をつけたのです。それが縄文土器です。最も神聖な土器の縄目は大麻草だったに違いありません。

麁服献上記念碑（忌部神社）

福井県の鳥浜遺跡から1万年前の大麻の種が発見されています。神道の穢れを祓う道具が大麻でした。神主の装束も麻で織っています。社殿のない場所で祭儀をおこなうときの神籬《ひもろぎ》は榊《さかき》に折った紙を垂らす紙垂《かみしで》に麻をつけたものでした。お祓いをする際に頭の上で振る「大麻」は榊の木に紙垂と麻がついたものです。この「大麻」から、伊勢の神宮のおふだのことを「神宮大麻《じんぐうたいま》」と呼ぶようになっています。伊勢神宮の御祓大麻《おはらいたいま》は何百万枚も配布されています。

天皇が「大嘗祭」において儀式のときに着用する神衣《かむそ》は麻の織物でできています。現在も忌部《いんべ》直系の阿波・三木家が鹿服《あらたえ》と呼ばれる麻の衣を天皇家に献上しています。天皇の代が変わる時、新しい天皇は大麻でできた鹿服を着て神殿に一晩寝て天皇霊を受け次ぐ儀式をしていました。大麻には穢れを払う力と同時に神霊を宿す力があると信じられていたのです。しかし、南北朝時代に忌部氏が南朝方に付いたために忌部氏は衰退し、それ以来、麁服の献上は途絶えてしまいました。

明治になり儀式が復活すると明治天皇大嘗祭の時に忌部氏の末裔である徳島県美馬市木屋平村《こやだいらそん》の三木家が麁服と呼ばれる麻の衣を再び天皇家に献上することになったのです。

人類が最初に作った布は麻だと言われています。茎の外皮のすぐ内側にある柔らかな部分から作る繊維は、ジュート（黄麻《こうま》）、リネン（亜麻《あま》）、ラミー（苧麻《ちょま》）、ヘンプ（大麻《たいま》）などさまざまな名称で呼ばれています。ユダヤ教でも大麻は神聖とされていました。旧約聖書で「神殿に入るときには頭には亜麻布の冠をつけ、腰には亜麻布の袴をつけ麻の衣服を着なければならない」（エゼキエル書第44章より筆者要約）と、聖書は祭司に麻の服で聖と俗との区別つけるように指示しています。

日本人は昔から麻糸でへその緒を切り、はじめて袖を通す産着は麻でした。麻を素材にした弓弦、凧糸、かつおの釣り糸や漁網を使い、麻の茎の入った家に住み、麻の鼻緒で作った下駄を履き、麻布でできた着物や褌を身に付け、麻の蚊帳の中で麻糸で作った畳の上で眠っていました。大麻は日本人の生活中に溶け込んでいました。

しかし戦後、占領米軍ＧＨＱに指導によって１９４８年に大麻取締法が制定されて、許可なく大麻の栽培、輸出入は懲役7年以下、所持、譲渡は懲役5年以下の罪に問われるようになりました。つまり大麻をただ持っているだけで誘拐と同じ悪質な犯罪として取り締まりの対象になってしまったのです。

その当時のアメリカは「大麻課税法」を制定して綿花の栽培業者、衣料の原料である合成繊維の石油業界、製紙の原料のパルプ業界を保護していました。大麻の禁止には経済的な理由があったのです。大麻は荒れ地や干ばつでも成長し、肥料や農薬も必要としません。大麻からは紙と建材が作られ土で分解するバイオプラスチックも作ることができました。麻の繊維から丈夫なロープも作れます。中国では昔から鎮静の漢方薬として使われ、最近は緑内障、ガン、アルコール依存、アルツハイマー、鬱病の治療に注目を浴びています。

大麻は幻覚性や中毒性があり危険な麻薬と思っている人が多いですが、大麻には致死量がなく大麻摂取による死亡例は報告されていません。最近のＭＲＩなどを使用した医学的研究ではアルコールやニコチン、コカインよりも大麻が有害だと立証できなかったとされています。大麻が暴力や攻撃性、非行などの主因となるということも否定されています。

大麻は食料、油、衣服、紙、建材、薬として日本で自給できる有益な植物でしたが、大麻産業は犯罪と結びつくイメージができてしまったことと、木綿に押されて著しく衰退してしまいました。麻糸の技術をもっていたお年寄りも次々と他界して、縄文時代から継続してきた麻の伝統技術は消えようとしていました。そんな危機的状況でしたが、近年、日本各地で国産大麻を復活させて、貴重な伝統技術を継承する麻糸産みの後継者を育てる取り組みが始まっています。

ユダヤと日本

明治時代の佐伯好郎という学者が唱えた説に秦氏《はたうじ》＝ユダヤ人説があります。

紀元前722年イスラエル北王国が滅亡し、紀元前586年に南王国ユダが滅亡した後、12支族のうちのアッシリアに連行された10支族は行方がわからなくなりました。イスラエルの調査によると、10支族の一部はシルクロードの周辺数カ所で見つかったということです。『日本書紀』（仲哀《ちゅうあい》天皇記）に弓月君《ゆづきのきみ》の民1万8670人が渡来したことが書かれています。弓月王国は現在の新疆《しんきょう》ウイグル自治区北東部にあたり、佐伯好郎博士によると住民の大多数がユダヤ教から改宗した景教（キリスト教のネストリウス派）だというのです。そして弓月君の子孫が秦氏とされています。

富士山麓の山梨県富士吉田市に伝わる宮下文書《みやしたもんじょ》は、2300年前に中国から渡来した徐福《じょふく》が筆録したとされている古文書です。その徐福の子孫が秦氏とされています。

秦《しん》の時代、徐福は始皇帝の命により不老不死の霊薬を求めて神仙が住んでいる蓬莱《ほうらい》の島に船出し

磐境神明神社（徳島県美馬市穴吹町口山宮内）

たが戻ってこなかったと中国の歴史書に書かれています。探していた蓬莱山が富士山だったということです。

徐福が若い男女３０００人を伴い金銀財宝と五穀の種子と農耕機具・稲作技術・造船技術を持って日本に辿りついたとされる伝説が日本各地にあります。

徳島県美馬市穴吹町の磐境神明《いわさかしんめい》神社は自然の石を積み上げた「五社三門」と呼ばれる3つの門と、５つの祭壇があります。白人《しらひと》神社の奥社といわれ、石積みは平たい石を積み上げたもので、東西方向に20メートル、南北に7メートルの長方形、高さは１・２メートルほどあります。

イスラエルの元駐日大使であるエリ・エリヤフ・コーヘン氏がこの神明神社を訪れて、石垣囲いの聖域をもつ構造がユダヤの礼拝所と同じ造りであることを指摘しています。白人神社の氏子に75人の宮人がいて、昔から遷宮、お弓、神輿渡御の行事をおこない、決して他家をいれなかったそうです。古代ユダヤ礼拝所は山のほうに向かって礼拝していました。そして常に途絶えることなく火が灯されていたそうで、磐境神明神社がユダヤの神殿の習慣と同じなのでコーヘン氏は驚いたそうです。

アッシリアによってイスラエルの領土から連れ出された支族は、異邦人を嫌い、信仰を守るためにさらに遠い土地を目指したと第二エズラ書に書かれているところから、佐伯博士は10支族の一部が日本にたどり着いたのではないかと考えたようです。

日本人に渡来した人々のごく一部にユダヤ10支族の末裔がいたかもしれません。だからといって日本人がイスラエルの失われた10部族と決めつけてしまうのは乱暴な話です。日本の土台はやはり縄文です。

世界で一番騙されやすいのが日本人で、一番騙されにくいのがユダヤ人だという話を海外で聞いたことがあります。国を追われたユダヤ人に、各地で異教徒として迫害と差別を受けました。ユダヤ人は普通の職業が禁じられたので、地位が低く卑しいといわれた金融業にやむを得ず就くしかありませんでした。

近代になり資本主義が発展すると、ユダヤの共同体は経済的な成功をおさめ、ロスチャイルドのような世界最大の金融一族もあらわれました。そして、わずか世界人口の0・2パーセント以下にすぎないユダヤ人が、ノーベル賞の20パーセントを受け取っています。それもあらゆる賞にわたってです。つまりユダヤ人は、争いという代償を払って、今日の物質文明の発展に偉大な貢献をしてきたのです。

日本の縄文は、1万5000年もの長い間、環境を破壊せず戦争をしない時代が続いた、世界でも類のない文明を築きました。日本は世界に誇れる平和と調和の心を持っています。

持続可能な文明に移行しなければ、人類は自滅して地球に生存できなくなります。ユダヤの物質文明は役割を終え、これから縄文の心を持った日本の精神文明が大きな役割を持つことになるでしょう。

まつろわぬ神々

近年のY染色体の父系DNAの研究によって、日本人のルーツがわかってきました。

日本人のDNAは、1万6000年くらい前に大陸から移動してきた縄文系の〈Dタイプ〉が3割で、中国や韓国で多数を占める〈Oタイプ〉が5割を占めています。〈Dタイプ〉は縄文系の古いタイプのDNAで、日本以外にこのタイプが残っているのは中国南部の山岳地域のブヌ族（布努族）、インド・アンダマン諸島のジャラワ族とチベット族です。日本人は単一民族だと思っている人がいますが、DNAの配列から見ても、日本は多民族の集まりでできた国なのです。

縄文時代から弥生時代にかけて、中央集権国家にいたる過程には、大和朝廷の勢力になびかなかった、まつろわぬ神々がいました。「まつろわぬ」とは、「従わない」の意味です。先住民は熊襲《くまそ》、隼人《はやと》、土蜘蛛《つちぐも》、国巣《くず》（国栖）、蝦夷《えみし》と呼ばれた人々です。

天皇を崇敬する人々にとって、朝廷に逆らう先住民は、〝はらから（同胞）〟ではなく〝野蛮な異民族〟

鹿島神宮（茨城県鹿嶋市宮中）

でした。勝者の歴史観が浸透して、侵略されたほうが悪者になるのは、日本に限らず世界中で見られることです。

茨城県にある東国随一の古社、鹿島《かしま》神宮の鹿島の名は、この地を開いた多《おお》氏の先祖、タケカシマ（建借間命）から取られたようです。713年（和銅6年）に編纂された『常陸国《ひたちのくに》風土記』（茨城県）にタケカシマについての記述が出てきます。（筆者要約）

崇神天皇の昔、夜尺斯《ヤサカシ》・夜筑斯《ヤツクシ》という先住民の長がいて建借間命《タケカシマ》の軍が来ても降伏せず抵抗した。そこで建借間命は先住民たちをおびき出すために策略をはかった。勇猛果敢な兵士を選び出し山の隅に隠れさせ、海岸に船をつらねて雲のような笠と虹のような旗を飾り立てから、九州肥前の国に伝わる曲を琴と笛で美しく鳴らした。そうして七日七夜の間奏でて歌い舞った。穴倉に潜んでいた先住民たちは賑やかな音楽につられて男女共に家族そろって家から浜辺に出て来ては笑い楽しむようになった。それを見た建借間命は、騎兵に命じて喜び楽しんでいる先住民たちの退路を断ち、後ろから襲撃して、ことごとく捕らえて火を放って焼き殺した。

その先住民を痛く殺したために、この地が「伊多久・板来《いたく》」になり、「潮来《いたこ》」という地名になった。

昔、国栖土蜘蛛《くずつちぐも》と呼ばれた先住民がいた。地面に穴を掘って、穴倉に住んでいた。人が来るとすぐに穴に隠れ、人が去ると、また野原に出て悪事を働く。狼のような狂暴な性格を持ち、フクロウのように不気味で、ネズミのように隙をみてはこそこそと窺い、犬のように素早く盗む。だれからも招かれたりかわいがられたりすることがないから、ますます土地の風習から遠ざかっていた。この時、多氏の一族・黒坂命《クロサカ》が、先住民たちが穴から外に出て遊んでいるところを見計らって、住居穴に茨蕀《いばら》を敷いて入れないようにして、騎馬兵で追いかけた。先住民達はいつものように穴倉に走り帰ったが、逃げ場を失い皆、茨棘に突き刺さって傷つき病気になり、死んでいった。突き刺さった「茨」から名を「茨城」とした。

茨城の名前はここからきているといわれています。

土蜘蛛たちは地面に穴を掘った竪穴式の住居に住み、縄文時代から狩猟採集生活をして楽しく暮ら

竪穴式住居（岩手県二戸郡一戸町岩舘字御所野）

していました。そこへ生活習慣が異なる騎馬軍団を持った農耕集団が大挙して現れ、討伐が開始されると、土蜘蛛はたちまち滅ぼされてしまいました。『常陸国風土記』は、盗みを働き人を殺すので退治したと、土蜘蛛を悪い盗賊のように書いてますが、土蜘蛛は素朴で正直で陽気で人が良かったのです。ですから簡単にだまされて滅ぼされてしまったのです。騙されやすい純朴な先住民の性質は、日本でもかつて放映されたアメリカのテレビ映画『ローン・レンジャー』で流行語となった「白人は嘘をつくがインディアン嘘つかない」が象徴しているように思います。降伏した土蜘蛛は農民となり、かつて狩猟して遊んだ山林原野を開墾して農村に変えていきました。こうして常陸国は縄文から弥生へ変わっていったのです。

おそらく鹿島神宮の地は縄文の人々の信仰の拠り所だった聖地だったのでしょう。鹿島神宮は大和の国の多《おお》神社の祭神を奉遷して祭祀したのに始まると紹介さ

鹿島神宮御手洗池（茨城県鹿嶋市宮中）

れています。ところが多氏の祖先神のカンヤイミミ（八井耳命）は鹿島神宮に祀られていません。実は鹿島神宮の祭神のタケミカヅチ（武甕槌、建御雷神）は新しい神で、755年（天平勝宝7年）の万葉集や713年（和銅6年）に編纂された『常陸国風土記』では「香島の天の大神」となっていました。鹿島神宮の祭神は、権力を握った藤原氏の氏神タケミカヅチ神に変えられたのです。

私たちは何気なく神社にお参りしますが、神社にはその土地の歴史の情報も記憶されています。神社はその地に住んでいた人々へ敬意を表し敬う場所でもあるのです。

また、『古事記』では、神武天皇は岩屋の中で不気味な唸り声をあげ尻尾が生えた土蜘蛛に遭遇しています。神武天皇は、土蜘蛛たちの一人一人に、給仕をする接待人を付けてご馳走を振る舞いました。そして、油断した頃合いを見計らって、歌を合図に全員斬り殺してしまうのです。土蜘蛛たちは、宴会に招かれて疑いもせずにのこのこやってきたわけですから、見かけと違って素朴で人が良かったのです。土蜘蛛に尾があるように見えたのは、腰に巻いた毛皮の獣の尾だったのでしょう。

『日本書紀』に、今から約1700年前の奈良県吉野の先住民、国栖《くず》に関する記述が出てきます。289年、応神《おうじん》天皇が吉野を行幸したときに、国栖が酒を献上し、歌舞を奏して歓迎しました。国栖たちは手で口を打って音を出しながら歌の拍子をとり、上を向いて笑う独特の所作をしていました。人々ははなはだ純朴で、日頃は木の実を採って食べ、また、蛙を煮て上等の食物としていました。

記紀に出てくる土蜘蛛や国栖と呼ばれた先住民は、狩猟採集をして穴に住む、背が低く手足が長い人々でした。純朴で騙されやすく、親切で温厚な性質だったようです。皆殺しにされるような乱暴な極悪非道な人々ではありませんでした。しかし残念なことに先住民側の文献はなく、勝者の視点で描かれた大和朝廷側の記述しか残されていません。

390年の景行天皇の時代、九州に朝廷の軍隊が武力侵入して、隼人、熊襲、土蜘蛛が頑強に抵抗して敗れ去ったことが、『風土記』や『日本書紀』に出てきます。

福岡県糸島市の平原《ひらばる》遺跡からは、日本最大の銅鏡5枚と、すべて割られていた40枚の銅鏡、そのほかにネックレスやブレスレットなどの玉類の副葬品が出土しました。武器類がないので伊都国《いとこく》の女王の墓ではないかと見られています。

熊本県宇土市松山町の4世紀後半に築造された向野田《むこうのだ》古墳は、全国でも2番目に大きい未盗掘の

4メートルの巨大な舟形石棺の中に30代後半から40代の女性が葬られていました。古墳前期までの九州は多くの女性が首長を務めていたのです。

『肥前国《ひぜんのくに》風土記』には、佐賀県のミルカシ姫（海松橿媛）、長崎県のウキアナワ姫（浮穴沫媛）などの大勢の土蜘蛛の女性（土蜘蛛八十女）が抵抗して降伏しないので、天皇が兵を派遣して皆殺しにしたと書かれています。先住民が制圧される過程で、大勢の女性の長が殺されています。土蜘蛛は縄文時代からの母系社会の習慣を続けてきたのでしょう。殺された土蜘蛛の族長以外に、福岡県みやま市のウツラ姫（宇津良比女）、福岡県八女郡のヤメツ姫（八女津媛）、大分県日田市のイツマ姫（五馬媛）などのように、天皇に服属を申し出て許された女性の族長もいました。

平原古墳（福岡県糸島市）

向野田古墳（宇土市松山町）

宇津良姫塚（福岡県みやま市瀬高町太神）

『日本書紀』の景行天皇の巻によると、土蜘蛛・熊襲《くまそ》のカムナツソ姫（神夏磯媛）は、天皇の使者が来ると賢木《さかき》の枝に八握剣と八咫鏡《やたのかがみ》と八尺瓊勾玉《やさかにのまがたま》をかけ、船の舳先に素幡（白旗）をたてて帰順したことが出てきます。三種の神器を持っていたカムナツソ姫は山口県から福岡にかけての地域の首長でした。

山口県防府市富海の国津姫《くにつひめ》神社と福岡県田川市夏吉《なつよし》の若八幡《わかはちまん》神社はカムナツソ姫を祀っています。

『日本書紀』（神功記）に、山門県《やまとのあがた》で土蜘蛛のタブラツ姫（田油津媛）が天皇の軍に誅殺されると、軍を起こしていた兄の夏羽《なつは》は逃げたとあります。福岡県の山門を治めていた兄妹はカムナツソ姫の孫かひ孫だったようです。

福岡県みやま市瀬高町大草《せたかまちおおくさ》の蜘蛛塚は、昔、女王塚とよばれ、土蜘蛛のクズチメ（葛築目）かタブラ

イツマ姫を祀る玉来《たまらい》神社
（日田市天瀬町五馬市）

国津姫神社 (防府市富海)

若八幡神社（田川市夏吉）

蜘蛛塚（みやま市瀬高町大草）

ツ姫（田油津姫）が葬られた墓だという伝承が伝わっています。山門《やまと》の地名と女性首長の存在は邪馬台国九州説の根拠となっています。大分県速見郡のハヤツ姫（速津媛）が、率先して天皇に帰順して5人の土蜘蛛が立てこもる場所を密告する話が出てきます。天皇に帰順しないものは土蜘蛛にされ、従うと媛の敬称がつきました。また神の尊称を受けた大分県日田市のヒサツ姫（比佐津媛神）もいます。

天皇が征服した土地の産物を食べる行為は、天皇の支配権を象徴する儀礼でした。降伏した女性たちは土地の産物を差し出して天皇の服属儀礼に奉仕しました。

芸都《きつ》の里に住む国栖《くず》のキツヒコ（寸津毘古）、キツ姫（寸津毘賣）が『常陸国風土記』に出てきます。天皇に逆らったキツヒコは殺され、それに驚いたキツ姫は降伏しました。キツ姫の姉妹は天皇の仮宮で雨風をものともせずに朝から夕方まで熱心に天皇に奉仕したとあります。特に美しい女性は天皇の身の回りの雑事を専門におこなう女官「采女《うねめ》」として朝廷に差し出されました。大王《おおきみ》は妻問いをしなくなり、代わりに豪族の娘たちを宮中に女官として囲うようになったのです。天皇の「妾（側室）」は女官の中から選ばれました。

九州の降伏した隼人たちは、天皇の籠が通る曲がり角で狗《いぬ》のような唸り声を発する呪術的な儀礼を行っていました。

常陸、後豊、肥前の風土記は、天皇が軍隊で攻めて土蜘蛛を成敗して屈服させ、土地の産物を献上させる話となっています。ところが出雲と播磨の風土記には、天皇の巡行の話も土蜘蛛成敗の話も出てきません。出雲の人々が土蜘蛛と呼ばれることはありませんでした。出雲はオオクニヌシが支配して早くから弥生の文化圏になっており、部族の長は神として祀られていたのです。

『播磨国風土記《はりまのくに》』にも、土蜘蛛成敗の話は出てきません。すでに弥生の文化を持った渡来の勢力が播磨を支配していたからです。『播磨国風土記』に、アシハラノシコオ（葦原色許男神）とアメノヒコボ（天日命）が葛篭《つづら》を投げて、それぞれ自分の葛篭が落ちた国を占拠するという話があります。播磨は出雲に近く、出雲、渡来勢力と早くから連合服属関係にあったので、土着の部族の長たちは土蜘蛛ではなく神々として登場します。アメノヒコボは『古事記』には新羅の王子として描かれています。アシハラノシコオはオオクニヌシの別名です。播磨では渡来勢力同士の領土争いがあったのです。

『播磨国風土記』には自立した女性たちが刀売や刀自《トメ　トジ》と呼ばれる名称で登場します。播磨《はりま》刀売と丹《たん》波《ば》刀売が国の境を決めたとき、播磨刀売が湧き水を飲んで「この水は美味い」と言ったので、この土地を都麻《つま》というようになった話が出てきます。出雲から来たイワノオオカミ（伊和大神）が川の女神アナシ姫（穴師媛）に妻問いをしますが、固く拒否されてしまいます。大神は怒って石で川の流れをせき止めてしまいました。イワノオオカミは出雲からやってきたのでオオクニヌシだと言われています。アナシ姫には見事に振られてしまったのです。

縄文時代は女性が主導権をにぎっていました。『播磨国風土記』には、逆に女神が男神を追いかける話もあります。淡海（近江《おうみ》）の女神が花波《はななみ》の男神を追って播磨までやってきましたが、怒りと恨みのあまり刀で自分の腹を割いて沼に身を投げたので腹辟《はらさき》の沼という名前がついたということです。

播磨国は古くから弥生の勢力に服属していたので天皇の軍による土蜘蛛成敗の話は出てきません。神々の勢力争いや男女の人間臭い愛憎の話などが出てくるだけです。

文化の侵略には、大きく二つのパターンがあるといわれています。文化が比較的近い場合、税を納めれば文化を破壊せず、社会構造を温存して支配します。宗教や文化が異なる先住民が征服されると、略奪され、文化は破壊されました。侵略者は軍事力を背景に自分たちの文化に先住民を同化させてしまいます。そして、先住民の言語や神話は消えてしまうのです。

こうして日本の縄文は、アメリカ・インディアンやケルト民族、ゲルマン民族やアボリジニなどの先住民族と同じ運命をたどりました。弥生の勢力によってすでに支配されていた出雲と播磨の文化は大和朝廷の文化と似ていたのでしょう。一方、東北と九州は大和朝廷と生活習慣が異なっていたので、蝦夷や土蜘蛛と呼ばれ、虐げられたのです。

日本で中央集権国家ができて天皇制に至るまでの政治形態には、次のようなさまざまなヴァリーエーションがあったようです。

1　姉妹が祭祀を司り、その兄弟が政治を司る形態

2　女性が祭祀を司り、夫が政治を司どる形態

3　長兄が祭祀を司り、末弟が政治を司る形態

紀元前2世紀から2世紀の約４００年間にわたって銅鐸《どうたく》が制作されますが3世紀になると突然姿を消します。

出雲では大量に青銅器が埋められた後に四隅突出型墳丘墓《よすみとっしゅつがたふんきゅうぼ》という大型の墓が出現します。そして四隅突出型墳丘墓が消失して前方後円墳が出現するのです。このあたりで支配階級の交代が起きたのでしょう。国譲りがおこなわれたのはこの辺りかもしれません。

前方後円墳は3世紀半ば過ぎから7世紀末頃までの約４００年間にわたって造り続けられました。古墳時代は前期（3世紀末～4世紀後半）・中期（4世紀末～5世紀）・後期（6世紀～7世紀初頭）までをいいます。

古墳の前期は呪術と関係が深い大型銅鏡や碧玉《へきぎょく》製腕輪が多

三角縁神獣鏡（東京国立博物館）

免ケ平古墳（大分県宇佐市大字川部字免ヶ平）

く見られますが古墳時代の中期になると古墳は巨大化され副葬品も変わり鉄製の武器や馬具が多く出土するようになります。『卑弥呼と女性首長』（清家章、学生社）によると、近畿地方の古墳前期の女性首長の割合は3割から5割という結果が出ています。

大分県の免ケ平《めんがひら》古墳は姉妹か母娘のどちらかと思われる女性だけが埋葬されていました。大阪府の二本木山《にほんぎやま》古墳は船形石棺の首長古墳でしたが、兄妹か姉弟の男女が埋葬されていました。

大阪府和泉の黄金塚古墳は女性首長が埋葬されていました。男性の埋葬施設には刀剣類が副葬されているのに対して女性の副葬の刀剣は20センチメートル以下の短いものしかありませんでした。このことから女性は神のお告げに従って祭り事（政治）をおこない、戦場での戦闘行為は男性が担当していたようです。

古墳の人骨の歯を調べた九州大学の田中良之助教授

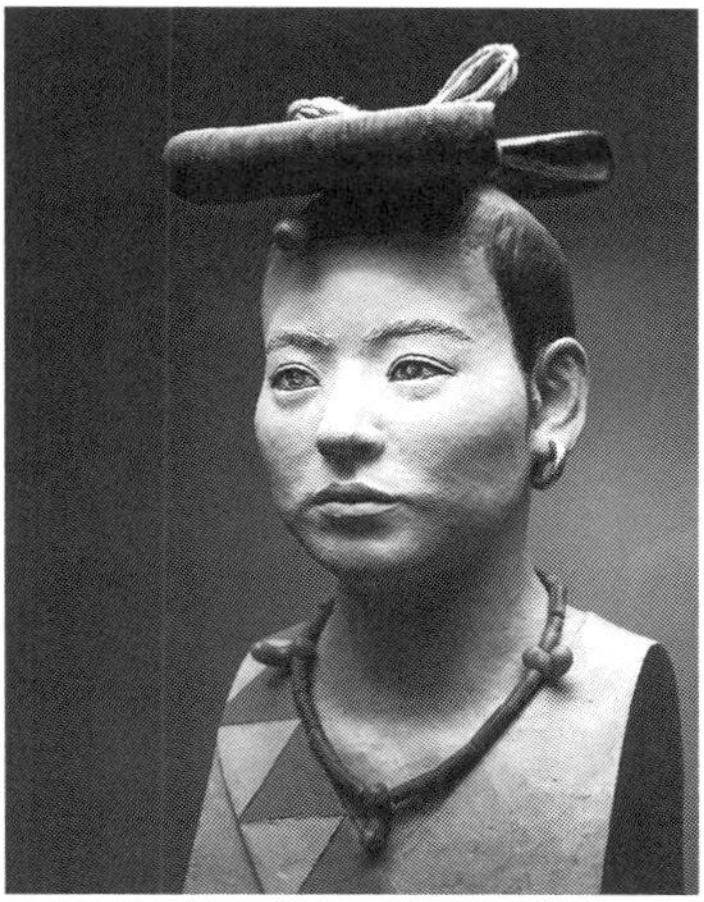

神花山古墳女性首長復顔像
（山口県平生町歴史民俗資料館）

和泉黄金塚古墳
（大阪府和泉市上代町）

の研究（『古墳時代親族構造の研究』柏書房）では、弥生から5世紀にかけて複数の遺体が一緒に埋葬されている場合、それは姉妹、姉弟、兄妹でした。夫婦や父と子といった関係ではありませんでした。このころまでは母系社会の影響が続いていたのです。

ところが5世紀後半になると、兄弟と一緒に父も埋葬されるようになります。夫婦とその子供が埋葬されるようになるのは6世紀頃でした。5世紀後半から、古墳に埋葬される女性は極端に減少していったので、戦いが頻繁に起きるようになったあたりから立場が逆転して女性のリーダーは姿を消していったのでしょう。

日本は、縄文の母系から古墳時代の双系へ、そして父系社会へと移り変わっていきました。女性のリーダーは5世紀頃を境に姿を消していきました。

母系社会が崩壊して以来、女性は男性を主人と呼ぶようになりました。

蝦夷

最後まで大和朝廷に服従せずに、1000年以上にわたって抵抗し続けたのが、東北の蝦夷《えみし》でした。鎌倉時代までの東北は蝦夷と呼ばれ天皇に従わず大和朝廷と異なる言語、風俗、習慣、価値基準を持っていた異民族とみられていました。

「蝦夷」の文字に虫がついていることからも分かるように、蝦夷という呼称は彼らが自ら名乗ったわけではなく、中央集権を築いた朝廷が、それ以前からの先住民に対して、劣った野蛮人としてみた名称です。

『日本書紀』（景行天皇）で、蝦夷は獣以下であるかのような書かれ方をしています（筆者要約）。

東の夷は性格が荒く、悪いことばかりしている。村には長も首長もいない。互いに境を侵し合って略奪し合っている。また山野には悪い鬼がいて、道を塞いで、多くの人々を苦しめている。

蝦夷征討の図（岩手県奥州市埋蔵文化財調査センター清水寺縁起絵巻）

その中でも蝦夷ははなはだ手強い。男女が交って住み、子供の父親が誰だか分からない。冬は穴に住み、夏は巣に住んでいる。毛皮を衣にして血を飲んで、動物と区別がつかない。飛ぶ鳥のように山に登り、逃げる獣のように草原を走る。恩恵を受けてもすぐに忘れてしまう。恨みは忘れず必ず報復する。束ねた髪に矢を隠し、太刀は衣の中に入れている。徒党を組んでは辺境を犯す。あるいは農作業中の人民を拉致する。撃てば草に隠れ、追えば山に入る。昔から今に至るまで、まだ天皇に服従しない。

「男女が交って住み」は竪穴式大型住居に大勢で暮らし、「村には長も首長もいない」は蝦夷の村に身分の上下関係がなく平等で「子供の父親が誰だか分からない」は蝦夷が母系だったことをあらわしているようです。

八世紀末頃までの東北・北上川流域は大和朝廷の支配が及ばない勢力圏外にあり、蝦夷はゆるやかな部族連合による合議制で独立を保ち、独自の生活と文化を築いていました。

中央集権国家体制を整えようとしていた大和朝廷は、東北の民を「蝦夷」と呼んで蔑視《べっし》し、「まつろわぬ民」を制圧するために軍隊を動員して、何回も東北に侵略してきました。

『日本書紀』の記述で竹内宿禰は「東の蝦夷に日高見国《ひたかみのくに》がある。その国の人は髪をわけて結い体に入れ墨をした勇猛な戦士である。土地は広く肥沃なので、攻め込んで奪い取るべし」と朝廷に進言しています。朝廷は東北を「道奥国《みちのおくのくに》」と名付け、658年（斉明天皇4年）に阿倍比羅夫《あべのひらふ》を蝦夷に出兵させて以来、「蝦夷は野蛮な心があって馴れず、しばしば良民に危害を及ぼしている」として何回も兵を送っています。

聖武天皇の724年（神亀元年）、太平洋岸の蝦夷の反乱が起きたときに、鎮狄《ちんてき》将軍の小野牛養《おののうしかい》を蝦夷に向かわせました。この年に多賀城（多賀柵）が築かれて、郡山から国府・鎮守府が移転して蝦夷制圧の拠点となりました。捕らえられた蝦夷の人々は片っ端から強制移住させられ、職業の自由も、居住・移転の自由もない奴隷として、朝廷の管理下に置かれました。反乱を起こした蝦夷は「平安の昔からおまえたちの先祖の良民を苦しめた鬼・山賊だった」と教え込まされました。郷土を守ろうとした英雄は、鬼・山賊にされてしまったのです。文化を根こそぎ奪う朝廷の暴政に対して蝦夷の人々は怒り、1000年の間、反乱が絶えませんでした。

桓武天皇（岩手県盛岡市志波城古代公園展示室）

780年（宝亀11年）、俘囚《ふしゅう》（服属した蝦夷）の指導者である伊治呰麻呂《これはりのあざまろ》が反乱を起こして多賀城が焼け落ちる宝亀《ほうき》の乱が起きました。それ以来、桓武天皇は蝦夷を攻略しようとしましたが、何度も失敗してうまくいきませんでした。桓武天皇は国家の威信を取り戻すため蝦夷の徹底した討伐を強く決意して「東国に朕の意のあることをしらしめよ」と激をとばしました。

789年（延暦8年）3月9日、朝廷は関東の民を徴発して、紀古佐美《きのこさみ》を将軍に5万2800人の軍隊を仙台の多賀城に集結させました。3月10日、桓武天皇は蝦夷征討を祈願して伊勢神宮に供物を奉献しました。6月3日に4000の官軍は岩手県奥州市の北上川に着くと両岸で二手に分かれ、蝦夷の村を焼き払いながら進軍しました。

蝦夷の本拠地、巣伏《すぶせ》村に入り、蝦夷軍を挟み撃ちして合流しようとしていたそのとき、アテルイを軍事司令官とする蝦夷軍が現れ、前軍2000の兵は渡河を阻まれ合流できませんでした。さらに中軍・後軍の前に蝦夷軍が現れ、進軍を遮りました。蝦夷軍に押された官軍が南に退いたその時、別の蝦夷軍が東の羽黒山から攻め込んできました。退路を絶たれた官軍の兵は次々と川に飛び込み、溺れ流されてしまいました。

坂上田村麻呂（志波城古代公園展示室）

巣伏古戦場跡公園（奥州市水沢区佐倉河北田）

官軍の被害は甚大でした。川で溺死した者１０３６人、裸で泳ぎついた者１２５７人、矢で怪我をした者２４５人、戦死者は25人でした。官軍は大敗北をして敗走しました。

アテルイ（阿弖利爲）は、この巣伏の戦いで、数百の軍勢で４０００人の朝廷軍に多大な損害を与えました。大和朝廷の侵略に対して、蝦夷の各部族連合は武力を総結集して徹底抗戦したのです。

桓武天皇は蝦夷を討伐するために3年間戦いの準備をして、７９３年（延暦12年）に大伴弟麻呂《おおとものおとまろ》を征夷大将軍とする10万の大軍を蝦夷に向かわせましたが、それでも蝦夷を攻略することはできませんでした。しかし、戦いの連続で東北の村々は疲弊し荒れ果てていました。

７９４年、流罪の途中で衰弱死した弟の早良親王の祟りを恐れた桓武天皇は、平安京へ都をしました。

７９６年、死去した百済王俊哲《くだらのこにきししゅんてつ》の後を継いで、坂上田村麻呂が陸奥鎮守将軍となりました。田村麻呂は百済から来た渡来人の子孫でした。

『日本書紀』の記述に「蝦夷は土地が肥沃で馬が多い。撃ってこれを取るべし」とあるので、朝廷の蝦夷侵略の目的が金のほかに蝦夷の馬にもあったと言われています。

平安時代になるまで都は牛車しかなく馬も体格が貧弱だったので、蝦夷の馬が都にやってくると貴族たちに大変な人気を呼びました。

「家臣や国司が蝦夷馬を買いあさるので、獣にも等しい徒が暴利をむさぼり、良民をかどわかし、馬を盗み売り、その数は日ましに増えている。それればかりか、蝦夷馬を買うために綿や甲冑といった国の大切な財産と物々交換する始末。その害たるや甚だしいので、今日以降は蝦夷との交易を禁止する」

その混乱により787年（延暦6年）に蝦夷との交易が禁止されたことが、平安時代の資料『類聚三代格《るいじゅさんだいきゃく》』に出てきます。

都の貴族にとって蝦夷の馬はそれほど魅力的だったのです。朝廷の軍隊は馬も人も分厚い鉄の兜や鎧で武装した重装騎兵でしたが、蝦夷は皮でできた軽い鎧と兜をつけて、馬で戦う軽装騎馬軍団だったのです。

また、蝦夷の製鉄技術は優秀で、刀は純度の高い鉄でつくられていました。馬上でも切り合いができるように手元の部分から湾曲した蕨手刀《わらびてとう》をもち、短い強い弓で戦う蝦夷の騎馬軍団は強く、朝廷

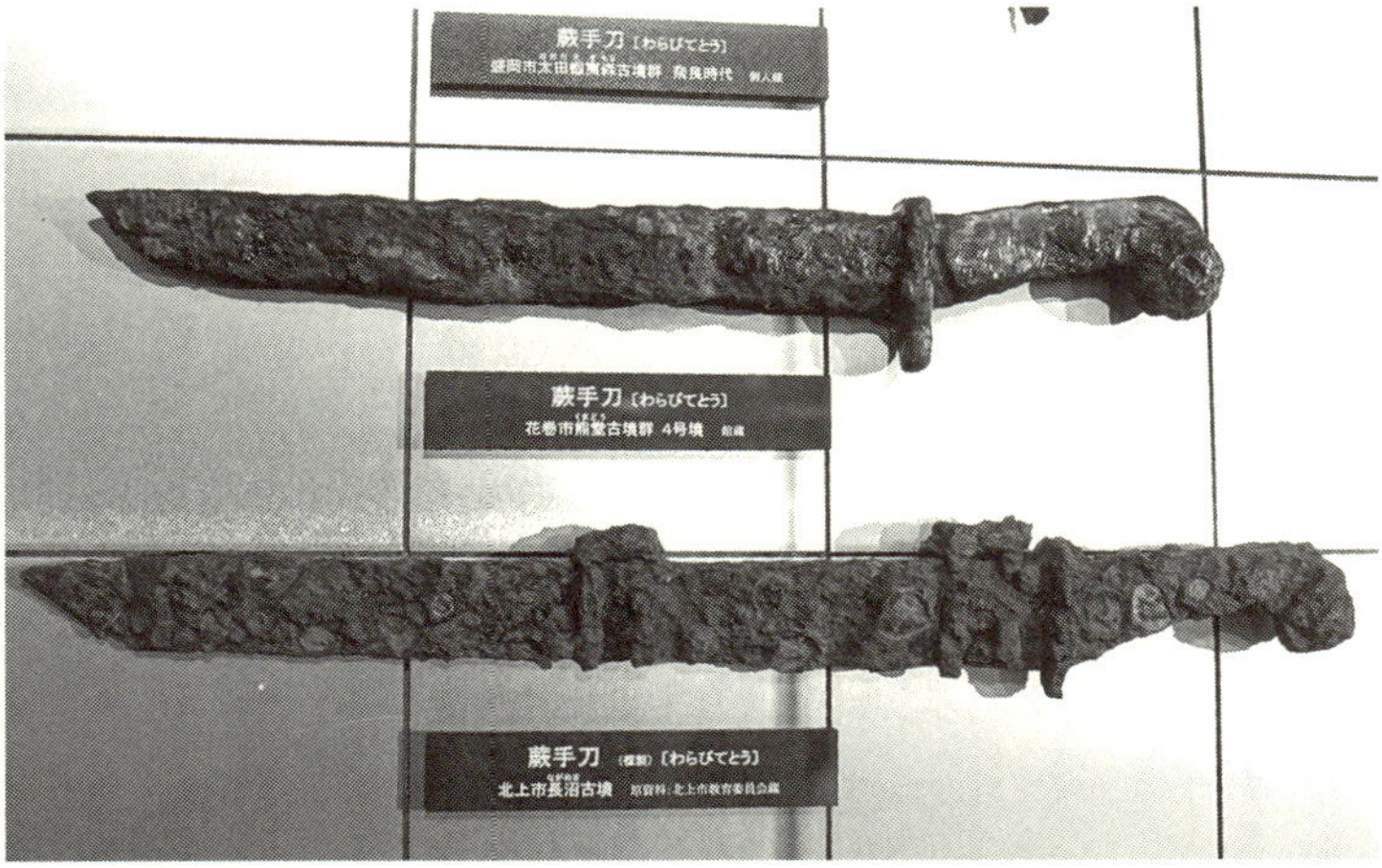

蕨手刀〔岩手県立博物館〕

の歩兵集団は歯が立ちませんでした。よく切れる蕨手刀は、その後、日本刀の原型にもなっています。

坂上田村麻呂は、蝦夷の懐柔政策を推し進めました。帰順してくる者に対しては、土地を与え生活を保証しました。俘囚でも戦功のあった者は昇進叙位《しょうしんじょい》を取り計らい、また公民となろうとして改姓を願い出る者に対してはそれを認めたので、多数の族長が帰降しました。長年の戦で田畑を荒らされて疲弊した蝦夷の村人も和平を望んでいました。

801年（延暦20年）、征夷大将軍となった田村麻呂は四万の将兵と懐柔政策により味方についた多数の族長を従えて進軍し、アテルイの里に胆沢城（岩手県奥州市）を築きました。造営中の胆沢城を見たアテルイとモレは、ついに802年、降伏しました。郷土の荒廃に心を痛め、平和を願っての投降でした。

802年7月10日、アテルイとモレを引き連れて田

胆沢城跡（奥州市水沢区佐倉河渋田）

村麻呂は京都に凱旋しました。田村麻呂は自分を信じて平安京まで従ったアテルイとモレの助命を申し立てましたが、蝦夷を憎悪していた公家たちは、それを聞き入れませんでした。

同年8月13日、アテルイとモレはついに河内国で処刑されました。大阪府枚方《ひらかた》市の片埜《かたの》神社のすぐ近くにアテルイの蝦夷塚があります。『日高見望景』（堀江明子、図書新聞）によると、1980年（昭和55年）ころ枚方市に住む老婦人が役場に変わった問い合わせをしてきました。

「夢に髭をはやした人が出てきて、私に何かを訴えているのですが、言葉がわかりません。昔このあたりで何かあったのでしょうか?」

と尋ねる老婦人に、

「昔蝦夷の酋長がこの辺りで切られたという話はありますが」

蝦夷塚（大阪府枚方市牧野阪　牧野公園）

と役場の係の人が答えました。老婦人は、

「それです。その蝦夷の方は恨みのために成仏できないに違いありません。きちんと市の方できちんとお祀りしてあげてください」

と訴えました。役場の人が、

「いや、市ではそういうことはできません」

と答えると
「それならばせめて私がお祀りします」

と、柵をたてて祀ったそうです。その場所が現在、アテルイの首塚と呼ばれる蝦夷塚です。

最後まで大和朝廷に服従せず、1000年もの長い間独立を保ち続けたのは東北の蝦夷だけでした。

蝦夷は、人種差別をされ、土地や財産、文化や言語まで奪われたアメリカ大陸のインディアンと同じ運命をたどりました。蝦夷の聖地には大和朝廷の神社や寺院が

達谷窟毘沙門堂（岩手県西磐井郡平泉町）

建立されました。

坂上田村麻呂が征夷の記念に京都の清水寺をまねて岩窟に建立した達谷窟《たっこくのいわや》毘沙門堂が平泉にあります。その縁起由来は「蝦夷が領民を苦しめ乱暴を働くので田村麻呂が多聞天《たもんてん》の加護で成敗した」ということになっています。しかし、実際は逆でした。朝廷が東北に侵略して、平和に暮らしていた蝦夷社会を崩壊に追いやったのです。

アテルイは、鎌倉時代の歴史書『吾妻鏡《あずまかがみ》』のなかで「悪《あく》路王《ろおう》」と呼ばれ、田村麻呂は東北で神として崇められました。

宮澤賢治の詩『原体剣舞連《はらたいけんばいれん》』の一節に、悪路王が出てきます。

Ho! Ho! Ho!
むかし達谷《たった》の悪路王
まつくらくらの二里の洞《ほら》

悪路王（奥州市埋蔵文化財調査センター）

わたるは夢と黒夜神《こくやじん》
首は刻まれ漬けられ
アンドロメダもかがりにゆすれ
青い仮面このこけおどし
太刀を浴びてはいつぷかぷ
夜空の底の蜘蛛をどり
胃袋はいてぎつたぎた

賢治は縄文の末裔である悪路王に寄り添っているように思えます。「太刀を浴びてはいっぷかぷ」は溺れて死んだ朝廷軍をあらわしてるようです。
賢治の宇宙の中で、悪路王の首は蝦夷の地からアンドロメダまで飛翔します。

dah-dah-dah-dah-dah-sko-dah-dah
太刀は稲妻萱穂《かやほ》のさやぎ

鬼剣舞（岩手県北上市）

獅子の星座に散る火の雨の
消えてあとない天《あま》のがはら
打つも果てるもひとつのいのち
dah-dah-dah-dah-dah-sko-dah-dah

すべての出来事は、一瞬現れてはすぐに消える火花のようにはかない現象のひとつにすぎません。四次元宇宙の中で起きる戦いに善と悪もなく、勝者敗者も等しく大いなるひとつの命なのです。

長い間、朝廷に歯向かった賊将とされてきたアテルイでしたが、最近ようやく見直されることになりました。1994年（平成6年）11月、平安遷都1200年を記念して、清水寺にアテルイ・モレの顕彰碑が建立されたのです。

1200年の時を経て、桓武天皇も公家たちも、あの世で罪もない蝦夷の侵略を命じて、大勢の人々を苦し

アテルイ・モレの顕彰碑（京都市東山区清水　清水寺）

めたことの間違いに気がついて反省したことでしょう。アテルイも快くそれを許すことで、魂は安らかになったと思います。怨みと怒りと悲しみは、東北を照らす光に変わったのです。２０１４年に清水寺の顕彰碑と大阪のアテルイの蝦夷塚を訪ねて岩手のお酒をそなえたときに、私はそう感じました。

さて、アテルイとモレが斬首されたあとも、蝦夷の抵抗は終わりませんでした。

しかし、蝦夷はしだいに次第に北へ追いつめられていったのです。

青森ねぶたの由来に女性の蝦夷首長の話が出てきます。エミシを制圧しようと進軍した坂上田村麻呂の軍に対して、オヤスという女首長とその弟・トンケイが八甲田山に立てこもり、ゲリラ戦術で田村麻呂の軍を悩ませました。勝負が長引くと地理的に不利なので一計を案じ、灯篭を持ち太鼓や笛、鐘などを鳴らしながら大きな張子

石戸神社（青森県弘前市相馬地区湯口）

の人形をかつぎまわって蝦夷たちをおびきよせよせて生け捕ったとされています。掛け声の「らっせ」は「拉っせ」「羅っせ」で「殺すな、捕らえろ、連れて行け」という意味を持っているとされています。

八切止夫は「古代史入門」で敗走する蝦夷を捕らえて生き埋めにして、その上に土をかぶせて、降伏して奴隷となった者らに出てこられぬように土を踏みかた型の踊りがねぶた祭りであり、根の国へ追いやるための土かぶせの蓋が「根蓋《ねぶた》」であると唱えています。

岩木山がある津軽地方にも女性首長の話が伝わっています。青森県弘前市相馬山のメノコ館に神通力をあやつる女性首長が居住して津軽の蝦夷を統括していました。メノコとはアイヌ語で女性のことです。女性首長を捕まえようと田村麻呂が兵を進めると突然、激しい雷鳴と風雨が起こり兵は苦戦しました。神仏に祈願して、坂上田村麻呂は女性首長をようやく討ち取り清泉の場所に埋葬

志波城古代公園（盛岡市太田）

しました。そこへ四方を石で固め、上に押さえの敷石を何枚も重ねた石堂を建てその霊を鎮めるために石戸権現を祀ったといいます。それが現在の弘前市湯口の石堂権現（石戸神社）です。

地元の中沢秀義氏がまとめた棺森《がんもり》伝説によると坂上田村麻呂が蝦夷征伐をした当時、津軽の相馬村藤沢にメノコという優れた女性が統治していました。田村麻呂の軍勢は館を七重に取り囲んで攻めましたが、メノコは包囲網をかいくぐり棺森に逃げて、そこで殺されてしまいました。遺体を棺森に埋めた所が、夜な夜な女が叫ぶ声が聞こえたり、墓石が動くため、兵士はすっかり戦意を喪失しました。そこで遺体を相馬村湯口に移し、権現さまと合祀《ごうし》した所鎮まりました。その場所が今の石戸神社といわれています。

坂上田村麻呂が津軽に侵入した記録はありませんでした。『日本後紀』に、811年（弘仁2年）、坂上田村麻呂の後任として征夷将軍に任ぜられた文室綿麻呂《ふんやのわたまろ》が蝦夷の爾薩体《にさったい》村（岩手県二戸市仁左平《にさたい》）と幣伊《へい》村を平定したとあるので、これが津軽の田村麻呂伝説になったのだと思います。

神通力を持っていた津軽の女性首長は部族をまとめた族母であり人々から崇敬されていた女性シャーマンだったのでしょう。

東北の支配は志波《しわ》城（盛岡市太田）が北限でそれ以上北に城が造営されることがありませんでした。寒冷の北国の気候風土は稲作に適さず盛岡までの支配が限界だったのです。綿麻呂以降、征夷将軍は途絶えたので朝廷と蝦夷との組織的な戦いはなかったようです。

976年、天武天皇の時代に東北は蝦夷から「陸奥《むつ》国」と呼ばれるようになりました。

アラハバキ

縄文の人々は神が宿る神聖な場所に感謝と祈りを捧げる祭祀をしていました。アラハバキ神を祭る神社の多くは磐座《いわくら》を御神体としています。蝦夷の安倍氏は巨石を「アラハバキ（荒覇吐神）」として祀っていました。アラハバキ神は、大和朝廷の文献である『記紀』および『風土記』などにはまったく登場しない、出所が不明な謎の神とされています。アラハバキ神の神社は全国に150社以上ありますが、たいていは摂社、末社として小さな祠に祀られています。

アラハバキ神はもともとその土地の精霊であり、地主神でしたが、時代が下り支配者が持ち込んだ神に地位を奪われ、客人神《まろうどがみ》として祀られてしまった神だといわれています。

大宮氷川神社の摂社に門客人社がありますがアラハバキ神を祀っています。アラハバキ神は出雲族が氷川神社を建立する前の地主神でした。

縄文の人々は、神が宿る神聖な場所に感謝と祈りを捧げる祭祀をしていました。アラハバキ神は、

丹内山神社アラハバキ大神の巨石（岩手県花巻市東和町谷内）

中川神社摂社　荒脛神社（さいたま市見沼区中川）

荒脛巾神社（宮城県大崎市岩出山下一栗荒脛巾）

氷川神社摂社　門客人社（埼玉県さいたま市大宮区高鼻町）

舞草神社（岩手県一関市舞川大平）

縄文時代から続いてきた神でしたが蝦夷が制圧されるとアラハバキ神も大和朝廷の神社に組みこまれ、末社としてかろうじて残されたのです。

古代は怨霊を祀ってその力を借りて、外部からおしよせる邪霊を防ぐことがおこなわれました。アラハバキ神も同様に蝦夷の神をもって外敵である蝦夷の邪霊を撃退する門神とされたと谷川健一は『白鳥伝説』（集英社）で述べています。

世界の歴史で最初に製鉄を行ったのは紀元前18世紀頃のアナトリア（現在のトルコ東部）に王国を築いたヒッタイトですが『東北・蝦夷の魂』（高橋克彦、現代書館）によると、ヒッタイトでは鉄製品をハパルキといいました。そのハパルキが転じて、アラハバキとなったのではないかといわれています。

アラハバキのハハは、蛇の古語でアラは鉄滓を示す言葉なのでアラハバキは鉄を作る蛇の民ともいわれています。タタラの民には最初に掘り出された鉄を神として祀る風習がありました。それを裏づけるように東北のアラハバキ神社のご神体が鉄鉱石の所が多いのです。

砂鉄と森林が豊富な東北は古代から鉄文化の先進地でした。宮城県北部、岩手県一関市舞草《もくさ》、大槌町、青森の岩木山などからも古代の製鉄跡が見つかっています。

東北の鉱山は製鉄技術を持っていた物部氏と関係があり陸奥《むつ》国の黄金を京で売り、長者になったという伝説の金売吉次の先祖は物部氏だと言われています。

物部氏はタタラの技術を持っていました。鉄を作る蛇の民であれば物部氏と関係があります。縄文の蛇信仰は蛇を象徴する円錐形の山を祖先神とする祖霊信仰に変わっていきました。物部氏の祖神である三輪山の大物主神は蛇でした。

安倍氏は大和で神武天皇と戦ったナガスネヒコ（長髄彦）の兄アビヒコ（安日彦）を先祖としアラハバキ神を氏神としていました。その安日《あび》が安倍になったと言われています。安倍氏と物部氏はどちらも巨石信仰を持ち共通の先祖を持っていたようです

平安時代後期の『陸奥話記』に、安倍貞任の与党賊徒のなかに、物部惟正《もののべこれまさ》という名が出てきます。縄文と物部氏が融合した部族が蝦夷だったのかもしれません。

中尊寺古代ハス

アテルイの時代の後、安倍氏がでてくるまで記紀に東北の記述が出てきませんでした。平安時代末期までの東北は、平泉の衣川が蝦夷の勢力との境界線でした。

11世紀頃、奥六郡（岩手・紫波・稗貫・和賀・江刺・胆沢の六郡）の地は、安倍氏が支配していました。「前九年の役」（1051～1062年）の顛末を記した『陸奥話記《むつわき》』の冒頭に、

陸奥国奥六郡の首領に安倍頼良《よりよし》という者がおり、祖父忠頼の頃から、「蝦夷の長」として権勢を振るい、武力をもって諸村落を服従させ、税も納めず、国司をも恐れぬほどであった。

と記されています。安倍氏は京の都からは俘囚長《ふしゅうちょう》という扱いになっていますが大陸と交易し経済力と軍事力を持っていて蝦夷を固有領土として朝廷から独立を保っていました。

前九年の役で安倍氏は安倍氏と同じ蝦夷の清原氏の裏切りにあい前九年の役で滅びます。安倍頼《より》時《とき》の長男良宗《よしむね》は盲目でしたので次男の安倍貞任《さだとう》が頭領となりましたが戦死しました。三男宗任《むねとう》は捕虜となり京都に連行されましたが源頼義《よりよし》・義家《よしいえ》に助命されて許され肥前《ひぜん》国（長崎県）に領地を賜り宗像《むなかた》郡《ぐん》大島で生涯を終えました。

外務大臣を務めた故安倍晋太郎は安倍宗任《むねとう》の末裔だと語っていました。

奥州平泉を築いた奥州藤原氏の初代となった藤原清衡《きよひら》の母は安倍頼時の長女有加一乃末陪《ありかいちのまえ》でした。藤原清衡の父藤原権大夫経清《つねきよ》の先祖は瀬田の唐橋でムカデ退治をした藤原秀郷《ひでさと》です。前九年の役で藤原清衡の母は、父安倍氏を滅ぼした敵将の清原武則《きよはらのたけのり》の子の武貞《たけさだ》に見そめられて再婚します。連れ子の清衡は

安倍氏三代の城郭　安倍館《あべやかた》（岩手県奥州市衣川区上衣川石神）

和我叡登挙神社（奥州市衣川区川西）

苔むした狛犬（和我叡登挙神社）

七歳だったので清原家の息子として育てられました。清原武貞《たけさだ》の死後清原氏の頭領となった真衡《さねひら》に男子が生まれなかったので養子を迎えると内紛が起きました。源義家が介入した後三年の役です。清原氏の頭領は次々と死去したために清衡が出羽の大俘囚長だった清原氏の頭領となります。清衡は、父の姓を名乗り、奥六郡の大俘囚長だった母親の安倍氏の領地を受け継ぎ、奥州藤原氏の祖となったのです。

衣川に、平泉の中尊寺の「奥の院」として栄えたという霊峰月山があります。その山頂に磐座《いわくら》をご神体とする和我叡登挙《わかえとこ》神社が鎮座しています。和我《わか》は水をあらわすアイヌ語のワッカで叡登挙《えとこ》は源を意味するアイヌ語のエトクではないかと言われています。アラハバキ神の御神体は磐座なので、和我叡登挙神社に社殿はありませんでした。古い神社は社殿がなく、御神体が本殿でした。アラハバキ信仰の源は縄文の自然信仰だったのでしょう。安倍氏の時代は、和我叡登挙神社で盛大にアラハバキ神の祭祀がおこなわれていたといわれています。しかし和我叡登挙神社は廃絶し今は訪れる人影もなく、石段には苔が生え、磐座の周りには雑草が生い茂っていました。安倍氏頭領だった安倍貞任の3歳の遺児・高星丸《たかあきまる》は、側近に連れられて十三湊《とさみなと》に落ち延び、鎌倉幕府の蝦夷管領に任ぜられた津軽安藤氏と安東氏の祖となりました。その末裔が戦国大名の秋田氏です。『白鳥伝説』（谷川健一、集英社）によると、安東氏を先祖する秋田氏が明治になって華族に列せられることになり、天皇に敵対したナガスネヒコの兄、安日彦《あびひこ》と明記した系図を宮内省に提出しました。

宮内庁から朝敵の名を訂正するようにとの申し出に次のように答えたそうです。

恐れながら当家は神武天皇御東征以前の旧家ということを以て家門の誇りといたしております。天孫降臨以前の系図を正しく伝へておりますものは、憚りながら出雲国造家と当家のみしか無いのでございます。

といってその改定を拒否したと言います。１１８９年（文治5年）、平泉の藤原氏を攻め滅ぼした源頼朝は、28万４０００騎の兵を引き連れて今の岩手県紫波町に陣を敷きました。そこは陣が丘という地名になっています。陣が丘で奥州藤原氏最後の当主藤原泰衡の首実検が源頼朝によっておこなわれました。１０００年以上に渡って独立を保って抵抗を続けてきた蝦夷がついに滅びたのです。

関の甕《かめ》杉と安東氏古碑群（青森県深浦町関栃沢）

藤原泰衡《やすひら》の首は、父秀衡《ひでひら》の眠る中尊寺金色堂の金棺に納められました。そのとき、供養として首桶の中に岩手県紫波町五郎沼に咲いていた蓮の花が入れられました。「蝦夷」と呼ばれ蔑まれた東北の民は、大和朝廷の文化に同化して姿を消してしまいました。

それから８００年後の１９５０年（昭和25年）

中尊寺蓮（岩手県紫波郡紫波町南日詰箱清水　五郎沼）

に、平泉中尊寺で学術調査がおこなわれました。

そして、100あまりのハスの種子が泰衡の首桶から発見されました。発見されたその種子は大賀博士（1883～1965年）に託されましたが、大賀氏の没後、平泉に返還されて保存されていました。種子の発見から約50年後の1993年（平成5年）、大賀博士の教え子の長島時子教授の手によって、この蓮は発芽することができました。そして、さらに4年後の1998年、ようやくこの蓮は開花することができたのです。中尊寺で発見され数奇な運命を辿った古代ハスは、「中尊寺蓮」と命名されました。

安倍氏を滅ぼした源義家《みなもとのよしいえ》は藤原清衡を助けたことによって奥州藤原氏の繁栄をもたらしました。そして、その藤原氏を滅ぼした鎌倉幕府を滅亡させた足利尊氏は源義家《みなもとのよしいえ》の子孫だったのです。栄枯盛衰を繰り返す人間界の因果と縁生を超えて中尊寺蓮は800年の時を越えて故郷の五郎沼で再び美しく咲いています。

私たちの心の中で眠っている縄文の魂もまた、再び目覚める時を迎えているのかもしれません。

第5章 よみがえる女神

東日本大震災の震源地に
最も近かった島　金華山

女神の聖地

昔の東北は日高見国と呼ばれていました。神社で奏上する大祓祝詞にも、「倭国《やまとのくに》日高見《ひたかみ》を安国と定めて」と出てきます。

また、『日本書紀』の景行天皇の条には「東の夷の中に、日高見国有り」とはっきり書かれています。このころの日本は統一国家ではなく大きく大倭と日高見の二つに分かれていたのです。

いまでこそ東北が辺境の地であるかのように思われていますが、世界に先駆けて土器を発明した縄文時代の東北は1万年も続いた世界でも類のない文明の最先端地域でした。縄文時代の東北は文化の中心地だったのです。

日高見国の中心は北上川でした。岩手県の北上山地は、日本で最も古い時代の地層が分布する地域です。日本列島は太平洋プレートが潜り込むので地震が多発しますが、北上山地はその影響をもっとも受けにくい安定した場所となっています。

早池峰山（岩手県）

北上山地の地下には地球潮汐《ちょうせき》（地球が月と太陽の引力を受けて周期的に約30センチメートル変形する現象のこと）や地殻変動の連続観測をおこなう国立天文台の江刺《えさし》地球潮汐観測施設があります。ここの装置は東日本大震災による影響を全く受けませんでした。北上山地は世界屈指の振動が少ない固い地盤からなっているのです。

標高1917メートルの早池峰山《はやちねさん》は北上山地の最高峰です。早池峰は蛇紋岩《じゃもんがん》からなる岩盤で形成された日本でもっとも古い地層で早池峰帯といわれています。

早池峰帯は4億5000万年以上前にゴンドワナとよばれる巨大大陸の北縁（現在の赤道付近）にありました。ゴンドワナ大陸は現在のアフリカ大陸、南アメリカ大陸、インド亜大陸、南極大陸、オーストラリア大陸や、アラビア半島、マダガスカル島を含んだ巨大な大陸でした。それが何億年もかけて北へ移動して今の早池峰が形成されたのです。

早池峰渓流（岩手県）

早池峰帯からは日本最古の前期石炭紀の放散虫化石やアンモナイトや三葉虫の化石が見つかっています。

地球の内部に滞留するマントルが、地表面に露出してできたカンラン岩が水や熱の影響で変化した岩石が蛇紋岩です。

蛇紋岩は衝撃に強く割れにくいという性質から、石器時代に石斧の材料として珍重されていました。縄文の人々にとって特別な力を持った石が蛇紋岩でした。早池峰山一帯は蛇紋岩が採れる非常に重要な聖地でした。蛇紋岩（サーペンチン）の名前は蛇のような模様から付けられました。

古代では危険から身を守る「旅のお守り」として商人が蛇紋岩を身に付けていました。古代ローマの墳墓からは死者の来世への旅を護るために蛇紋岩のお守りが大量に発見されています。蛇紋岩の象徴は「旅立ち」と「再生」です。現状から抜けだして、新しい世界へ旅立つ人の障害や困難から身を守ってくれる働きをすると言われています。

文殊正規《もんじゅまさき》によると、カシミールの宝石商人は蛇紋岩のことをザハルモールと呼んでおり、この石に特別の思いを抱いているようでした。例えば、チベットの僧侶やカシミールに住むスーフィー（イスラム神秘主義）のマスターたちは、この石でつくられたポットとティーカップのセットを代々大切に持ち運んでいました。それは溶け出したザハルモールに優れた薬効があると信じられていたからでした。

スーフィーのマスターたちは、ザハルモールを砕いて粉末にしたものを肌身離さず持っていて、弟子が異常な精神状態になってしまった時には飲ませて救い出していたと言います。また、ザハルモールのペンダントを首に下げてヒマラヤに行くと、それに気づいたイエティが道を開けてくれると信じていました。

蛇紋岩には狂気を癒す力があり洞察力を高め霊性を目覚めさせる力があると信じられていました。

聖なる力のある石が採れる場所では石の力が重なり凝集され強められます。特別な強い力を持った蛇紋岩が取れる早池峰山は縄文人にとって重要な聖地でした。

インディアンには「母なる大地には、人間の身体、心、魂を浄める特別の場所がある」という言い伝えがあります。イヤシロチと呼ばれる力のある聖地に立ってリラックスすると、大地からエネルギーが螺旋上に立ちのぼって神聖な存在と一つになるという経験をすることができます。先住民は聖なる

早池峯神社（岩手県花巻市大迫町内川目）

場所で浄化と魂の再生の儀式をおこなっていたのです。

早池峰山は古より「神」が宿る特別な神域として女人禁制となっていました。山岳信仰が古くから盛んな山で神仏習合していた頃はここに妙泉寺という真言密教の寺院がありました。明治の廃仏毀釈で修験道は禁止され寺院は廃寺となり女人禁制も解かれました。

セオリツ姫（瀬織津姫）は早池峰大神として1000年以上にわたって早池峯神社で信仰されてきました。

セオリツ姫を祭神として祀る神社の数が全国で一番多いのは岩手県で、その数は36社にのぼります。

早池峰山麓の集落に伝わる早池峰神楽は、日本を代表する神楽の一つです。ユネスコの無形文化遺産に登録され、国の重要無形文化財にも指定されています。

早池峰神楽はお面を着けて激しく舞うのが特徴です。なめらかな笛の音と太鼓とシンバルのリズムを刻む音で非日常の意識に導いていく踊りです。

2015年8月23日、心音道のアイカさんの呼びかけで、地元の岩手をはじめ全国から早池峯神社に女神舞の舞手が集合しました。

そして、早池峯神社であわの歌と瀬織津姫舞のご奉納がおこなわれました。早池峰神楽は男性的な舞ですが瀬織津姫舞は気をやさしくおだやかに巡らせる女性的な舞です。

アイカさんは1995年（平成7年）の阪神大震災で家が半壊して生き埋めになる被害にあいました。

早池峰神楽（花巻市大迫町内川目　早池峯神社）

瀬織津姫舞（早池峯神社）

さらにその後、乳線がんと甲状腺が腫れるという病魔にも冒されてしまいました。ところがアイカさんと久しぶりに再会をした時には、彼女は病気を克服していました。手術をしないで癌を直したその治療薬はなんとご自分の声でした。自然に発声された自分自身の声は傷ついた細胞を癒す力があるのです。そのことをアイカさんは語ってくれました。自分が本当に思っていることを素直に話すと癒されます。逆に、自分を偽り、自分の話したいことを話さず、自分の本当の気持ちを抑圧して表現しないでいると、そこに滞りができて腫瘍ができることがあるのです。アイカさんは、音には癒しの力があるということを自らの病を癒すことで実証してみせたのです。アイカさんは心音道《こころねのみち》で自然な発声の仕方と舞を教えています。

みそぎ

セオリツ姫（瀬織津姫）は大祓詞《おおはらへのことば》の中にミソギを司る祓戸大神《はらえどのおおかみ》として登場しますが『古事記』や『日本書紀』には登場していません。そのため、「謎の女神」と言われることもありました。セオリツ姫の名前が出てくる古文書はごくわずかで「大祓詞」と「倭姫命世記《やまとひめのみことせいき》」ぐらいしか見当たりません。

セオリツ姫の名は神道最高の祝詞に祓戸大神として最初に名前が出てきます。

大祓とは人間の罪と穢れの一切を祓い潔めることで、神道ではこれを大事な宗教行事としています。大祓祝詞《おおはらへののりと》は醍醐天皇の時代に編集された延喜式の中の祝詞《はらえことば》と、中臣家と言う古い神主の家に保存された祝詞の二つが合わさって今に伝わっています。

古代には祝詞は公開されていませんでした。そのため、これを奏上するのは神主に限られていました。祝詞の中に文章として残されていない「天つ祝詞」があってそれが口伝で読まれていました。今では伝承が途絶えてそれがどのような言葉だったのか不明になっています。

瀬織津姫像（花巻市大迫町内川目）

セオリツ姫が名が出てくる「大祓詞《おおはらへのことば》」の後半は次のとおりです。

佐久那太理《さくなだり》に、落ちたぎつ早川《はやかわ》の瀬《せ》に坐《ま》す瀬織津《せおり》
比売《つひ》と言ふ神、大海原《おおうなばら》に持出でなむ此《よ》く持ち出で
往なば

罪と穢れは削り取るように速く流れる川の瀬にいる水の女神セオリツ姫によって川から海へ運ばれます。

荒潮《あらしほ》の潮《しほ》の八百道《やおあひ》の八潮道《やしほじ》の潮の八百曾《やほあひ》に坐《ま》す
速開都比売《はやあきつひめ》と言ふ神、持ち加加呑《かがの》みてむ

次に多くの潮の流れが集まる「潮《しほ》の八百会《やほあい》」にいて大きな口をあけた海の女神ハヤアキツ姫（速開津姫）が罪と穢れをガブガブと飲み込みこみます。

早川の瀬（滋賀県大津市・佐久奈度神社）

此《か》く加加呑《かかの》みてば、息吹戸《いぶきと》に坐《ま》す息吹戸主《ぬし》と言ふ
神、根国底国《ねのくにそこのくに》に息吹放《はな》ちてむ

息吹戸は「息を吹く戸」で、呼吸の出入口にいる風神です。その神は罪や穢れを息で吹きはらってくれます。昔から呼吸には罪やけがれを祓い浄める霊力があると信じられてきました。飲み込まれた罪や穢れは息吹戸主によって根の国、底の国へ吹き払われます。

此《か》く息吹放ちてば、根国底国《ねのくにそこのくに》に坐《ま》す速佐須良比《はやさすらひ》
売《め》と言ふ神、持ち佐須良比失《さすらひうしな》ひてむ、此く佐須良
比失ひてば、罪《つみ》と言ふ罪は在《あ》らじと、祓《はら》へ給《たま》ひ
清《きよ》め給ふ事を、天津神国津神八百万《あまつかみくにつかみやほよろづ》の神等《かみたち》共《とみ》に
聞食《きこしめ》せと白《まを》す

早池峰渓流（早池峰山麓岳川）

イブキドヌシ（息吹戸主）によって吹き払われた罪や穢れは根の国、底の国にいる霊界の女神ハヤサスラ姫（速佐須良姫）が背負って遠いさすらいの旅に出ることで中津国（人間界）から消滅してしまいます。こうしてあらゆる罪穢れはすっかりなくなります。すべての神様もお聞き入れくださるようにお願い申し上げるのです。

疫病の流行、災害の襲来が起きると朝廷は罪、ケガレを祓うために大祓の儀式をおこないました。国中の罪を川から海に放って「根の国・底の国」に祓い清めようとしたのです。大正、昭和、平成の大嘗祭《おおなめまつり》に際しても、この大祓儀式が執り行われました。

罪を祓うことをミソギといいます。ミソギの〈ミ〉とは自己の本質のことです。そして〈ツミ〉とは本質の上に覆っている余計な知識や観念、思い込みのことです。本当の自分を自我意識でつつみかくすことが〈ツミ〉だったのです。そうした〈ツミ〉を削ぎ落として本来の〈ミ〉に帰ることが〈ツミソギ〉即ちミソギなのです。

本来の〈ミ〉、素〈ス〉の自分を神道では直霊《なおひ》といいます。

祝詞をとなえることで揺れ動く心を浄化・安定させて、リラックスした状態でいると、根の国、底

セオリツ姫をご神体とする又一の滝（岩手県遠野市薬師岳中腹）

の国〈身体の基底部〉から自然に振動〈魂振り〉が起きてきます。

その振動は背骨（天之《アメノ》御中主《ミナカヌシ》神）を通って、陽のエネルギー（高御産巣日《タカミムスビ》神）と陰のエネルギー（神産巣日《カミムスビ》神）を螺旋状に上昇させます。

そして頭頂の高天原で陰陽のエネルギーは一体となってムスビます。そして頭〈大脳〉にあった間違った思い込み・観念である罪〈まがつみ〉は、セオリツ姫が背〈セ〉を降〈オ〉り〈リ〉つ〈ツ〉つ、根の国、底の国へと運びさるのです。

こうして、タマフリ〈魂振〉が起こることによって、禍罪《まがつみ》が祓われ、本来ミコトである「人」は神である本性の姿〈直霊〉に戻ります。

螺旋と蛇を意味する女性名詞がヨガのクンダリニーです。クンダリニーヨガでは蛇女神シャクティを目覚めさせ背骨にそって上昇します。左の睾丸から螺旋状に上昇して右鼻に達する月のエネルギーの白い回路をイダーと呼び、右の睾丸から左鼻に達する太陽のエネルギーの赤い回路をピンガラーとよんでいます。クンダリニーヨーガは陰陽のエネルギーを背骨の基底部に集めとぐろを巻いた蛇女神シャクティとともに中央脈管スシュムナーを上昇して各部のチャクラを開いて真我であるプルシャを目覚めさせます。

魂振りを基底部のクンダリニーエネルギーの振動とすれば、アメノミナカヌシは背骨のスシュムナーになります。そして左回りの陽の男性エネルギーがタカミムスビで、陰の右回りの女性エネルギーがカミムスビになります。

頭から罪を削ぎ〈ミソギ〉背を降りつつ罪を根の国に運ぶのが「背降りつ姫」（セオリツ姫）です。外から植え付けられた思い込みから離れることで本当の自分が目覚めるのです。

セオリツ姫

セオリツ姫（瀬織津姫）を祭神とする神社は数多くあり日本全国にあります。ところが公的な文書にセオリツ姫の神名は見当たりません。古代の豪族だった物部氏が没落するとその祖霊《それい》神のセオリツ姫の名は消されてしまったのです。

現在、武蔵一宮は氷川神社となっていますが、南北朝時代に成立した『神道集《しんとうしゅう》』の記載によると、氷川神社は三宮でした。武蔵国の一宮は聖蹟桜《せいせきさくら》ヶ丘《おか》にあるセオリツ姫を祭神とする小野神社で、以下、二宮小川神社・三宮氷川神社・四宮秩父神社・五宮金鑽《かなさ》神社・六宮杉山神社、この6所を合わせて祀ったのが府中の大國魂《おおくにたま》神社でした。

武蔵の国の国造となった出雲の兄多毛比《エタモヒ》命が祖神を祀って氏神として建立したのが小野神社と氷川神社です。古代の武蔵国は物部一族が世襲していて氷川神社の宮司家、角井家は物部氏の流れを汲んでいました。氷川神社の祭神はスサノオ（素戔嗚尊）とイナダ姫（奇稲田姫）ですが、おそらく本来は、その子のニギハヤヒ（饒速日命）とセオリツ姫も一緒に祀っていたのではないかと思います。

所沢の北野《きたの》天神社《てんじんじゃ》の前身は物部天神社で、ニギハヤヒを祀っていました。

明治になると、天皇の勅使が遣わされる勅祭社《ちょくさいしゃ》となった氷川神社は社格が上がって一宮となり、セオリツ姫を祭神とする小野神社は社格が下がってしまったのです。

1906年、明治政府によって1町村1社を原則とする神社合祀令が公布されたときに、セオリツ姫の祭神名が書き換えられてしまった神社が多くありました。

さいたま市浦和の調《つき》神社の祭神はアマテラス（天照大御神）、トヨウケ（豊宇気毘賣神）、スサノオの3

大國魂神社（東京都府中市宮町）

小野神社（多摩市一ノ宮）

調神社（埼玉県さいたま市浦和区岸町）

柱ですが、江戸時代末期に記された『神社覈録《じんじゃかくろく》』によると、明治以前はセオリツ姫が祀られていました。

富山県南砺《なんと》市にある越中国一宮の高瀬神社の祭神はオオナムチ（大己貴命）、アメノイクタマ（天活玉命）、イソタケル（五十猛命）となっていますが、高瀬神社の分社とされる市姫《いちひめ》社（石川県七尾市）の祭神はイチ姫（市姫大神）となっています。昔の記録では主祭神をイチキシマ姫（市杵島姫命）・セオリツ姫（瀬織津姫命）と明記していました。元々は分社の高瀬社があった場所に市姫社が合祀された際に、社名と祭神が変えられてしまったのです。市姫社の祭神はイチキシマ姫で、高瀬神社の祭神はセオリツ姫命だったのです。

高瀬神社（富山県南砺市高瀬）

早川八幡社（富山県高岡市早川）

速川神社（富山県氷見市早借）

雄神神社（富山県砺波市庄川町庄）

富山県高岡市の早川八幡《はやかわはちまん》社と富山県氷見市の速川《はやかわ》神社の祭神はセオリツ姫です。ところが高岡市波岡の速川神社だけが祭神をクニトコタチ（国常立尊）、アマテラス（天照大御神）、タケミナカタ（建御名方命）としています。明治に、セオリツ姫はクニトコタチに変更されてしまったのです。

富山県砺波市の雄神《おがみ》神社の主祭神はタカオカミ（高龗神）・クラオカミ（闇龗神）で、セオリツ姫は配祀《はいし》とされています。タカオカミとクラオカミは水神の神格を持ちスサノオとニギハヤヒの別名とされています。ミズハノメと一緒に祀られていることが多いのです。

雄神神社は江戸時代に洪水で流されたので、元の場所に元雄神《もとおがみ》神社が鎮座して庄川の洪水から守る水神として弁財天を祀っていました。33年ごとの「式年祭」においては、雄神神社の配祀神のセオリツ姫を元雄神神社に1週間ほど遷座《せんざ》させる神事がおこなわれていました。当時、この御開扉《ごかいちょう》には10万人をこす参詣者で賑ったそうです。ところが現在、元雄神神社の境内石碑には、祭神がイチキシ

氷上神社（岩手県奥州市江刺区梁川舘下）

桜松神社（岩手県八幡平市高畑）

マ姫（市杵島姫命）とウケモチ（保食神）とだけあり、セオリツ姫はありません。イチキシマ姫に変更させられてしまったのです。

大正13年までに、富山にはセオリツ姫を祭神とする神社が15社ありました。明治政府によって神社合祀令が出されてから神社の数は激減し、いつの間にか多くのセオリツ姫の神社も消えてしまったのです。

岩手県八幡平の桜松《さくらまつ》神社は、戦前に社格が村社より一つ上の「郷社」に変わる時に、祭神名をセオリツ姫からタキツ姫（滝津姫命）に変えています。

岩手県陸前高田市の氷上《ひかみ》神社の祭神はアマテラス（天照大神）となっています。ところが祭神を分霊した分社の奥州市の氷上神社は祭神名がセオリツ姫なのです。本社は祭神を変えましたが分社はそのままセオリツ姫の名が残されていたのです。

このように、権力におもねて祭神を改ざんしてしまっ

瀬織津姫社（石川県金沢市別所町）

ている神社も多いので、セオリツ姫の素性がわかりにくくなってしまっています。しかしセオリツ姫は人々の信仰が厚い女神だったので、すべての神社の伝承を完全に消すことはできませんでした。

京都下賀茂神社の境内末社、御手洗社《みたらし》はセオリツ姫を祀っています。「御手洗」は、禊ぎ祓いに関係していて、「みたらし団子」発祥の地と伝えられています。

セオリツ姫は罪《つみ》や穢《けが》れを祓う祓戸の大神として祝詞に名前がでてきます。イザナギが黄泉の国から戻ってきたときに汚い国に行ってきたので体を洗うと、洗い流された黄泉の国の穢れから神様が生まれました。その名を禍津日神《マガツヒノカミ》（『古事記』で八十禍津日神《ヤソマガツヒノカミ》、大禍津日神《オオマガツヒノカミ》、『日本書記』で八十枉津日神《ヤソマガツヒノカミ》、枉津日神《まがつひのかみ》）といいます。

江戸時代の国学者、本居宣長はマガツヒノカミ（禍津日神）を悪神だと考えていました。

復古神道を唱えた平田篤胤《あつたね》は『鬼神《きしん》新論』で、

禍津日神《マガツヒノカミ》は世に穢《きたな》らしいことが起きれば、激しく怒り、凄まじい凶事を起こす大神だが、常には大きな御功徳《おんくどく》を授けてくれる、またの名を瀬織津姫《セオリツヒメ》という祓戸神であり、世の災難や罪穢《つみけが》れを祓ってくれる、善い神である。

と述べています。荒魂《あらみたま》が怒り、憎しみ、荒々しく反応するのは禍津日神《マガツヒノカミ》の分霊の働きによるもので直毘神《ナオビノカミ》（直霊）が和魂に働くと荒ぶる心が鎮まるとします。人間の心は禍津日神《マガツヒノカミ》の分霊と直毘神《ナオビノカミ》の分霊を授かっていると考えました。

伊勢神道では、セオリツ姫が災いをもたらす禍津日神《マガツヒノカミ》と同じ神としています。

金沢に瀬織津姫社という名前の神社がありますが、セオリツ姫という名前の神社にもかかわらず祭神がセオリツ姫ではなく、多くの禍をもたらす穢れた神である禍津日神《マガツヒノカミ》として祀られています。このようにセオリツ姫が別の神に置き換えられているケースが多いのです。

ギリシア神話に登場するメドゥーサは、髪が蛇で彼女を見た者は石にされてしまう怪物ですが、元々は美しい髪の姿をした女神でした。ギリシャ以前の先住民の女王でした。メドゥーサはあまりにも美しかったので、ゼウスの娘アテナに嫉妬されてしまいます。そしてその美しい巻き毛は蛇になり、恐ろしい怪物の姿にされてしまったのです。最後はゼウスの息子ペルセウスに首をはねられてしまいます。このメドゥーサ神話は、征服されて姿を消した、数多くの先住民の運命をあらわしています。

書き換えられた歴史

大祓詞《おおはらえのことば》の元になった中臣祓詞《なかとみのはらえことば》は滋賀県大津市大石中町の佐久奈度《さくなど》神社が創始といわれています。祓戸大神《はらえどのおおかみ》の四柱の神であるセオリツ姫（瀬織津姫命）、ハヤアキツ姫（速秋津姫命）、イブキドヌシ（気吹戸主命）、ハヤサスラ姫（速佐須良姫命）が奉祀されています。

この社殿を建造した中臣金《なかとみのかね》は神事・祭祀を司る神官でしたが、672年の壬申《じんしん》の乱で敗れた天智派だったので、天武派によって殺され、その子孫はすべて流罪になりました。

神官がいないと困るので、大和の中臣氏宗家の代わりに常陸《ひたち》国の中臣氏が朝廷の中枢に入りました。古代の有力豪族の大伴氏は軍事、物部氏は軍事と呪術、蘇我氏は蔵を管理する財務を司どっていました。645年の乙巳《いっし》の変、672年の壬申の乱により古代からの有力豪族は皆没落していきました。その空白に藤原氏が台頭してきたのです。

『古事記』でオオクニヌシ（大国主神）に国譲りをおこなわせたのは藤原氏の氏神となるタケミカヅチ（武甕槌神）ですが、『日本書紀』で交渉の中心はフツヌシ（経津主神）でタケミカヅチは脇役になっていま

佐久奈度神社（滋賀県大津市大石中町）

す。フツヌシはオオクニヌシの前で剣を抜いて地面に突き刺し国を譲れと脅しをかけた猛々しい神です。

『古代ヤマト王権の縁起と伝承』（木村博昭、批評社）によると、香取神宮の主祭神のフツヌシは『日本書紀』にだけ登場する神で、713年（和銅6年）に編纂された『常陸国風土記』にも『古事記』にも記載されていません。フツヌシは鹿島神宮の祭神タケミカヅチと同様に神統譜をもたない新しい神でした。

香取神宮本殿のすぐ左手後方に匝瑳《そうさ》神社がありますがフツヌシ大神の父母神が祀られているという説明がされています。『続日本後紀』には5世紀末に物部小事《もののべのおごと》が下総《しもふさ》国匝瑳《そうさ》郡を賜わったという記述が出てきます。以後、物部の子孫は匝瑳連《そうさむらじ》を名のりました。

匝瑳神社が物部氏の先祖を祀っていたのは明らかで香取神宮の神職大禰宜《おおねぎ》は代々物部小事を祖とする香取《かとりの》連《むらじ》がつとめていました。『香取大宮司系図』によると、

香取神宮（千葉県香取市香取）

34代の香取連《かとりのむらじ》五百島《いおしま》に子供がなく、中臣氏から養子に入って香取大宮司となったという記述があります。祭祀権が物部から藤原氏にかわったのです。

以後、大宮司・大禰宜は中臣から改姓した大中臣氏が独占します。ただし、任命権は朝廷にいる藤原氏が握っていました。

香取神宮の説明に「昔から伊勢の上参宮に対して下参宮と云われ、広く上下の尊崇を集めている」とあります。藤原氏の勢力が増大する持統天皇の時代まで伊勢神宮の神職は度会氏《わたらいうじ》（礒部《いそべ》氏）でした。

香取神宮と伊勢神宮の神職は、中臣氏に変わるまでどちらもニギハヤヒを先祖とする氏族でした。住吉大社の祭祀氏族の船木氏もニギハヤヒ（天火明命）を祖とする尾張氏の同族でした。

香取神宮と伊勢神宮と住吉大社の「御田植祭」は、日本三大田植祭として有名です。ところが香取神宮のフツ

春日大社（奈良市春日野町）

ヌシは農耕の神ではなく武神と説明されています。このことからフツヌシに変わる前の香取神宮の神は稲の神・水の神の神格を持つ神を祀っていたのは明らかです。

藤原不比等は春日大社を建立して四神の一柱としてフツノミタマ（布都御魂）と似ている名前のフツヌシを氏神として取り込みました。

この時代はまだ物部氏の勢力が残っていたので、露骨に物部氏の氏神のフツノミタマ（布都御魂大神）を消すわけにはいかないので、物部氏の氏神であるフツノミタマの神格を受け継いだフツヌシにしたのでしょう。

各地の物部氏の拠点の神社の祭神は藤原氏のフツヌシと区別するためなのかモノノベフツ（物部布津主命）としています。

現在、鹿島神宮に国宝、布都《ふつ》御《み》魂剣《たまのつるぎ》が展示されています。

飛鳥時代から奈良時代にかけてニギハヤヒ、物部と続いた古代の豪族の歴史は藤原氏によって消されてしまったのです。

神話の構造を見ると、勝者の支配の正統性として新しく作られた神話の中にそれ以前の古い神話を借用して混合させることがおこなわれてきました。

藤原不比等《ふひと》の三男藤原宇合《うかい》によってまとめられたとされている『常陸国風土記』に出てくるフツノカミ（普津大神）は荒ぶる神と和平して、持っていた甲や文や楯や剣や玉まで置いて天に帰ってしまいます。武器を置いて天に帰ったフツノカミは没落して姿を消した物部氏のようにも受け取れます。

梅原猛は数々の著作の中で持統天皇に召し抱えられた藤原氏の祖である藤原不比等を歴史捏造の中心人物として論考しています。

藤原不比等は、藤原鎌足の次男ですが、『帝王編年記』には「天智天皇が妊娠させた妃を藤原鎌足に賜わり、生まれてきた男の子を鎌足の子として育てられた。それが不比等である」と記されています。これが本当なら不比等と兄妹になる持統天皇に重用された理由がうなづけます。藤原鎌足の長男は出家したので不比等が家を継ぎました。

『古事記』『日本書紀』が作られた8世紀、平城京に都が移され中国の律令制にならい日本はあたらしい国つくりをしていました。

元明帝の時代、不比等によって「大宝律令」が制定されます。これにより政治は大政官がおこない、天皇は、大政官から送られた政策を承認したり否認したりする権利のみが与えられることになりました。不比等の時代に権力は藤原氏に集中して天皇は象徴的な権威だけになりました。官僚が政治をおこなうので誰が天皇になってもよくなったのです。

710年（和銅3年）、平城京が遷都されると、右大臣と左大臣を務めた物部氏嫡流の石上麻呂《いそのかみのまろ》は朝廷の中枢から遠ざけられ留守役となって藤原京にのこされました。こうして権力を完全に藤原氏が握ると物部氏の消息はすっかり消されてしまいました。

681年（天武天皇10年）に歴史書の編纂を進めるように命じて691年（持統天皇5年）に18の有力氏族の祖先の記録が献上されました。『古事記』に各地の氏族の資料は虚偽が多いと書かれています。674年（天武天皇3年）に大神神社と石上神宮の古文書と有力古代豪族の伝記が書かれている墓記が没収されました。『日本書紀』以前の書は、いつのまにか消えてしまいました。

藤原不比等にとって、出雲神話が書かれている『古事記』はよほど都合がわるかったのでしょう。出雲神話が『日本書紀』で大幅にカットされています。『古事記』によればという但し書きもでてきません。『続日本紀』は『古事記』のことを一言も触れていません。

『古事記』は闇に葬られ誰にも読まれることなく400年の間秘匿されていました。『古事記』が知られるようになったのは江戸時代になってからです。1798年（寛政9年）に岐阜県羽島市真福寺から秘蔵されていた『古事記』が発見されたのです。

『日本書紀』を編纂していた708年～712年（和銅元年～5年）の間は不比等の長男武智麻呂が図

書頭をしていました。藤原氏は日本の歴史を都合の良いように書き換えることができたのです。

領地を没収された古代豪族の祖先神が落とされて藤原氏の氏神タケミカヅチやフツヌシが神話の中心で活躍するのは当然のことなのです。歴史を書き換えることで藤原氏の子孫は政治の権力を握る歴史的正当性が確保されたのです。

698年（文武2年）に藤原姓を名乗れるのは藤原不比等の子孫に限られ、その他の藤原氏は旧姓である中臣姓に戻すよう文武天皇の命が出ます。それ以来、政治は藤原不比等直系の藤原氏が独占し祭りの仕事をおこなう神官を中臣氏が世襲しました。摂政・関白の職は明治維新まで藤原氏の子孫たちが独占して就きました。例外は秀吉ですが、それでも藤原氏の養子となってから関白に就いています。こうして藤原氏の繁栄は1000年以上も続きました。

歴代の天皇の妃は、藤原不比等を先祖とする近衛《このえ》・鷹司《たかつかさ》・九条《くじょう》・二条・一条家の藤原氏嫡流の五摂家から選ばれるのが習わしとされていました。五摂家以外から初めて選ばれた妃が、昭和の美智子皇后なのです。

日本人の深層心理

心理学者の河合隼雄は著書『中空構造　日本の深層』（中央公論社）の中で『古事記』神話の構造を分析して日本人の深層心理を探っています。

イザナギとイザナミの間に生まれた3人の子供のアマテラス、ツクヨミ（月読命）、スサノオのうちアマテラスとスサノオにはエピソードが満載なのに月の神であるツクヨミにはなく、無為の神となっています。他にアメノミナカヌシ（天之御中主神）とタカミムスビ（高御産巣日神）とカミムスビ（神産巣日神）の三柱の神の中心の神アメノミナカヌシは記述がなく無為の神となっています。

天孫のニニギ（瓊々杵尊）は国津神のオオヤマツミ（大山津見）の娘コノハナサクヤ姫（木花咲耶姫）と結婚しますが、妻が一夜にして妊娠したので自分の子ではなく国津神の子供ではないかと疑いを持ちます。コノハナサクヤ姫は疑いを晴らそうとして産屋に火を放ち火の中で出産をしてホデリ（火照命）、ホスセリ（火須勢）、ホオリ（火遠理命）、3人の子供を産みます。そして、ツクヨミ（月読命）やアメノミナカヌシと同じように二番目に出生したホスセリはまったく無為の存在なのです。

木花咲耶姫産屋・無戸室《うつむろ》の跡（宮崎県西都市三宅字石貫）

河合隼雄は同書で述べています。

それぞれの三神は日本神話体系のなかで画期的な時点に出現しており、その中心に無為の神をもつという、一貫した構造をもっていることが解る。これを筆者は『古事記』神話における中空性と呼び、日本神話の構造の最も基本的事実であると考えるのである。

ここに挙げられた神はそれぞれが重要な神なのに、中心の神は何もしないのです。真ん中にいる神が空っぽなのです。日本神話にはそういう神がいます。それが日本人の心の構造の特徴としてあらわれているというのです。

日本の神話においては、何かの原理が中心を占めるということはなく、それは中空のまわりを巡回していると考えることができる。つまり、類似の事象を少しずつ変化させながら繰り返すのは、中心としての「空」のまわりを回っているのであり、永久に中心点に到達することのない構造であると思われる。

中空構造では対立する原理のどちらかが完全に優位になることはありません。中空で妥協を繰り返してうまくバランスをとりながら決定的な対立をさけます。

縄文が弥生の技術を排除せず戦いを避け共存の道を歩んできたように、中空構造は相対立するものや矛盾するものと共存していくという特徴があります。

日本社会は中央に権威は置いても権力は置かない中空構造なので強いリーダーがあらわれると、周囲に引きずり降ろされてしまう傾向があります。中心は無為の存在でいることが尊ばれます。しかし文字どおり中心が無になると無責任体制に陥ります。

戦争中の日米の組織を比較するとアメリカは状況が最優先で、組織でも何でも、状況に応じて一人ひとりに絶大な権限が集まるようにつくっていきます。日本の組織は責任分散型で一人だけに大きな権力が集中するのを避けて、何人かのトップが談合で決めるというやり方をしました。

明治憲法で、軍隊は天皇に属するとされましたが、天皇が実際に軍隊を動かすことはありませんでした。日清、日露などの戦争は陸軍と海軍の参謀総長、軍令部総長、参謀次長、軍令部次長、第一部長、作戦部長、作戦課長によって構成された大本営会議が統帥権を持ち全面的に作戦を仕切って戦争がすすめられていました。

個人が責任をとらない無責任社会は、ある特定の人物が責任を問われると、家族や関係者までもが無限責任を負わされることが起きます。

政治学者の丸山真男は『日本の思想』（岩波新書）で、無限責任の例として1923年（大正12年）に起きた難波大助に狙撃された裕仁親王（昭和天皇）暗殺未遂事件を取り上げています。

この皇太子暗殺未遂事件後、総理大臣の山本権兵衛は辞任、内閣は総辞職、警視総監と警視庁警務部長が懲戒免職、警護にかかわっていた一般の警察官まで免職。犯人の出身地の山口県知事と、犯人が上京の途中で立ち寄った京都府の知事も譴責《けんせき》処分、郷里の村は正月の行事を中止、犯人のでた小学校の校長と担任は辞職、衆議院議員であった犯人の父は蟄居し半年後に餓死しました。

無限責任は、現在でもたった1人の現役の野球部員の違法行為の責任として野球部全体が甲子園出場辞退という習慣に引き継がれています。

頂点の地位にいる天皇は、象徴的な権威だけで実質的な権力を持っていませんでした。そして行政を担当する官僚は、短期間で交代してしまいます。永続的にその業務に対して責任を持つ個人が存在しません。つまり、日本は命令を下す決定権を持っている個人も責任をとる個人もいないのです。こうして日本は責任をとる個人が存在しないまま、集団による、責任の不明確な傾向に従って行動して失敗します。そうして、失敗をしても、その失敗の原因を究明して責任者を明らかにしないので、同様のパターンを何度も繰り返すのです。

日本の父性は心理的に母性優位の国でした。個性や自己主張よりも全体との調和や平衡状態の維持の方が重要だったのです。日本人はまわりの人と同じ振る舞いをすることで安心し、まわりから目立ったり、異なったりする行動を好まないのです。母親は子供を自分の一部として育てていきます。行き過ぎれば包み込んで離さない、子を飲み込む母になってしまいます。その母子の一体感を破るのが父親です。子供は父親の存在を通じて、「他者」の存在を知ることになります。子供は母親との一体感の多幸な状態を出て、父という他者を通じて、社会のルールを守ってゆかねばなりません。それを守らないときの父親は罰を与える怖い存在です。しかし、子供がルールを守るかぎり父は社会へ出てゆくための知識や技術を授け、教えてくれる存在です。母性原理は融合し、父性原理は母子の一体からの分離を促します。母性がすべての子供を平等に扱うのに対して、父性は子供をその能力や個性に応じて類別します。

西洋と比較すると日本では、幼児がいつまでも母親に甘え続けることができます。西洋の子供たちは、父親によって、精神的な乳離れが強要されて子供の自立を促されます。

日本社会の父性というのは西洋社会の一神教の父性中心と違って日本的母性社会における父性であって、西洋的な真性の父性の強さは持っていませんでした。日本では、母権社会から父権社会への転換が十分ではありませんでした。河合隼雄が危惧していたのは「父性の弱さ」を戦後の日本の「民主教育」と考え、短絡的に父権的な強いリーダーを中心に持ち込もうとする人が出てくることで中空構造が危機に陥ることでした。

1979年に『文芸春秋』に掲載された論文（「新『新軍備計画』」）の中で、森嶋通夫は、

日本では通常「国民的合意」は軽率に、しかも驚くべき速さで形成される。その上、いったん「合意」ができてしまうと、異説を主張することは非常に難しいという国柄である。

と指摘しています。

太平洋戦争末期、戦果を挙げることに固守した日本軍は敗北が決定してもずるずると戦争を長引かせて無謀な戦闘を続けました。中空構造の日本は一旦始めた戦争を終わらせるリーダーがいなかったのです。結局、多くの国民の命が犠牲となって失われました。

無責任体制の中空構造によることもできず、西洋の父性中心の構造によることもできない「中空構造日本の危機」について河合はこう述べています。

われわれのなすべきことは、現在の日本における父性の弱さを認識するとしても、すぐに西洋

的な父性にジャンプするのでもなく、また徴兵制といった制度に頼ることによって自らの父性の弱さをカバーしようとするのでもなく、個々人が自分の状態を明確に意識化する努力をこそ積みあげるべきであろう。これは遠回りの道のように見えて、実は最善の道と考えられるものである。そのような意識化の努力の過程において、中空構造のモデルは、ひとつの手がかりを与えてくれるものとなるであろう。

・

「日本とは何か」

「日本人はどこから来てどこへ向うのか」

その答を出すには時間がかかりますが、その手段が河合隼雄のいう「意識化への努力」なのです。それは「自分とは何者なのか」と自分自身に問いかけ、自分自身を自覚する作業でもあります。対立や矛盾が排除されず共生できるような社会になるには、心の中心に自己中心的な自我を据えてはいけません。そこは空でなければならないのです。父性、母性のどちらも心の中心に置いてはうまくいかないのです。

創られた民族意識

はるか太古の昔、人々は誰もが目にみえない神々と霊的交流をしていました。左脳優位になって自己の本質である「直霊《なおひ》」が自我意識に覆われるようになると、神の声は聞こえなくなったのです。

女性は生命を生み出す力があり別な魂を呼び寄せて体内に宿すことができたので、女性が巫女となって神の代理人となったのです。巫女が神を降ろす役割をし、男性の審神者《サニワ》が巫女に降りている神が本物かどうか確かめる役割をしていました。沖縄の久高島で12年に一度おこなわれていた神事イザイホーでは30歳を超えたすべての既婚女性は先祖の霊と交信する神女となっていました。

父権社会になると男性がスメラミコト（天皇）となって祭儀《まつり》だけでなくや政治《まつりごと》も兼ねるようになり大王《おおきみ》として軍事の指導者にもなっていったのです。

スメラミコトは神の依代となって先祖からの言霊を授かる大嘗祭という儀礼で霊統を受けついできました。大嘗祭の霊力は1年ごとに衰えるので新嘗祭を執り行うことで復活させていました。

ところが、後土御門天皇の時代（1466年）から東山天皇の時代（1687年）までの220年の間の大嘗祭は途絶えていたのです。新嘗祭も後花園天皇（1462年）以降、東山天皇（1688年）の時代になるまで途絶えていました。

江戸時代の後期までの間に天皇家は古代から受けて継いできた祭祀の霊力を失っていたのです。女性から男性に祭祀権が変わってしまったことも関係しているかもしれません。天皇家の領地である禁《きん》裏《り》御《ご》料《りょう》の石高は小大名くらいの3万石くらいしかありませんでした。長く武家社会が続き庶民の崇敬の対象は将軍や領主にあり氏神やその土地の神々になっていました。277年振りに新嘗祭が再興されたのは徳川綱吉の元禄時代、吉田家においてでした。天皇家にはもはや財力がなく再現は困難で略儀だったようです。

1853年（嘉永6年）ペリー提督の黒船来航は、それまでの長州や薩摩といった狭い地域の考え方をしていた人々に、日本というアイデンティティを芽生えさせました。蒸気船でやって来た欧米人を「夷」と呼び、尊王攘夷が巻き起こりました。幕藩体制を崩壊させた明治政府は、欧米列強に肩をならべる近代国家を築きあげるために神武復古をかかげ、「大日本帝国は万世一系の天皇之を統治す」とアマテラスの子孫である天皇中心の国家体制を敷きました。政治を司る太政官制度が廃止され、天皇の宗教的権威と公家の関係で成り立っていた朝廷は消滅しました。新しい政府の要職に就いたのは維新の原動力となった薩摩・長州・土佐・肥前の出身者でした。

しかし、途絶えていた鎮魂の祭祀を、水面下で継続してきた神祇官を外して、天皇家の鎮魂の祭儀はできませんでした。罷免された白川家と吉田家は、改めて神祇官に任ぜられました。新嘗祭が本格的に再興されたのは、1873年（明治6年）11月22日でした。

こうして明治になってから突然、日本国民の総称としての「大和民族」という名称があらわれました。明治以前の人々は民族という概念をもっていなかったので「大和民族」という言葉自体がなかったのです。

「国民の大部分は大和民族である」のスローガンは教科書に載せられて人々はそのように教育されました。東京の山手言葉を日本語の標準語と定め国語の統一のため方言撲滅運動が盛んにおこなわれました。そのために東北弁は劣った言葉として嘲笑の対象となりました。東北の人々は自分たちが話すズーズー弁が汚い言葉だと思いこまされてしまったのです。

奥出雲のJR木次駅からトロッコ列車「奥出雲おろち号」が出ています。その木次線に松本清張原作の推理小説『砂の器』で有名になった亀嵩《かめだけ》駅があります。

『砂の器』の中で「犯人と被害者がズーズー弁で喋っていた」という証言から犯人の手がかりは秋田県の亀田かと思われます。しかし、秋田では手掛かりが得られません。ズーズー弁を話す地域が出雲地方に今も残っていることがわかり木次線の亀嵩駅が判明します。

弥生文化の勢力が出雲を囲むように拡大したので、出雲の山間部にだけ縄文時代からの名残であるズーズー弁が残されていたのです。東北特有のズーズー弁が、古代では出雲から東北に至るまで縄文時代の標準語でした。古代の日本は縄文語であるズーズー弁で繋がっていたのです。東北の人々は、自分たちの言葉に誇りを持っていいと思います。

『日本文化の深層を探る』（沖浦和光、岩波新書）によると日本人のルーツは、

1、古モンゴロイド系の縄文人の末裔のアイヌ系と沖縄

2、稲作農耕と漁をして暮らす倭族

3、マレーなど黒潮に乗って北上したフィリピン人、インドネシア人の源流に連なる南方系海洋民

4、朝鮮からの渡来人

5、中国の江北地方から北九州に渡ってきた漢人系

6、北方系騎馬民族（新モンゴロイド系・ツングース族）

といわれています。しかし、大和民族はこの中のどこにもありません。いったい大和民族はどこから来たのでしょうか。一体何が大和民族なのでしょうか。それぞれのお国言葉がたくさんあってどの言葉が大和民族の言語で、何が大和民族の文化なのかは明らかではありません。純粋な血統を持つ大和民族は明治政府が作り上げた概念だからです。

『民族の創出』（岡本雅享、岩波書店）によれば、お隣の中国では、中国民族理論学会が中華民族をこう定義しています。

我が国は漢族を主体とする多民族国家であり全国各民族は一つの共同の民族複合体「中華民族」を構成している。各民族は今後もさらに各学び合い吸収し、共通性が次第に増し、ついには融合し漢族でも満州族でもチベット族でもない、一つの新しい民族共同体となる。この新しい民族共同体の名称は中華民族という。

この中華民族の共通言語は漢語です。多民族国家といっても結局は漢族に都合よく、他の少数民族は漢民族に吸収同化されて消えようとしています。中国の内モンゴル自治区の人口２３００万人のうちモンゴル人は４００万人です。つまり内モンゴルが中国に編入されてから漢人入植者が増えて漢民族が80パーセントになりモンゴル族は20パーセントとなって少数民族に転落したのです。

中華民族を大和民族に置き換えると、日本でも同じことがおこなわれてきました。

一般の日本国民と平等にすることを目的とした北海道旧土人《きゅうどじん》保護法により、北海道のアイヌは言語と神話ユーカラを奪われ、蝦夷や世界中の先住民族と同じ運命をたどりました。戦前の教育を受けた人は、学校の式典で天孫降臨から神武天皇即位までを校長が延々と話すのを忍耐強く辛抱して聞いて育ちました。だから現在の建国記念日が紀元節のことだと知っていましたが、戦後生まれの人々は神武天皇のことはほとんど知りません。

終戦後、大日本帝国の終焉とともに神武天皇の存在は否定され、教科書から追放されたからです。

結局、軍国主義は天皇家の祖神の神話まで抹殺してしまったのです。先の大戦で、日本人は軍人が約230万人、一般人が約80万人も死亡しました。

家族を殺され、生き地獄に遭わされた日本の人々の中には、天皇家を恨む人々も出てきてしまいました。祭儀を司る天皇家もまた、明治の政治制度によって不利益を被った被害者なのです。

「日本は大和民族による単一民族国家である」

というのは、記紀神話を利用した明治政府が、中央集権の天皇制の正当性のために情報操作したものでした。当時の日本人は子供の頃から徹底的に軍国主義の教育を受けていたので、あらゆる階層の人々の心に支配・服従の構造が刷り込まれていました。

「行動が組織だっていて秩序がある。みなが従順で、地震や災害でも略奪が起きにくい。統制が取りやすい」

日本人にはそんな性質があります。しかし、一方で権威ある者からの命令を受けとると、たとえ不合理な命令であろうと常識的な判断を放棄して全国民がそれに従ってしまう傾向がありました。

かつて「戦争は嫌だ」と戦争に反対すると、憲兵隊に身柄を拘束され、拷問と脅迫を受けました。まわりからも国賊・非国民と罵声を浴びせられました。日本では、いったん国民の合意が出来上がってしまうと、異なる主張をすることが難しくなるのです。

戦時中の日本兵は、

「捕虜となることは屈辱である。戦って死ね。それがかなわなければ、自決せよ」

と教えられ、捕虜になるよりも自決の道を選びました。

負傷して動けなくなり不本意にも捕虜となった日本兵は、捕虜は恥ずべき事実なので母国に知られないことを切望しました。これに対して、捕虜となったアメリカの兵隊は、

「自分が捕虜となったことを祖国の家族に知らせて欲しい」

と願い出て、日本人を驚かせました。彼らには、家族を守る父親としての責任があったので、無駄な死を避けて捕虜となることは、少しも恥ずかしいことではなかったのです。

「戦争に負けてはじめて自分たちが非人道的な事をしていたと気がついた。それまでは軍国主義の教育のまま行動していた」

と戦争の語り部の多くはそう語っています。

失敗して始めて人は過ちに気がつきます。日本の軍国主義は男性原理が強すぎたので崩壊する運命にあったのです。戦争で焼け野原になった日本は、

「お金や物を持つと幸福になる」

と信じてとにかく必死に働き、高度経済成長を遂げました。今では物があふれかえり、むしろもったいないことに毎年５００万〜８００万トンもの食料が破棄されています。しかし物がない時代よりも自殺、離婚、家庭崩壊、精神病は増加しています。

ブラジルは殺人が多い国で、10年間で15万人が殺人事件で死亡しています。1時間に2人殺されている勘定になります。日本は犯罪が少なく、殺人も平成になってから1000件を下回っています。しかし日本は年間3万人が自殺しています。1時間に4人が自殺していることになります。ただし、ストレスや心の病気で、現在苦しんでいる人は自殺の統計には出てきません。数字の影には何倍もの苦しんでいる人々がいるのです。お金や物を持てば幸せになるとは単純に言えないのです。

神話学のキャンベルは、『神話の力』(早川書房)で次のように語っていました。

中世で一番大きな建物はキリスト教会、宗教の建物でした。17世紀の建物は政治の建造物が一番大きく、20世紀は経済活動の建物がなによりも一番大きくなりました。

21世紀に入ってすぐの2001年9月11日に、世界経済の象徴だった世界貿易センタービルが崩壊しました。そして2011年3月11日に、無数の科学技術の専門家が支える近代科学の巨大システムだった福島原発事故が起きました。

経済の時代はすでに終わったのです。私たちは大転換の最中にいます。経済にかわる次の新しい神話の時代が始まったのです。

新しい神話

縄文時代は、役割の違いに応じて複数のリーダーが入れ替わるヘテラルキー（多頭的階層）の社会構造をもっていました。縄文の社会は支配従属のピラミッド型の中央集権ではなかったのです。

アメリカ大陸の先住民であるアメリカ・インディアンは、支配階級である王様を作りませんでした。インディアンのジェロニモは、白人に家族を殺されて復讐に燃え、部族連合の戦士として白人に連勝していました。そして決戦が近づき、ジェロニモは自分が全体の軍の統率者になろうとしました。しかし、その時アパッチ族の長老達は即座にそれを拒否して、部族連合は解散します。長老達はピラミッド型中央集権社会構造に危険を感じて嫌がったのです。

心理学者のミンデルは、指導者（リーダー）よりも力を持っている長老（エルダー）について、『紛争の心理学』（A・ミンデル、講談社現代新書）の中で次のように述べています。

● 指導者は「ロバートの秩序の法則」に従うが、長老は「霊」に従う。（著者注：ロバートの秩序の法則

とは動議提出、賛成反対の意見を出して、最後は多数決による決議という典型的な民主主義の意思決定のプロセスをいいます）

●指導者は多数派を好むが、長老はみんなの味方をする。

●指導者はトラブルを見ると、それを止めようとするが、長老はトラブル・メーカーが何か教えてくれようとしていると捉える。

●指導者は正しくあろうとして骨を折るが、長老はすべての中に真実があることを示そうと試みる。

●民主的な指導者は民主主義を支持する。長老はそれもおこなうが、また独裁者やゴーストにも耳を傾ける。（著者注：ゴーストは無意識レベルに抑圧された欲求や怨念を意味します）

●指導者は自分の仕事をうまくこなそうとするが、長老は他の人たちも長老になるよう促す。

●指導者は賢くあろうとするが、長老は自分自身の考えを持たず、自然の出来事に従う。

●指導者は考える時間を必要とするが、長老は何が起こっているかを自覚するためにほんの一瞬を要するだけである。

●指導者は知っているが、長老は学ぶ。

●指導者は行動しようと試みるが、長老はなるがままにまかせる。

●指導者は戦略を必要とするが、長老はその瞬間から学ぶ。

●指導者は計画に従うが、長老は神秘的な未知なる河の方向性を尊重する。

インディアン社会のチーフ（族長）は交渉の矢面に立つ「調停者」のことであって、王のような権力者でもなければ、指導者や指揮官でもありませんでした。部族民を従わせたり、強制するような個人権力者は存在していませんでした。彼らの社会は、合議制の完全民主主義社会なので、すべての決定は合議のもとにおこなわれていました。

アメリカ内務省のインディアン局は、ある部族と協定を結ぶために場所と日時を決めました。しかし、その部族は約束の日から数日遅れて到着しました。彼らはその日がくるまで何日も祈りと踊りを続けていたのです。そうして、機が熟すのを待っていたのです。会合を開く、しかるべき時を完全に感じ取った時、その会場に姿を現しました。彼らの世界の時間で完璧なタイミングで現れたのです。

私たちの社会は時間が過去、現在、未来に流れていく直線的な世界に住んでいます。左脳は直線的な時間の流れに従い、安全か否か、有益か否かの判断を常に繰り返しています。現代社会では時間厳守を厳しく問われます。もし、時間厳守の価値観が支配的な文化で時間を守ることに従わないと、守らない者は厳しく罰せられます。先住民の神話世界や無意識の領域の時間は過去、現在、未来が直線的に流れずに溶け合っています。そして、自己と他者の関係は固定されず境界は流動的です。

現代人は、お金の計算をする左脳の分析的、合理的思考が優勢で、統合的で感覚的な右脳の働きが抑制されています。しかも他を思いやる共感能力や身体感覚は受験で点数になりません。そのような左脳優位の男性原理の人々が指導的立場をしめ、世界を動かしてきました。左脳優位の思考では、全体との繋がりを見失い、戦争を起こすなどをして自らを滅ぼす危険性があります。

現代社会はピラミッド構造のシステムなので、科学者、技術者もその構造を支える部品にされてしまいます。人間は組織の中で与えられた命令に服従するだけの機械の部品になってしまいます。ピラミッドの中での人間は、知性が劣化して眠りに陥ります。与えられたプログラミング通りに同じ行動をただ繰り返すのみなので、同じ間違いを延々と繰り返し続けます。こういった、いわば機械人間は、同じ行動をただ繰り返し、夢想と忘却の中で自己を喪失した日常を過ぎていくだけです。

「日本人が人間ではなく機械になっている」といわれても信じられない人がいるかもしれません。日本はかつて「鬼畜米英！」と叫び、戦争へ突入したことがあります。戦争が終わると、〈敵国アメリカ〉は一夜にして〈民主主義の理想の国〉となっていました。

心理学の実験で、権威に命令されると、人は自動的に服従して他者に危害を加えるような行為をしてしまう、ということが確かめられています。機械人間は、権威ある者からの命令に接すると、たとえそれが不合理な命令であろうと、みずからの常識的な判断を放棄して、その命令に服従してしまう危険性があります。まるで戦争のように。自覚していない無意識の領域に外からの教育プログラムが埋め込まれると、それに突き動かされてしまうのです。プログラムに支配されると、ロボット状態のまま外からの刺激に機械的に反応して同じ行動をただ繰り返してしまいます。

しかし、人間の本質は機械ではありません。人間は自由意志を持っています。本当の自分をごまかして生きても、苦しみという機能不全が必ず起きてきます。そのとき、機械であることをやめて、本来の自己に戻るチャンスがあります。何かがおかしいと気づいた人は、自分の内面を観察して、自分の中にある否定的なプログラミングを検証して解除することができます。意識を集中させることで思考から自由になることができます。そうして、自分が思考ではないことがわかると、いくらでも自由に行動パターンを変えることができるのです。

現代社会では、たびたび巨額な損失隠しが起きたり、あるいは深刻な環境問題が起きたりしています。この根本の原因は、ピラミッドの頂点で支配する一部の権力者の利益に従って進む現代社会が、行き詰っていることにあります。病的で偏狭な自我をまとった人間が、好き勝手に権力を振り回す――この社会構造はすでに時代遅れになっています。

ピラミッド構造で頂点にいく人は少数です。競争に破れた多数の人々は欲求不満、ストレスにさらされます。そのためにピラミッド型社会では犯罪や病気、自殺も多くなってしまいます。

世界は相互に関係し依存し、影響しあっています。盲目的に服従する中央集権の支配構造のヒエラルキーから、階層が流動的で脱中心的、分権的なヘテラルキー（多頭的階層）社会へ必然的に向かいます。洞察力を持った人々が増え、社会が成熟するに従ってピラミッド構造の父権社会はやがて姿を消すでしょう。

　誰も勝つこともないし負けることもない、多様性を認めるネットワーク型社会へ移行していくようになるでしょう。ネットワークが網の目のように繋がると、脳の神経細胞に似てきます。全地球規模で有機的に自由に情報が行き交うようになると惑星規模で人々の意識の統合が起きるでしょう。

　人間は3歳頃までになると自我の心が芽生え、7歳頃になると自分の体に具体的な操作をおこなえるようになります。人類も惑星意識が芽生えて成熟すれば国家、人種同士の争いをしなくなり、環境を破壊する行為をやめるようになり、お互いに信頼と尊敬しあう調和した社会を築けると思います。

　ただし、それまで地球環境が持てばの話です。もし江戸末期に現れた黒船のように、宇宙船に乗った宇宙人が人類の前に堂々と姿をあらわしたのならば、国や民族を超えた地球人というアイデンティティが急速に芽生えることになります。いわば地球維新が起きるのです。そのときに宇宙時代にふさわしい新しい神話が誕生するでしょう。

魂の再生

子供は、社会環境や両親のかかわりによって自我がつくられていきます。

親は子供の自由なエネルギーをしばしば制限します。愛を与える両親が子供を深く傷つけてしまうことが起きています。

怒りは言葉で表現したり、物を殴る蹴る、などで緊張を発散することができます。しかし親が暴力的で自分より強い場合の子供は、罰を恐れておとなしく服従するだけなのです。

子供はあるがままの自分を否定して親に気にいられるような自我を形成していきます。そうして相手に嫌われないように良い子の仮面をかぶり自分を抑圧してしまうのです。

子供の体は緊張し感情を感じる通路を封鎖してしまいます。感情や痛みを否定してしまえばエネルギーの流れは滞ってしまいます。

支配的な親に対して、歯向かったためにひどく罰せられ、親から傷つけられた経験が癒されないと親への愛と同時に怒りと憎しみの感情が混入されてしまいます。

生後3ヶ月の女児

否定された愛は、分離して怒り、恐怖、悲しみとして体に記憶されます。

そして、恋愛に傷つき、愛が冷めて終わりを告げたときに、愛は憎しみ、悲しみ、怒りに変わって表に出てきます。深く傷ついた人ほど本当は愛に飢えているのです。

現代人は思考に依存しています。

そのため、身体の反応を理性で押さえ込むことが多くなるので情動をうまく発散できません。やがて内部に閉じ込められたエネルギーは噴出します。

攻撃性が外に向えば対人関係で問題が発生して、内部に向えば免疫などの自己治癒のシステムにダメージを与えて健康を損なってしまいます。

無意識から湧き上がる否定的なエネルギーに心が支配されてしまうと、人格が冷たく皮肉っぽくなったり、自己嫌悪に陥ったり攻撃的になって暴力を振るったり、あるいはランクを付けて人を見下したりするようになります。

私たちは関係性の中でさまざまな感情に巻き込まれると、怒りという方法で逃げてしまうことがあります。

しかし、自覚がない状態で怒りを表現しても、感情を爆発させても緊張は解消されません。

怒りは抑圧しても短絡的に解放しても、エネルギーの流れをせき止めているブロックが消えないのです。

男性は泣くなという条件づけを受けたために、泣くことよりも怒りの方が簡単にでてしまいます。世界中で暴力の嵐が吹き荒れていますが、本当は愛を求めて泣いているのです。

怒りの中には愛を受けとれなかった悲しみがあります。怒りの奥には悲しみ、無力感があります。恐怖があります。愛を得られなかった不安があります。

インディアンは問題を抱えると、荒野で一人になり断食と祈りの中で自分の恐怖、不安、悲しみ、怒りと向き合いました。そうして魂と大地、共同体との繋がりを取り戻したのです。部族が危機に陥ったときは祭りをおこないました。火を焚きそのまわりで歌い踊って、エネルギーを発散させるのです。祭という儀礼をおこなうことで不安や怒りを解消して、ストレスから身を守り、希望や勇気を回復して、心身の危機を克服します。変容と統合とよばれる機能が、祭りにはそなわっています。

アフリカのサン族は、癒しと変容をもたらすダンスを部族の全員が踊ることで、部族全体の活力を取り戻しました。怒りと攻撃性はエネルギーの上昇と爆発であり、誤用すれば破壊をもたらしますが、それを昇華すれば魂の再生をもたらします。

怒りの感情とともに、そこに付随するさまざまな感情を、人間の本性である純粋な客観意識で自覚した時、否定的に思えたエネルギーは肯定的なエネルギーに変容します。

湧き上がる攻撃的なエネルギーを自覚できると、情動のエネルギーに巻き込まれなくなり、その人は変容します。

矛盾やおかしな点があった時、その根源を明らかにする洞察力（上丹田）、他の生き物の痛みを共感するハート（中丹田）、プロジェクトを最後までやりとげる行動力（下丹田）、この3つの丹田が調和することで、心と体は安定します。

あわすこころ

古代では、女性たちが戦いの中に分け入り、敵対する部族同士の間に講和条約を結ばせることがありました。その公平な裁きには驚くほどの友好がうまれたので、常に問題の解決は女性にゆだねられたといいます。

トロイ戦争で、トロイの援軍に訪れたアマゾン女族の女王ペンテシレイアは、ギリシャの英雄アキレスと戦い破れます。そして彼女の黄金の兜を引き剥がした瞬間に、ペンテシレイアのあまりの美しさにアキレスは心を奪われてしまいます。アキレスはペンテシレイアを愛してしまったのです。アキレスはペンテシレイアを殺してしまったことを悔やみ、夕日をあびながら彼女のためにいつまでも泣いていました。男性原理の戦いの後に、愛する女性原理があらわれたのです。男性エネルギーと女性エネルギーは本来愛し合う一つのエネルギーなのです。

縄文時代は母系社会でしたが、弥生時代になって、母系社会を受け継いできた熊襲《くまそ》・隼人《はやと》・土蜘蛛《つちぐも》・国栖《くず》・蝦夷《えみし》は滅びていきました。古墳時代になると、母系から双系へ変わり、持統天皇の時代を過ぎると中央集権が進み、父系社会へと移り変わっていきました。そして明治時代に家父長制が法律で制度化されました。縄文時代は女性が主導権をにぎっていましたが、いつの間にか、女性は男性を主人と呼ぶようになりました。しかし、現代の女性が男性を主人と呼んでいるからといって女性が奴隷になっているわけではありません。日本は強い父系社会ではないので、主人といいながらも上手に夫や息子を陰で操っている女性も多く見受けられます。けれども「男は偉い」「女は男に尽くすべきだ」という父系社会の価値観は多くの現代人に刷り込まれてしまっています。現代社会は合理的で科学的な思考方法が主流で、男性原理が支配的な競争社会になっています。

男性性をあらわす〈サヌキ〉の〈サ〉は「差」で物事に差異を設け、〈ヌキ〉は「抜き」または「貫き」で、〈サヌキ〉性は能動的に外側に向かって成功を求め自己中心的に突き進み貫こうとします。女性性の〈アワ〉の〈ア〉はものの始元で、あらゆるものに変遷していく受容性をあらわします。アワスは一つに和合することで、〈ワ〉は調和の「和」であり循環する「輪」でもあります。『古事記』に「やわす」という言葉が出てますが〈ワ〉は「柔す」であり、「和す」です。

男性性〈サヌキ〉が強いとピラミッド組織になり上下の支配関係が生まれます。教師と親の言うことを子供は聞き、女性は男性に従うべきであり、患者は医者に素直に従い、上司が決めたことに部下は口答えせずに黙って服従することが良しとされます。しかしリーダーが、部下の気持ちを感じ取ったり、意見を汲み取る女性性が働かなければ物事はうまく進みません。また受け身の部下も理解できないことや矛盾したこと、賛成できないことがあった時にリーダーに自分の意見を表明する男性性が働かなければプロジェクトは円滑に進みません。男性性は感情で相手と一体化せず、冷静な判断ができます。男性性は捨てるものと必要な物を区別して捨てるものは捨てることができます。女性性〈アワ〉が成熟している人は感情を素直に自由にあるがままに外に出すことができます。硬直した男性は素直に感情を表現できません。女性性は子供を無条件で受け入れる母親の愛、あるがままにすべてを抱きしめてくれるやさしさ、すべて大丈夫だと思わせてくれる深い安らぎがあります。

しかし男性性が成熟していないと、依存してベタベタと際限なく甘えてしまいます。そして甘えが満たされないと怒り出すでしょう。子供をのみ込んで離さず子供の自立を奪ってしまう恐ろしい母親になってしまいます。「わたしさえ我慢すれば」と、気持ちが内側に向かって自分を責めたり、「どうせ、だれもわたしの気持ちなんて分かってくれない」と自分が作り出したメロドラマの中に入り込んで、そこから抜けられなくなったりします。男性性は結果を求めて競争し相手を打ち負かそうとしますが、女性性は協力、調和、共生、受け入れることにあります。男性性が強すぎると分裂して争い始めます。競争社会の中では、女性も巻き込まれて戦ってしまい、男性性の方へバランスが傾きすぎています。女性も男性性に傾くと勝ち負けに囚われて、攻撃的な口調で相手をやり込めようとしてしまいます。男性も女性も本来両方の質を備えていますが、表層はどちらかに傾いています。男女共に心の中にいつのまにか支配－従属の父系社会の思考パターンが刻印されているのです。

男性と女性がより良い関係を築くには、条件付けの心から自由になる必要があります。男性性と女性性のバランスが取れると、物事を多面的に見ることができます。

思考の囚われに気がつくと、あらゆる命が一つにつながっている一体感があるので、意見が異なった相手でも一方的に非難することはありません。この世界が関係性の織物でできていることを知っています。物事をあるがままに受容できるので相手に対する寛容さがあります。そして必要とすれば、女性がリーダーにも男性がサブにも回る柔軟さがあります。男性性と女性性は相補的であり対等なのです。男性性と女性性のバランスが取れた時に、健全な関係が生まれます。男性性に傾きすぎたバランスを取り戻すには、これから内なる女性性が開花していく必要があります。近年、セオリツ姫（瀬織津姫命）の関心が高まっているのは、女性性の象徴である女神が隠されてきたからでしょう。男性も女性も、内なる女性性が目覚めることで統合されていきます。


全てを産み、そして結びつけるのは「むすひ」の働きです。「むすこ」である男性性は能動的で矢の働きをします。「むすめ」である女性性は受動的で矢を受け入れる的です。矢と的が一つになる陰陽和合の言霊が「ヤマト」です。西洋と東洋、右と左、天と地、陰と陽、男性と女性はひとつに繋がっていきます。

一つにまとめる神命＝ミコトを持っている人がスメラミコトです。分離していたものを再び「あわす」のです。これから地球規模のミソギが起きるでしょう。人々にダイナミックな意識の変容が起きようとしています。男性性と女性性が統合した新しい文明がこれから地球に誕生するからです。

男性性のタカミムスビ（陽性）の〈タ〉と、女性性のカミムスビ（陰性）の〈カ〉が一つに陰陽和合した世界（ハラ）が、タカアマハラ（高天原）の言霊です。

その雛形は、私たちの心の中にすでに存在しています。あとは高天原《たかあまはら》の現世《うつしよ》である現象の世界で、素直に表現すればよいのです。そうすれば世界はたちまちよみがえるでしょう。

あとがき

『古事記』に出てくる神話の国といえば出雲と日向が有名ですが、２０１５年の出雲大社は60年に一度の大遷宮にあたり、5月にオオクニヌシ（大国主大神）が御本殿にお還りになる本殿遷座祭がおこなわれました。5月31日には全国から80人の舞手が集まって、出雲大社の拝殿にて女神舞を奉納することになり、主催された心音道のアイカさんから、その出雲の奉納舞の写真を撮影してもらえないだろうかという依頼がありました。

ところが出雲行きの前前日の29日に突然体調が悪化して身体中の皮膚が青紫色のまだら模様になってしまいました。はじめての経験なのでびっくりしました。こんな体調で機材を担いで果たして撮影できるだろうかと不安な考えが頭の中を巡りました。この状態のまま出雲へ出かけることはとうてい無理ではないのか、せっかく声をかけていただいたのに撮影ができなくて申し訳ない、とさまざまな気持ちが心の中から湧いて仕方がありませんでした。

アイカ心音道　出雲大社拝殿奉祝奉納
（島根県出雲市）

しかし、旅先の体調をいくら心配しても体調が良くなるわけではありません。頭は心配をやめませんが、とにかく少しでも良いから体を回復させることに専念しました。背骨を整えて、足を温める足湯をして汗をかいて、その日は何もせず、ひたすら沈黙して安静にしました。

普段夢を見ることのない私でしたが、その日の夜は珍しく長い夢を見ました。夢の中で私は、『古事記』神話のオオナムチのような冒険の旅をしていました。

そしてこの夢のおかげで、神話が単なる昔の話ではなくて現代の私たちの心の中に今でも息づいていることがよくわかりました。元気がでてきました。旅に出られるまで回復して、ようやく出雲に着きました。頭は痛くてフラフラしましたが、奉納舞の撮影をなんとか無事に終了することができました。

その年、２０１５年は関西にも出かける機会があり、次々とセオリツ姫（瀬織津姫命）とご縁のある神社を訪れることができました。そのときに、しきりと「たのみますぞえ」という声が聞こえてきたのです。

そうこうしていたら、渋谷の豆腐料理店で会食した際に、ナチュラルスピリット社の今井社長から日本のことについて書いてみませんかと依頼を受けることになったのです。

その後、日向の大御神社さんより写真撮影の依頼を受けました。出雲、日向、大和と、なにか偶然とはいえない不思議なご縁が集中して続けて起きたのです。「たのみますぞえ」ということは、きっと隠されてきた歴史に光を当てることなのだろうと思うようになったのです。それから日常に追われ筆を取らない日々が続いていましたが、突然ある女性を通して宣託がきたのです。これは神々からの催促と受け止めて、執筆をはじめてから1カ月たらずで一気に書き上げました。私としては異例のスピードです。これもきっと縄文から続く日本のご先祖さまに背中を押されたのだと思います。

この本に載せたほとんどの写真は、2015年から2017年までの間に、私がフィールドワークで訪れて撮影した写真です。

この本を執筆するにあたり、たくさんの方々のご支援をいただきました。アイカさん、中さん、おおえさん、アマラナさん、スリーラさん、モンちゃん、ブミカさん、まるがさん、ラグーさん、やっちゃん、サガールさん、鈴木睦代さん、金花しのぶさん、柿戸チャメリさん、エネルシアさん、高山史帆さん、それぞれ皆さんには大変お世話になりました。深くお礼を申し上げます。

執筆を陰で支えてくれた妻にも、あらためて感謝を表明したいと思います。

世界が再生するには、まず女性が元気になることだと思っています。

そして、最後までこの本を読んでいただいた皆さま、ありがとうございました。

清水 友邦

神の系図と神名表記について

日本神話の神々の名前は、文献や各神社の祭神など、記録によって表記が違います。
神話による神の系図と、本文での神名表記の統一は以下の通りです。

◎日向神話の系図について

『古事記』の記述で最初に生まれたのが天之御中主神《アメノミナカヌシ》で、続いて高見産巣日神《タカミムスビ》、神産巣《カミムス》日《ビ》神、宇摩志阿斯訶備比古遅神《ウマシアシカビヒコジ》、天之常立神《アメノトコタチ》です。以上の5神は男女の性別がない独神で、別天神《ことあまつかみ》と呼ばれています。

続いて国之常立神《クニノトコタチ》、豊雲野神《トヨクモヌ》の独神が生まれて、その後に4組の男女ペアの神々、宇比《ウヒ》地邇《ヂニ》神・須比智邇神《スヒヂニ》、角杙神《ツヌグイ》・活杙神《イクグイ》、意富斗能地神《オホトノヂ》・大斗乃弁神《オホトノベ》、於母陀流神《オモダル》・阿夜訶《アヤカ》志古泥《シコネ》神が生まれます。最後の男女ペアの神が伊弉諾命《イザナギ》・伊弉冉命《イザナミ》です。

『日本書紀』は『古事記』と異なり、最初に生まれた神は国常立尊《クニノトコタチ》で 次に国狭槌尊《クニノサツチ》が生まれています。天之御中主神《アメノミナカヌシ》は『日本書紀』の本文にはなくて、第一段で6つ書かれている一書のうちの第四だけに高天原に生まれた神として天御中主尊《アメノミナカヌシ》がでてきます。

記紀神話の系図

『古事記』『日本書紀』より

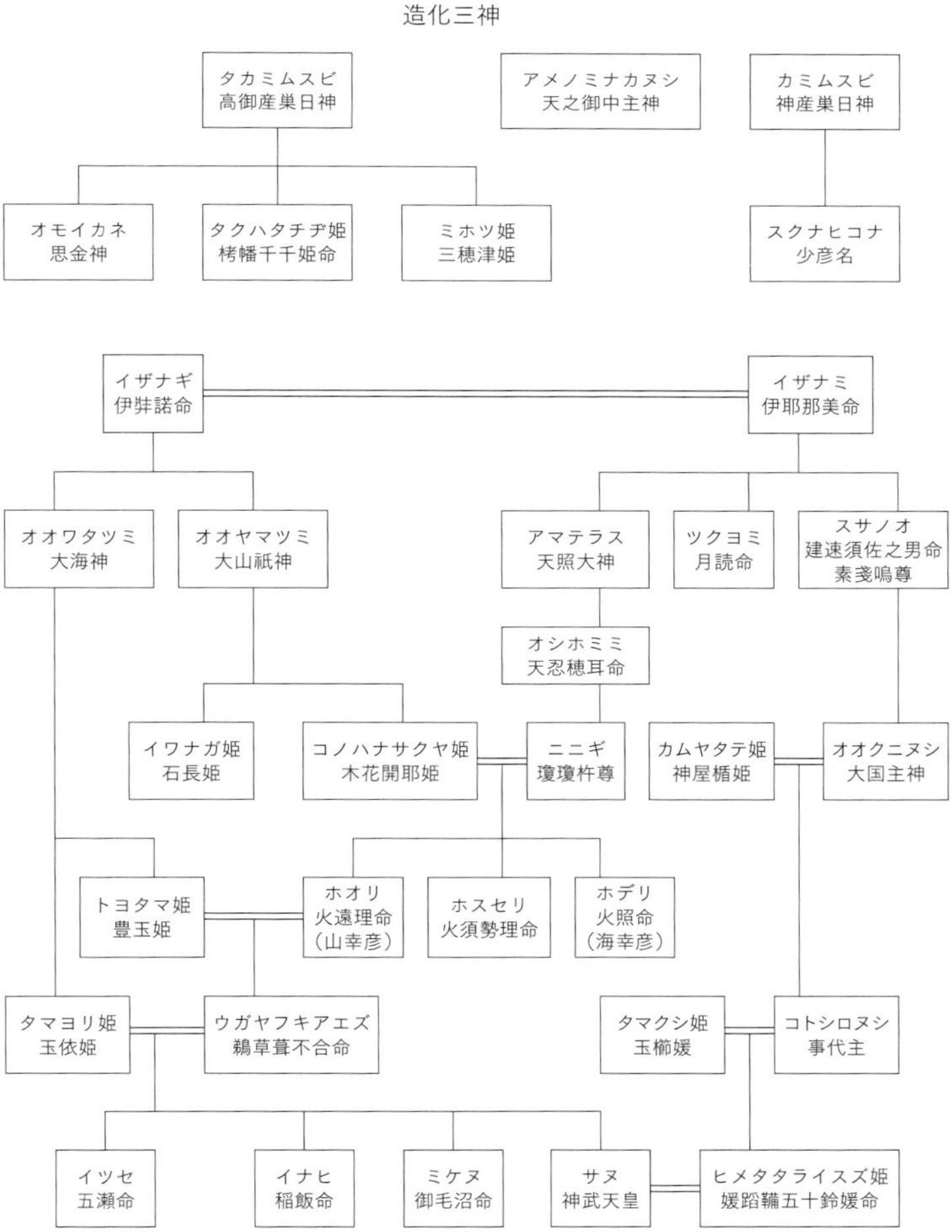

ニギハヤヒ系図

『先代旧事本紀』『海部氏系図』より

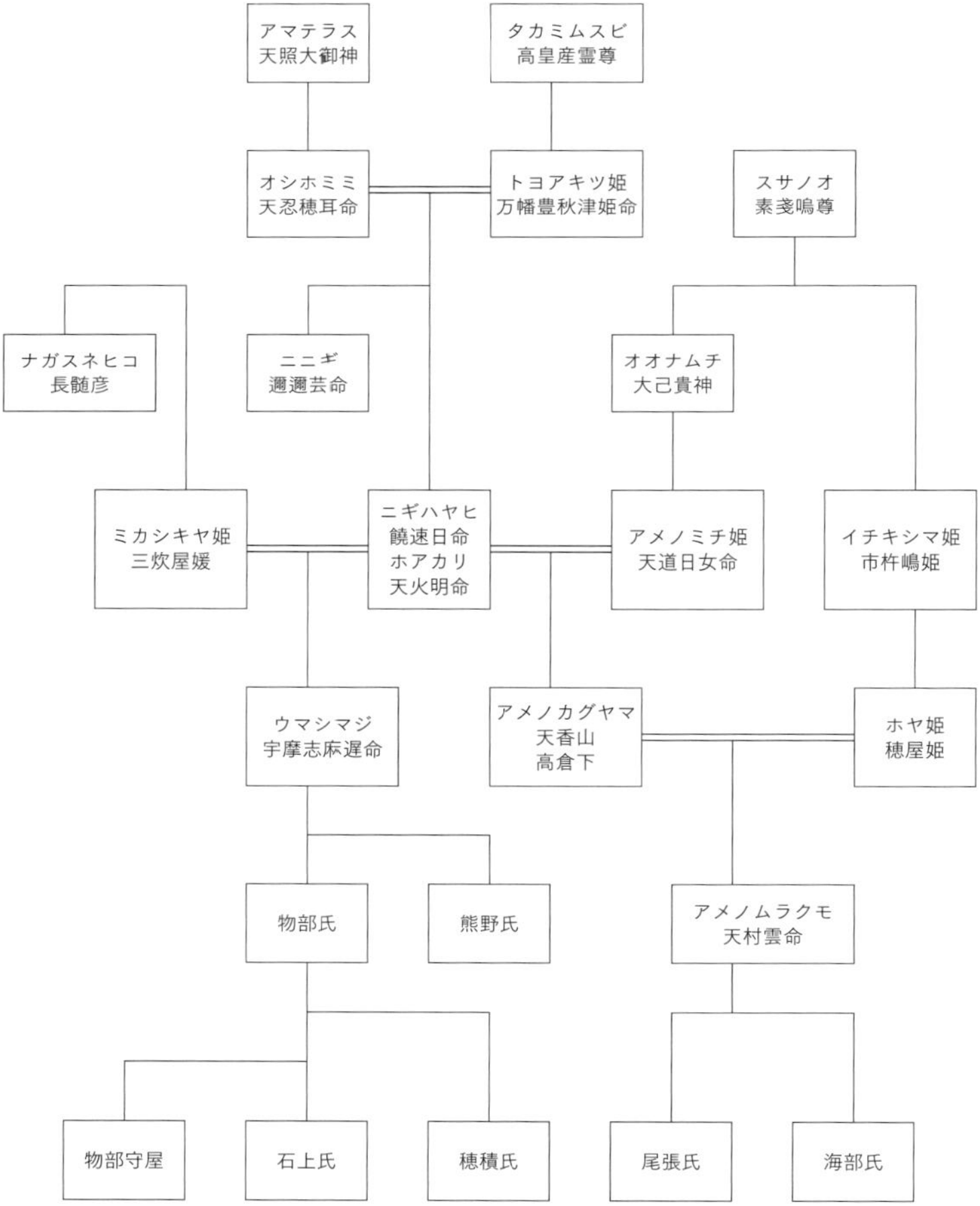

『古事記』と『日本書紀』で神々の系図が異なるのは、原本となった古代豪族の神話体系がそれぞれ異なっており、どの豪族の祖神を重視するかの政治的な配慮があったためだと思われます。

◎ニギハヤヒの系図

神武天皇とは別系統の古代の大王がニギハヤヒです。記紀のニギハヤヒは傍流あつかいですが、神武天皇より先に大和に降臨したことは明記されています。

『古事記』の天《アメノ》火《ホ》明《アカリ》命と『日本書紀』の天照国照《アマテルクニテル》彦《ヒコ》火《ホ》明《アカリ》命は、『先代旧事本紀』では天照国照《アマテルクニテル》彦《ヒコ》天《アメノ》火《ホ》明《アカリ》櫛玉《クシタマ》饒速日《ニギハヤヒ》尊と同一神としています。

『日本書紀』はニニギの息子が天《アメノ》火《ホ》明《アカリ》命ですが、『先代旧事本紀』では兄、籠神社の『海部氏系図』では天照大神の孫でニニギと兄弟の間柄になっています。戦前までの日本で天照に繋がるのは皇家の祖神だけとされていました。そのために天皇家と同じ天照大神の子孫とする『海部氏系図』は秘匿されていたのです。

◎神名表記について

神の尊称表記も、男神は「神」「命」「尊」「大神」「大善神」などがあります。『日本書紀』

で天津神は「尊」、それ以外の国津神は「命」ですが、『古事記』では混在しています。女神は、姫、媛、比売、比賣、日賣、日女、日売、毘売、比咩など多岐にわたります。

本書での表記統一につきましては、神名は基本的にカタカナ表記にし、男神神名は尊称の命、尊、神、大神、大善神などを略したカタカナ表記、女神神名は、媛、比売、比賣、日賣、日女、日売、毘売、比咩などを「姫」で統一しました。

女神の表記について

女神には「姫」の尊称がつきますが、姫の尊称がつかない例として、ヒミコ（卑弥呼）、トヨ（台与）、イザナミ（伊弉冉尊）、ナグサトベ（名草戸畔）、イシコリドメ（伊斯許理度売、石凝姥命）、アマノウズメ（天宇受賣、天鈿女命）、ウケモチ（保食神）などがあります。

神の表記について

初出に『古事記』と『日本書紀』の表記の違いを説明し、以降見出しごとの初出に参考となる漢字表記を併記します。神社の由緒記、文献記録などの漢字表記は、原則として元の表記に従いました。

オオクニヌシは『古事記』『日本書紀』とも大国主神なのでオオクニヌシで統一します。

スサノオは素戔男尊、素戔嗚尊、建速須佐之男命などありますが、スサノオで統一します。

ニギハヤヒも饒速日命、邇芸速日命などがありますが、ニギハヤヒで統一します。

アマテラスはニギハヤヒと関連するため、その都度、文脈に沿って表記をかえています。

アマテラスは、『古事記』で天照大御神《アマテラスオオミカミ》とされていますが、『日本書紀』は天照大神《アマテラスオオカミ》と大日孁貴神《オオヒルメノムチ》あるいは天照大日孁貴神《アマテラスオオヒルメノムチ》と複数あります。なお、神社によっては大日女《オオヒルメ》尊、大日霊《オオヒルメ》、大日女《オオヒメ》と呼ばれていることもあります。また、伊勢神宮では天照皇大神《アマテラススメオオカミ》、皇大御神《スメオオミカミ》のほかに、神前で奏上するときの呼び名に天照坐皇大御神《アマテラシマススメオオミカミ》があります。

◆ 著　者 ……………………………………………………………

清水友邦　Yuho Shimizu

1953年、岩手県盛岡市生まれ。子供の頃から自分が誰なのか疑問を持ち、探求の道に入る。80年代から世界各地の聖地を巡礼、その間、呼吸法、瞑想法、ヨガ、気功、ボディワークなどの各種身体技法を学び、日本各地と海外で呼吸道のワークショップの講師を務めている。また、出雲大社の奉納舞の撮影をきっかけに全国の神社や縄文遺跡など聖地を訪れ、縄文から弥生の過程を本書『よみがえる女神』として執筆、映像を使った講演もおこなっている。著書『覚醒の真実』（ナチュラルスピリット）、共作DVD「十三姫物語」（ホツマ出版）。イーハトーブ心身統合研究所主宰。

ホームページ：http://iihatobu.com

よみがえる女神

●

2017年10月21日　初版発行
2022年9月5日　第2刷発行

著者／清水友邦

編集・DTP／来馬里美

発行者／今井博揮

発行所／株式会社 ナチュラルスピリット
〒101-0051 東京都千代田区神田神保町3-2 高橋ビル2階
TEL 03-6450-5938　FAX 03-6450-5978
info@naturalspirit.co.jp
https://www.naturalspirit.co.jp/

印刷所／中央精版印刷株式会社

ISBN978-4-86451-252-7 C0010